Bernard GIRAUDEAU

CHER AMOUR

(Roman)

Éditions Métailié
5, rue de Savoie, 75006 Paris
www.editions-metailie.com
2009

Les éditeurs remercient J.-P. Métailié et le laboratoire Géode de l'Université de Toulouse-le Mirail pour les cartes.

CHER AMOUR

Le Marin à l'ancre, Métailié, 2001
Les Hommes à terre, Métailié, 2004
Les Dames de nage, Métailié, 2007

Contes d'Humahuaca, Seuil/Métailié, 2002

Transamazonienne, Odyssée, 1992
Ailleurs : peintures d'Olivier Suire Verley, PC, 2003

A madame T.

CHÈRE MADAME T.

Ce qui suit vous est conté, madame T., ma chère, irremplaçable madame T., à vous et à nulle autre, à moins que vous ne souhaitiez qu'il en soit autrement. Je ne sais où vous serez, mais je devine déjà votre intérêt pour ces voyages, ces mots, ces aveux parfois. Peut-être vous mentirai-je un peu, mentir un peu c'est être très près de la vérité, mentir beaucoup serait m'en éloigner. Avec le temps l'espace entre vérités et mensonges se dissipe doucement et vous me pardonnerez si parfois j'ai repoussé cette frontière pour être au plus près de l'indicible. Je soupçonne votre sourire à certains passages, votre joue légèrement froissée, appuyée sur votre main, l'autre tournant lentement les pages, sans voracité, laissant un doigt sous la précédente comme si vous alliez la relire, mais que vous abandonnez pour la suivante. Je vous espère parfois jalouse, un peu mordue par les mots, mais jamais douloureuse. Je vous aime depuis si longtemps, depuis avant le début, voyez-vous. Ces récits sont des voyages au pays des hommes. Voyager, on n'en revient jamais. Je vous écris pour prolonger l'instant, en garder une trace, tordre le cou à la fugacité, à l'oubli, à l'"impermanence", ceci sans succès bien sûr puisque c'est vouloir figer l'éphémère et j'aime l'éphémère, nul n'est parfait. Le prendrez-vous ce temps de me lire, pour me prolonger un peu en vous ?

A propos de temps, je me souviens d'un jour où nous regardions une montagne, une immense paroi sculptée, au pied de laquelle vivait un arbre millénaire, seul, enraciné dans les failles. Nous ne bougions pas, silencieux. Machinalement vous avez regardé votre montre et les secondes ridicules qui vous échappaient. Vous étiez revenue à la réalité de ce petit temps étriqué sans beauté, sans ailes, un temps qui soudain a heurté la roche, le tronc rugueux, et s'est désagrégé, inutile. Alors vous avez caché votre poignet, vous êtes revenue dans l'éternité et les secondes se sont évanouies comme flocons de neige sur la pierre chaude. J'ai pris votre main, j'ai frissonné.

Je ne vous écris pas ces voyages par nostalgie de l'exotisme, d'un ailleurs rédempteur, mais pour retenir des instants, des visages, des circonstances humaines et géographiques parce que là où le soleil se lève les hommes ont le même souci de vivre, de comprendre, de sourire à l'autre, d'effacer la souffrance et de donner un sens à leur existence. Les voir, les observer, les entendre est une richesse inouïe que nul ne conteste. Pourtant ce cavalier mongol en haut de la montagne, qui regarde le soleil se lever sur la vallée sans frontières, sait que le monde est là où il pose son regard et nulle part ailleurs. Il n'y a pas d'autres territoires que celui où tu poses ton regard, où la lumière, d'un doigt, te montre le chemin.

Le voyage est une aube qui n'en finit pas. Comme Jim Harrison, je trouve que c'est beau, l'aube, les aubes du monde, à Saint-Pétersbourg, au Kenya, au Mexique, partout, que ce soit avec l'éléphant qui boit, les usines qui fument, les Andes poudrées, Paris la brume derrière Belleville. C'est l'aube qui est belle parce qu'elle embellit. C'est l'annonce de l'éblouissement, la naissance de la vie incompréhensible. Tu regardes l'aube, mon amour, non, tu la vis, tu es en elle, tu t'abîmes pour renaître. Le bonheur du voyage, c'est de faire tout pour la première fois.

Vous riez parce que je vous devine, provocatrice, me proposant le voyage immobile, celui des guides touristiques, de la carte géographique, du livre proposé et qui devient alors le grand voyage, sans frontières des formes, libre de l'espace et du temps. Ce que l'imaginaire propose est plus libre, dites-vous, plus déraisonnable. Il peut prolonger la naissance du jour comme le coucher du soleil, c'est si bref la réalité, si éphémère. Comment retenir les regards et ce que le regard boit avidement. Celui qui visualise peut voyager de l'Arctique aux pentes du Kilimandjaro dans la seconde et tout ainsi, sans opacité, sans peur, sans départ ni retour glauque, tiède, avec un goût de nostalgie. Se déplacer dans le monde avec le monde en soi. Le voyage inaccompli de Pessoa, le plus beau des voyages. Peut-être, cher Fernando, mais si les yeux clos je regarde sur l'écran frontal le soleil se déshabiller lentement et me laisser dans des doigts verts et mauves, des cuisses pourpres, entre des seins de nacre éclatée, il me manquera la chair voyez-vous, la sensualité, le toucher, la morsure du soleil, le visage renversé sous la pluie, la lèvre au bord de la coupe ou sur d'autres lèvres, la peau sur la peau. Il me manquera le partage, l'émotion, le regard troublé, le rire, ce quelque chose au ventre qui vous bouffe avec bonheur et cette larme dans le coin de votre œil qui ne veut pas glisser sur votre joue. Même la réalité s'invente, elle est au-delà de votre imaginaire. Il en faut des voyages, des hasards, pour que le regard change. Mon caractère était une lame et j'avais la conscience ébréchée. Je voulais tout voir et je n'ai rien vu, ou si peu, jusqu'au jour où je vous ai imaginée. C'était au théâtre, territoire pour lequel j'ai une tendresse particulière, ce fut par hasard.

C'est fou le hasard! C'est un drôle de phénomène, comme une présence qui vous trompe, vous ment, si vous n'êtes pas vigilant, s'il arrive comme ça sans crier gare, par hasard. Il vous fait croire qu'il est là, impromptu. Foutaises, il ne voyage pas au hasard, il sait. Ça l'amuse d'arriver à l'improviste et de laisser l'ignorant ignorer qui il est. Le hasard, c'est seulement son costume de théâtre, un déguisement. Il est bon acteur, il joue avec les crédules. Souvent il se lasse, perd patience et se transforme en destin, en fatalité, en coïncidence, en "c'est comme ça". Parfois il disparaît et revient en "pas de chance". Pour d'autres, ceux qui auront reconnu l'usurpateur, il n'est plus un hasard, alors, démasqué, il aura des égards, il se fera rare mais précis. Puis le regard et la conscience s'aiguisent et le hasard se déshabille.

Je l'ai démasqué alors qu'il me proposait avec malice de jouer dans une comédie. Je vous livre donc mes balbutiements à votre égard.

Je suis dans une loge de théâtre, l'antichambre de la scène sur laquelle tout à l'heure je rejoindrai ma partenaire. Pour l'instant elle se maquille, rêve, raconte une histoire que j'écoute avec attention, vous délaissant pour sa voix. N'ayez crainte, je reviens vite vers vous et me penche avec bonheur sur votre absence. C'est un bonheur illusoire, éphémère, un manque, vous le comprendrez. Je dois être patient, mais c'est un mot qui n'appartient pas à mon vocabulaire, il est un peu le cousin de la sagesse et c'est une qualité qui m'évite. Parmi les voyages que je compte bien partager avec vous, il y a ceux, immobiles, du théâtre.

Je joue un séducteur un peu sot qui comptabilise ses conquêtes dans un carnet, un aide-mémoire qui le ravit et le conforte, quand un jour déboule dans le quotidien de ce collectionneur une femme qui va bouleverser ses certitudes, sa vie et un avenir qu'il croyait tracé.

Je trouvais cet homme plutôt ennuyeux, sans profondeur, mais j'aimais beaucoup le personnage de la femme que le metteur en scène ne souhaitait pas me confier, puisqu'il avait choisi Fanny Ardant. J'ai donc accepté de tomber amoureux. Ce Jean-Jacques un peu ridicule et qui se moque de lui-même vous amuserait beaucoup. Ses travers et sa lâcheté en font simplement un homme et les hommes vous amusent. L'essentiel est que cette femme soit belle, agaçante, étourdie, intelligente, pour que sa petite vie de séducteur soit foudroyée par l'amour. L'homme précis, méthodique en toutes choses et surtout dans les sentiments est soudain bousculé par le conflit entre la fantaisie et l'ordre, sujet fondamental pour l'auteur.

Pardon? Ai-je été séduit par Fanny? Il est difficile de ne pas l'être. Mais nous sommes au théâtre, madame. Pour que je tombe amoureux de mon personnage, c'est-à-dire de Jean-Jacques, il fallait que celui-ci soit terrassé par Suzanne, alias Fanny. Il en devenait touchant, délicat, drôle et attentif. Il acceptait soudain de fondre les certitudes et l'ordre qu'il avait établi. Il acceptait l'autre telle qu'elle était, l'amour avec toutes ses aspérités. C'est du théâtre bien entendu, mais seulement dans le raccourci des événements. Finalement ce personnage, dans son costume ordinaire, serait dans la vie parfaitement inintéressant s'il ne rencontrait pas l'auteur pour le mettre en page et l'amour que celui-ci lui impose. Il ne serait rien si le metteur en scène n'avait pas décidé de le mettre à la verticale avec un acteur pour mentor qui lui donnerait la vie. Il devient humain, tout simplement. Pygmalion eut besoin d'Aphrodite, j'ai besoin de vous, douce amie.

Suzanne, fantasque, apparemment libre, et que l'amour surprend, révèle un Jean-Jacques inattendu, un autre homme qui éclot enfin.

Soyez assez aimable pour ne pas me comparer à ce personnage. Jouer cette pièce au moment où je souhaite enfin vous écrire est probablement une bouffonnerie du hasard mais je m'en accommode comme d'une lumière dans la nuit.

L'Aide-mémoire est une comédie mais c'est un drame que je joue depuis quelques jours, alors que nous abordons les dernières de la saison.

La Comédie des Champs-Élysées est comble tous les soirs, c'est une chance inouïe, un miracle renouvelé. Il y a trois jours, alors que je tentais le vertige en explorant les bords de l'abîme, il m'est arrivé une drôle d'histoire qui fut pour moi une catastrophe et une cuisante leçon. Certains jeux sont des vols à haut risque et il y a une fin du monde pour l'acteur. C'est une illusion de croire qu'un comédien peut être en totale liberté. Il y a une ivresse dans l'extrême, il était tentant de se perdre, je l'ai fait, orgueil et vanité. On croit être l'unique manipulateur des situations et des mots et l'on ne voit pas la vague qui va nous engloutir. Ma jouissance était absolue et les rires furent cette vague. Fanny s'amusait, complice, me croyant indestructible. Après quelques voltes autour d'une valise que je tentais de remplir désespérément, me laissant aller à une fureur démesurée, il y eut un désordre dans la plongée, une désarticulation et j'ai perdu pied. Le précipice était au bout des mots et je n'avais plus de mots. J'ai chuté, j'ai eu un trou affreux, ce fut terrible. J'ai balbutié des syllabes, cherchant une phrase, n'importe laquelle accrochée à un sens. Mais plus rien n'avait de sens sinon le regard terrifié de ma partenaire. Après une éternité il y eut des toux de spectateurs, une petite agitation, un malaise. On a baissé le rideau. Les spectateurs ont applaudi, témoins d'un incident assez rare qui faisait pour eux l'exceptionnel de cette soirée et dont je n'étais pas fier. J'ai dû m'accrocher à des repères enfantins pour reprendre la pièce. J'ai eu très peur, mon amour. Tout se dérobait autour de moi. J'étais malade, honteux d'avoir glissé sur les planches par excès. C'était un cauchemar, une solitude. Chaque soir à l'approche de la scène fatidique, je commence à paniquer, je ne pense plus qu'à ça, au trou, à la faiblesse de ma mémoire. C'est ma tourmente.

C'est la première fois que je commençais réellement à m'amuser, à faire en sorte de ne pas savoir ce que j'allais dire, m'autorisant à inventer le texte écrit par l'auteur et à jongler avec les mots à ma guise. Trop peut-être. J'aime laisser la fantaisie me prendre la main et danser avec la folie jusqu'au tournis. C'est un piège, bien entendu, et le rire une chausse-trappe. Mais je ne suis pas raisonnable, je n'ai jamais été prudent, le faut-il sur une scène ? Non, mais on doit rester le maître et je n'ai pas su.

Pour la dernière, ce soir vous serez dans la salle, je l'ai décidé. Vous serez ma liberté retrouvée, ma rédemption peut-être.

Il en sera ainsi, madame, pour cette ultime représentation avant la tournée d'hiver.

JEAN-JACQUES [Hors de lui]
Je vais la foutre par la fenêtre, votre valise. Je vous avertis, si vous n'êtes pas partie dans trente secondes, je balance tout. Tant pis pour vous. Et je vous jette en robe de chambre dans l'escalier...

C'est là que l'acteur chut, mais ce soir, le précipice fut franchi avec beaucoup d'adresse. Merci Fanny, merci madame. Vous m'êtes indispensable.

Il y eut un dîner d'adieu, des rires, des compliments à noyer dans les verres et une tristesse étrange. Le bonheur parfois rend triste. Je ne vous ai pas vue, vous n'avez pas eu la patience de m'attendre, je le regrette.

Depuis quelques jours, je rêve de quitter le quai pour d'autres terres. Comme les chiens, je tourne en rond avant de trouver ma place, et je ne la trouve pas.

Le hasard se présente amicalement un soir.

Tu aimes l'aventure, me dit-il, voyager est ton chant. Il y a une route qui traverse l'Amazonie, avec de grands cimetières.

Non merci. Cette forêt démesurée qui est le tombeau de Maufrais, Fawcett et de milliers d'autres, des curieux, des conquérants mais aussi des affamés, des assoiffés de pierres précieuses et de pépites? Non. Je pille avec l'impatience de partager. J'aime filmer les visages, la lune, les champs de colza, le coquelicot perdu, la grâce, mais là-bas rien de tout ça, même la lune on ne peut pas la voir, ni les étoiles. C'est la forêt, la grande, celle du premier jour, l'enfer vert, semé de cathédrales ligneuses. Je n'ai aucune fascination pour cette destination, un eldorado épuisé. Et le producteur insiste : il y a des visages comme tu aimes, des visages d'enfants, d'hommes perdus, et des femmes, belles comme des orchidées qui pleurent en regardant le fleuve. Si l'imprévu génère du bonheur, un moment d'éternité, oui, mais pas si je dois finir amoureusement enlacé jusqu'à la mort par un anaconda. Quel est l'animal le plus dangereux de la jungle? Le moustique. Ah!

A l'exemple de Conrad, je pointais mon doigt sur une carte, en disant j'irai là, mais jamais l'index n'était venu caresser cette Amérique, aucun rêve amazonien n'avait jamais troublé mon sommeil. Je suis tout de même curieux alors j'ai commencé par lire ceux qui, comme moi, mais plus illustres, avaient essayé d'écrire au monde.

Le Portugais Pedro Alvarez Cabral s'était embarqué à
[Lisbonne
En l'année 1500
Pour se rendre dans les Indes orientales
Des vents contraires le portèrent vers l'ouest
Et le Brésil fut découvert.

Un peu court. Blaise Cendrars avait ajouté quelques vers sur la chaleur, un papillon, deux Allemandes et un beau poème "botanique" sur l'araucaria. Je ne recopie pas.

Qui m'a conseillé de lire *Ecuador* de Henri Michaux? Il n'a trouvé qu'un intérêt très mitigé à cette partie du monde. Il dit que les Indiens n'avaient rien à lui dire et que lui n'avait rien à dire aux Indiens, qu'il les déteste. Bon, il devait être fatigué.

Rends-toi mon cœur
Nous avons assez lutté
Et que ma vie s'arrête,
On n'a pas été des lâches,
On a fait ce qu'on a pu.

Pas de quoi s'enthousiasmer, mais il avait du courage, le monsieur poète, et son humour, féroce parfois, donne envie de se mettre au travail. Qui me parla de La Condamine, de Humboldt, mais surtout de Bonpland le Rochelais?

Il y a peu, un jour d'encombrement parisien, je suis venu me réfugier chez un libraire. Le hasard me plongea le nez dans le beau et grand livre de Meunier *Le Chant du Silbaco*, la bible amazonienne. A suivre, il y eut le *Géant blessé* de Gheerbrant, puis dans un guide une citation de Ferreira de Castro inconnu de moi, qu'il me pardonne.

L'Amazonie était un monde à part, une terre embryonnaire, énigmatique et tyrannique, faite pour étonner, pour détraquer le cerveau et les nerfs. Dans cette forêt monstrueuse, l'arbre n'existe pas : ce terme était concrétisé par l'enchevêtrement végétal, dément, vorace. L'esprit, le cœur, les sentiments s'égaraient. On était victime d'une chose affamée qui vous rongeait l'âme. Et la forêt vierge montait étroitement la garde autour des victimes perdues dans son immensité, silencieuse, impénétrable... emprisonnant les hommes, les ravalant au rang d'esclaves, les tenant.

Ce fut une révélation. C'était magnifique, envoûtant, je prenais le risque d'être déçu et je répondis "oui" au "alors?" du producteur. *L'Aide-mémoire* était dans l'oubli, Fanny je ne sais où, et je m'impatientais de partir à la conquête de ces morceaux géographiques, comme dit Joseph qui avait du goût pour la balade, ces bouts de vérités qui seraient miennes dans ce pays de l'eldorado et des légendes.

Toi madame tu restes en France, et pourtant je t'emmène en Amazonie. Là-bas rien ne débouche nulle part, nous verrons bien.

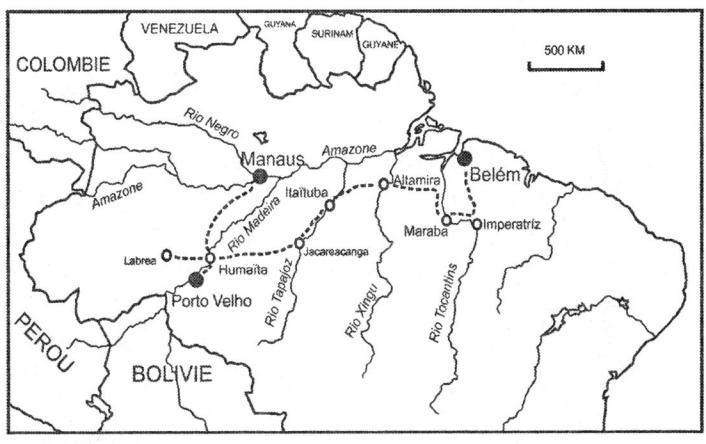

LA TRANSAMERTUME

Depuis cet Indien, un cacique couvert d'or, aperçu un jour par un conquistador fiévreux, jusqu'aux villes fabuleuses englouties par la forêt, l'homme n'a cessé de rêver, de conquérir.

Rio de Janeiro. Tu sais, madame, j'étais ici dans une autre vie, c'était l'époque col bleu et pompon rouge.

Il y eut une visite au Corcovado avec une timorée de bonne famille qui ne souhaitait pas qu'on la bouscule. Je l'ai raccompagnée chez elle et je suis allé sur la plage de Copacabana pour voir les filles, c'était un soir sans étoiles et sans filles. Plus tard, une femme maigre, un peu triste, m'a emmené dans sa chambre. Elle a mis un doigt sur sa bouche pour que je parle doucement. Il y avait un môme dans le berceau. Elle a fait ça comme ça, comme d'habitude, et moi aussi, pour ne pas réveiller le petit.

C'était il y a longtemps, avant d'avant, col bleu sans pantalon.

Je n'ai rien à vous dire sur Rio de Janeiro et cette fois je n'en saurai pas plus.

Cap sur Belém avec du vert sous les ailes, du vert du vert, un fond de toile vert sur lequel le grand ordonnateur a joliment dessiné des boucles, des serpents, des enchevêtrements de Paranas comme de grandes fleurs d'eau. Tu aimerais ça, mon amie.

Brève escale à l'embouchure de l'Amazone pour faire quelques pas dans les rues et sur le marché Ver-o-Peso. C'est gai, musical, les filles sont belles. Un type essaie de fouiller dans mon sac, je deviens méchant, il sourit, il est superbe, grand costaud, je ne fais pas le poids, il le sait, il s'en va en dansant. Fin de jour sur une terrasse pour regarder des cous caramel, des chevilles agiles qui louvoient entre les chaises jusqu'à notre table. Je remonte une jolie jambe, une cuisse longue, un short très très court, et je précipite la suite, sans insolence, jusqu'au visage. Elle a un sourire brisé avec plombages en or et un œil qui n'est pas le jumeau de l'autre, un œil qui s'ennuie, sans malice.

Le lendemain on survole le fleuve avec des rêves confus. Tout a l'air puissant, lent, paisible! J'abolis le temps et je regarde Orellana sur son brigantin de fortune. C'était en 1542. Des mois de navigation sur la rivière Napo, avec cinquante-sept hommes dans une barque mâtée et quelques pirogues. Le Napo les entraîne irrésistiblement vers l'Amazone qui n'est pas encore ainsi nommé. Là, ils construisent le brigantin que j'aperçois et repartent à la rencontre des eaux noires du río Negro. Des mois depuis la traversée des Andes et des mois encore jusqu'à l'embouchure, avec les conquistadors épuisés qui, dans l'ivresse des brumes, virent les guerrières aux seins nus, les amazones du fleuve, qu'aucun homme après eux ne vit jamais.

Regarde, madame, tu peux voir les soldats malades sur le pont. Certains, fléchés, se meurent. Un écrit dit que ce fut l'arbalète de Diego de Meçilla qui sauva le reste de l'équipage harcelé par les Indiens. Alors qu'il tirait un oiseau pour leur nourriture, la noix de son arbalète tomba dans l'eau, terrible incident puisque c'était la seule arme qui leur restait. Mais voyez encore ce facétieux hasard qui fait pêcher par un soldat affamé un gros poisson dans lequel se trouve la noix d'arbalète dévorée entière et sans bobo par la bête. Sauvés, donc, par un conte pour enfant. Nous adorons cela tous les deux.

Il y en eut tant d'Orellana, de Fitzcaraldo sanguinaires, de fous exterminateurs, qu'il ne faut garder en mémoire que l'amour. Connaissez-vous l'histoire de Mme Godin, femme hardie, infiniment obstinée, qui pendant dix-neuf ans ne cessa de rechercher sur le parcours de l'Amazone M. Godin, son mari, membre de l'expédition de La Condamine, jusqu'à le rejoindre enfin à Cayenne. Triomphe de l'amour.

L'histoire n'est guère précise mais l'imaginaire peut l'être. Sans guide ni carte, elle descendit vers la forêt, navigua sur les rivières en pirogue, vieillissant sans miroir, le cœur gonflé d'une fierté et d'un courage inimaginables. De la part d'une femme, imaginable, me répondrez-vous. Je vous suis. Vous brûlez de connaître la vérité? Inventons-la. Je pars tout de même avec des dates et des faits. Après, qui sait?

M. Louis Godin, célèbre astronome et membre de l'Académie des sciences de Paris, avait un cousin germain, Jean, tout à fait inconnu. En 1735, il fit partie de l'expédition géodésique conduite par Charles de La Condamine, envoyé au Pérou pour mesurer une portion d'arc du méridien terrestre et déterminer ainsi le rayon équatorial. Les savants anglais, dont Newton, soutenaient que la Terre était une sphère aplatie aux pôles, et les Français qu'elle était allongée vers les pôles, on peut se tromper. Déterminer la figure de la Terre n'est pas une mince affaire.

Le modeste Jean, qui prend part à la mission au titre de simple porte-chaîne, entendez par là qu'il porte les chaînes d'arpenteur, s'embarque à La Rochelle le 16 mai 1735 et gagne Quito, au Pérou, où il arrive le 22 mai 1736. A Riobamba, Jean Godin rencontre Isabel de Casa Mayor, alors âgée de treize ans. La famille d'Isabel est l'une des plus riches de la petite colonie espagnole. Le Jean qu'elle choisit est bien humble au regard de son cousin l'astronome et du grand Charles de la Condamine. Belle, cultivée, la jeune fille ne s'en laisse pas conter avec la fortune et les apparences. Jean a du charme, enfin je le suppose, et c'est lui qu'elle veut. Le petit visage déjà volontaire d'Isabel le séduit immédiatement et Jean met tout en œuvre pour obtenir sa main. Les anges sont à Riobamba et il l'épouse le 27 décembre 1741. Elle a quatorze ans. Les cloches de la nouvelle cathédrale s'affolent au passage du couple, l'amour déploie ses ailes sur la ville et ce ne sont que pluies de fleurs et de baisers. Les mariés s'installent richement et le temps est au présent.

La Condamine descend l'Amazone où il étudie la flore et la faune avant de rentrer en France et Louis Godin laisse son cousin Jean demeurer auprès de son épouse.

Isabel met au monde trois enfants qui meurent jeunes et Jean, très peu doué pour les affaires, dilapide la dot de sa femme. Elle ne lui en veut pas, elle aime cet homme et lui seul. En mars 1749, elle a vingt-deux ans, plus belle encore avec les années et malgré les accouchements. Cette année-là, Jean doit rentrer en France pour la mort de son père. En revenant il s'arrête à Cayenne où il envisage de s'installer avec Isabel qui est toujours à Riobamba. Il la rejoint, puis décide de redescendre seul vers la côte Est pour préparer le terrain.

Isabel étant de nouveau enceinte, elle est dans l'impossibilité d'entreprendre un si long périple, Jean comprend la chose. Peu de temps après, elle accouche d'une fille. Patiente et obstinée, la dame attend les papiers et le bateau promis pour rejoindre l'amour de sa vie. Les messages de Jean se succèdent, avouant son impuissance, les années passent et, à Riobamba, la fille grandit jusqu'à… dix-huit ans. Fragile, elle meurt de la variole et la mère, désespérée, n'a que la hâte de rejoindre l'aimé qui doit se languir de son épouse. Dix-huit ans, c'est long. Isabel a quarante ans. M'aimez-vous assez, madame, pour cette impatience? Je reviendrai avant, n'ayez crainte.

Le temps et l'éloignement sont un merveilleux ferment de l'amour, ce qui peut expliquer en partie que je sois toujours si loin, madame.

Jean était-il aussi amoureux de sa femme qu'elle l'était de lui ? Chut, je ne sais rien, j'invente.

Le 1er octobre 1769 Isabel, sur les dents, on la comprend, quitte enfin le Pérou avec ses deux frères, un neveu, son fidèle serviteur Joachim, un certain Charles et trois servantes pour ce long voyage de Riobamba jusqu'à Cayenne. L'épopée commence donc. Isabel, grandiose, vigoureusement obstinée, arrive à Canelos dévasté par la variole, c'est l'horreur. Les cadavres sont à même le sol. Les charrettes abandonnées avec leurs morts attendent que les charretiers se relèvent. Les porteurs et les guides, terrorisés, s'enfuient. Deux Indiens, rares miraculés de l'épidémie, leur promettent de construire un canot et de les emmener à la mission d'Andoas sur la rivière Bobonaza. Après deux jours de navigation, ils les abandonnent à leur tour.

Seuls sur la rive, ils mijotent avec les moustiques et autres insectes comme la fourmi carnivore ou l'araignée belle de nuit, quand un matin, le hasard passe sous la forme d'une pirogue et d'un Indien malade, qui les prend avec lui. Mais le hasard n'est pas toujours tendre, un frère fait tomber son chapeau, l'Indien veut le récupérer, tombe à l'eau, se noie, et la pirogue sombre. Un autre Indien malade ayant peu de chance de passer, les voilà définitivement à terre. Charles, pourriez-vous tenter avec Joachim de retourner à la mission d'Andoas pour chercher du secours ?

L'homme part avec le fidèle serviteur d'Isabel. Ils ne revinrent jamais. Isabel, ses frères et le reste des gens reprennent le fil de l'eau après avoir construit un radeau qui coule le jour suivant. Ils partent à pied, dans cette *obscure clarté qui ne leur vient pas des étoiles* et se perdent dans la *selva*. Tandis que les deux frères se laissent mourir de désespoir et que les autres en fièvre d'avoir mangé des baies inconnues et bu l'eau croupie d'un marigot se tordent de douleur jusqu'à la fin, Isabel tient par un moral poli par l'amour. Pendant ce temps le fidèle nègre de madame, ayant quitté ce Charles pas très recommandable puisqu'il ne fit rien pour sauver l'équipée, entreprend le voyage en sens inverse, retrouve son chemin, hurle le nom de sa maîtresse, suit les traces retrouvées et finit par ne découvrir que des cadavres.

Désespéré, il cherche parmi les restes que les fourmis achèvent de faire disparaître, ceux d'Isabel, qu'il ne reconnaît pas. C'est ainsi que l'on apprendra la mort de Mme Godin, récit qui fut fait en France et émut beaucoup la population sédentaire. N'ayez crainte, Isabel, presque nue, épuisée mais vivante, se fabrique des chaussures avec les semelles de ses frères, se couvre de lambeaux, mange des petites pommes sauvages, des œufs d'oiseau, et poursuit son chemin de croix pour l'amour de Jean. Seule, portée par un courage indomptable, elle poursuit son périple, sans carte, et pour cause, il n'y en a pas encore. Elle finit au bout de huit jours par retrouver le Bobonaza perdu et tombe d'épuisement.

Je ne t'emmènerai pas sur ce fleuve, madame, la Seine a beaucoup d'avantages que le Bobonoza n'a pas : terrasses-promenades, bateaux-mouches, des ponts pour l'enjamber, des quais ensoleillés et des plages en saison.

Des Indiens missionnés par des missionnaires découvrent Isabel agonisante, la soignent et la portent jusqu'à la mission d'Andoas. Elle offre généreusement aux Indiens ses colliers en or que le prêtre confisque et remplace par des cotonnades. Outrée, elle se fâche avec l'homme de Dieu et repart, de nouveau vaillante, à l'assaut de la jungle avec Jean dans la peau. Elle finit quelques mois plus tard par arriver à la mission de Lagunas, maigre, affamée, en proie au délire et frissonnante de fièvre. Un médecin français la soigne pendant plusieurs semaines et lui procure des vête-ments dignes de son rang. Je ne peux résister au plaisir de vous dire que je soupçonne l'homme, ami de Godin, d'être foudroyé par un amour fulgurant devant la grandeur de cette femme. Mais la belle Isabel n'y voit que du feu, aveuglée par une passion intacte. La voyant si hardie et plus séduisante que jamais avec les ans, le disciple d'Hippocrate souffre le martyre. Il n'est pas très beau, il le sait, mais la douceur, la bonté dans un univers si hostile peuvent être de sérieux atouts. Autre amour qui n'en est pas moins admirable s'il était vrai.

Dans le même temps, Jean, refusant de croire à la mort de sa femme et ayant enfin trouvé une galiote, la dépêche jusqu'à Iquitos. Isabel, de son côté, apprend la nouvelle. Tout se sait dans cette forêt, ce sont les fleuves qui colportent. C'est ainsi que le nègre Joachim finit par retrouver sa maîtresse, admiration redoublée. Le Seigneur est aux côtés de cette femme qui affrète une barque du Portugal pour descendre le fleuve jusqu'à Iquitos. J'imagine le médecin français, Aimé, car il s'appelle Aimé, supplier Isabel d'attendre encore un peu, lui dire que sa santé est fragile et, à bout d'arguments, lui proposer de l'accompagner jusqu'à Cayenne. Il n'en est rien, Aimé s'étiolera dans la mission de Lagunas en soignant les Indiens tuberculeux, hanté par le souvenir de Mme Godin, la seule femme qu'il aura aimée sans qu'elle le sût. J'aurais souhaité que Jean, fou de bonheur, enfin je le suppose, vienne à Iquitos au-devant de sa femme, mais que sais-je de tout cela, ils se sont perdus de vue pendant vingt et un ans.

Que fit cet homme pendant toutes ces années car il est homme? Nous ne saurons jamais s'il y eut épouse illégitime et enfants, nous voulons seulement imaginer Jean, courbé dans la prière, conservant pieusement le petit portrait de celle qui l'aima dès le premier jour, quand elle le vit dans les ruelles de Riobamba. Une mèche de ses cheveux dans un camé qui lui appartenait est posée sous la lumière d'un chandelier qu'aucun courant d'air ne peut éteindre, surveillé jour et nuit par un esclave que Jean repousse chaque fois qu'il vient murmurer le nom d'Isabel.

Par une fin de matinée bien blanche, une galiote au large de Cayenne est annoncée, sans vent, voiles pleurant sur les vergues. Jean saute dans un canot et hurle de souquer ferme pour rejoindre le navire. Il scrute jusqu'à l'aveuglement pour y deviner le visage d'une femme qu'il a vue quand elle avait vingt ans. Elle en a quarante. Il aperçoit une silhouette frêle immobile qu'il reconnaît sans peine. Il monte à bord, saisi de vertige, n'en croyant pas la providence. Sa femme est devant lui, digne, encore très belle. Elle ferme les yeux de bonheur et il l'emporte dans ses bras. Comment concevoir ce périple inimaginable sans blessures. Elle n'en dira jamais rien. Vous êtes admirable, madame. Nous vous aimons passionnément.

En 1773, les deux époux rentrent en France et s'installent à Saint-Amand-Montrond. Autre horizon pour Isabel l'amoureuse.

Jean Godin reçoit une pension et compose une grammaire de la langue quechua. Longue retraite qu'il faut occuper sous le regard attendri de sa femme. L'héroïne passe des heures sous le tilleul les yeux mi-clos à revoir ce jour de 1737 où elle aperçut ce gentilhomme de trente ans, discret, bien fait, qui chevauchait avec élégance un petit cheval arabe noir et qui la salua dans sa voiture avec un sourire très doux. Elle se souvient de son cœur qui s'affolait puis de ce regard conquérant qu'elle lui jeta. La gouvernante lui frappa le bras avec son éventail mais eut une moue complice. Elle se souvient de tout ce qui suivit, de son visage dans le canot, de ce jour béni où après vingt et un ans de séparation elle vit celui que seule la mort pouvait lui enlever.

Jean s'éteint le 1er mars 1792 et Isabel, ne pouvant supporter une autre séparation, le rejoint en décembre.

Ne serait-ce qu'en hommage à l'amoureuse de Riobamba, ce voyage amazonien a un sens. Madame, je devine que la fidélité, la constance et l'amour de cette colombe enfin posée dans ce petit village de Saint-Amand après un aussi long et mouvementé voyage doivent vous bouleverser, vous qui aimez le romanesque.

Sous un ciel mauve nous glissons sur une partie de l'État du nord-ouest vers Maranhão. Nous approchons d'Imperatriz.

En dessous, il y a une longue saignée rouge et blanche. C'est elle, la Transamazonienne. Elle traverse la forêt d'est en ouest et finit quelque part au large de la frontière péruvienne. Des milliers de kilomètres d'une tranchée creusée à la mine, des bulldozers, des Caterpillar monstrueux arrachant les arbres avec des chaînes cyclopéennes sur deux cents mètres de large pour rejoindre... pour rejoindre quoi?

Cette blessure dans l'infini de la forêt n'est plus qu'une mince égratignure qui doit faire trois mille six cents kilomètres selon les saisons, avec des pointillés pendant les crues, de larges pans en coulées de boue, des ponts broyés et des villages que la forêt engloutit lentement. Mais je veux croire que les sacrifices ont un sens, je vais voir les humains de cette forêt surhumaine.

Le soleil se pose sur le fleuve Tocantins. D'Imperatriz, on ne verra que la lumière des échoppes et les trois ampoules du restaurant Zapato. La nuit à suivre est sans voyage.

Il est cinq heures du matin. C'est un petit jour de coton. Imperatriz est dans le brouillard. Je souffle sur le café trop chaud, je ne m'attarde pas, l'excitation est trop grande. Je ne saurai rien de cette ville, c'est ainsi, les chercheurs de trésors ont d'autres objectifs. Carl m'attend près de son véhicule, ils ont l'air solides tous les deux. On s'engouffre dans la voiture et c'est parti.

27

A cette heure, la Transamazonienne est encore un rêve, elle s'éveille doucement. Les hommes ici l'appellent la Transamargura, la route des regrets, des remords, du désespoir, la Transamertume.

Il n'y aura qu'une route jusqu'au bout.

Nous sommes bien dans les marques, c'est le bon cap, plein est.

Nous soulevons une poussière d'or que le soleil illumine.

En France c'est le printemps, l'air doit être frais, transparent, tes robes légères, moi je suis bien, il y a des parfums inconnus, humides, chauds. Pourtant la forêt est là tout autour, elle enveloppe, avale et digère parfois, mais je reviendrai. Je ne finirai pas comme Maufrais rongé par les fièvres, bouffé par les fourmis. Tu n'auras pas à pleurer sur ce carnet de voyage retrouvé sous les feuilles dans un campement abandonné, je te l'offrirai moi-même. Je ne veux pas de cité perdue, de bonheur inaccessible, d'or impossible à monnayer.

Tu sais, madame, il y a une photo de Maufrais que j'aime et que le père a dû garder jusqu'à sa mort, le portrait d'un homme jeune et innocent, déterminé, au regard fiévreux, droit, comme surpris, émerveillé, avec un front soucieux, une petite moustache à la mode et la farouche illumination du conquérant d'un territoire qui n'était que le sien, un intérieur infini, vertigineux, dans une sorte de peignoir peluché, relevé par un foulard imprimé. Ces yeux qui regardaient déjà le pire devaient désespérer le père, qui dans le maquis le protégeait quand il avait seize ans, ce père qui ne dormait plus pour surveiller ce môme turbulent, intelligent, courageux, et le garder en vie, son enfant, qui disparaîtra pourtant en laissant ses carnets. Il le recherchera pendant douze ans dans cette jungle-tombeau, persuadé de l'immortalité de son fils, une longue douleur insupportable, avec chaque nuit le visage de son fils enchevêtré dans les racines amazoniennes, un enfer, la plus poignante des histoires d'amour…

J'ai rendez-vous avec des amis inconnus, des visages, des regards.

Marabá. 5° 20' de latitude sud, 49° 8' de longitude ouest, la ville des chercheurs d'or.

Elle sommeille sous les nuages,

Assise au bord du Tocantins.

Le fleuve lentement cherche le nord.

Il s'en va vers Belém, retrouver l'Amazone.

Marabá est le camp de base des *garimpeiros*, le point de départ et du non-retour pour beaucoup. La mine vers laquelle nous allons sans pelle et sans pioche est à trois quarts d'heure de coucou. C'est un oiseau difficile à trouver et celui que nous avons déniché est en panne. On prendra la piste, il y en a pour une bonne nuit.

J'ai attendu le soir tiède et lourd pour partir. J'ai pris le chemin d'un écolier qui a beaucoup lu Jack London. Il faut une sainte patience et de la ténacité pour rouler entre les ornières et espérer arriver avant l'aube. Que reste-t-il de cette ruée vers l'or, de la cité des hommes perdus, Serra Pelada au bout de la nuit, une nuit entière, bleue. J'aime surprendre le réveil des autres. Les premières voix sont des voix d'enfants. Ils se lèvent avant l'aurore pour vendre des petits pains chauds avec un verre de lait. À quoi rêvent-ils? Devenir *garimpeiros* comme les aînés.

J'ai vu une jeune fille avec un visage merveilleux, parfait, une innocence sans cri encore. Dans la rue principale de Serra Pelada qui est un terrain très vague pour les mômes, galopent des carnes montées par des cow-boys armés de Winchester. Le reste est un bidonville scotché dans la boue, tôles ondulées et cordes à linge. Il y a des flaques de ciel jaunes, des miroirs d'eau qui reflètent des morveux en contre-jour. Je cherche un visage que je reconnaîtrai, qui me reconnaîtra peut-être dans ce foutoir humain.

Elle serait presque belle celle-là derrière le voile âcre, s'il n'y avait cette tache brune comme la marque des maudits. Ceux qui marchent un bandeau autour de la tête, avec la pelle sur l'épaule, regardent le sol comme s'ils allaient trouver une pépite tombée par hasard. Serra Pelada, la terre pelée par les hommes est une terre rouge et sèche comme les cœurs des *garimpeiros.*

Ils lavent la terre, les pierres, ils grattent, creusent, fouillent, épuisent le sol comme ils s'épuisent, le mercure fait le reste. La mine à ciel ouvert est une fourmilière géante, on se marche dessus, on glisse, on s'accroche aux échelles de bois avec les sacs de terre sur l'épaule, les corps fouettés par l'eau des pompes.

Il y en a un qui me regarde, un adolescent, un ange avec des yeux noirs, magnifique, il sourit, épuisé, ruisselant. Un pierrot, foulard noué sur la tempe, a posé sa main sur son épaule, il pleure de la boue. Sur les terrils, sous des bâches, temps de repos, dominos, on finit de liquider les derniers centavos. Les femmes lavent et relavent des vêtements de terre qu'elles rincent consciencieusement dans l'eau rouge.

Une journée de travail pour trois dollars sur le placer d'un chanceux. Le propriétaire des quatre mètres carrés attend qu'on lui apporte la poussière d'or, la pépite sal-vatrice. Toute une histoire de violence, de pouvoir. Là-bas Ronaldo me demande un ticket de bus pour aller voir sa mère qui est à l'hôpital dans le Nordeste. Elle va mourir. C'est un type très maigre, qui a quarante ans. Salut, grand-père. L'année dernière il possédait cinq placers, il a trouvé une pépite de cinq cents grammes, le lendemain une autre presque aussi lourde, puis une autre, et encore une autre.

Il est devenu riche et fou. Il est parti pour Marabá avec ses liasses qu'il dépensait pour du whisky à trois cents dollars la bouteille et, une fois soûl il s'accrochait une queue de cerf-volant au cul, une queue de billets de banque, en gueulant j'ai toujours couru après le fric et maintenant c'est lui qui me court après. Il a voulu se faire toutes les putes de Marabá, les grosses, les vieilles, les très jeunes, les plombées, et surtout plusieurs fois Imelda, la bombe aux obus, la plus chère, celle qui chante quand tu la baises.

Hier on a rapatrié le corps de Hans Krup. Il est mort assis sur un fauteuil de camion face à la mine, sa vie. Un jour il a trouvé une pierre de plus d'un kilo et un filon à suivre. Il a tracé une piste pour trois petits bimoteurs qu'il avait achetés pour faire la liaison Serra Pelada-Marabá. Pour aller faire mes courses, disait-il. Les trois coucous sont arrivés repeints aux couleurs de Hans, noir et beige avec des flammes sur la carlingue et une sirène sur le nez.

La pluie a commencé à tomber dans la nuit, une bonne pluie amazonienne, bien drue. Au matin la piste avait une sale gueule. Les pilotes ne voulaient pas décoller alors Hans les a menacés jusqu'à ce qu'ils montent à bord et que ça ronronne. Ils ont patiné, fait gicler la merde, réussi à prendre de la vitesse, tenté l'impossible et les trois bijoux sont allés s'enliser en bout de piste, dans la ravine d'un Paraná en crue. Hans est resté là deux jours sans bouger, tétanisé, ruiné. Il a revendu son petit bordel de campagne, les trois putes qui allaient avec, et il s'est installé sur son fauteuil de camion jusqu'à la fin. On l'appelait le pilote.

Il y a une maison au bout de Serra Pelada avec des filles qui prennent la journée d'un fouilleur, trois dollars. Quel âge as-tu? Rires! Et toi? Devine! On s'en fout, mais la plus jeune intrigue. Elle est fine, fragile, de grands cernes mauves sous un regard étonné. Elle ne dit rien, elle tousse seulement. C'est un bordel, pas un sanatorium. On boit des mélanges qui assomment. Je sirote. D'où viens-tu? Du Nordeste! C'est la sécheresse là-bas, on mange mieux ici.

Ça s'éternise, une fin qui n'en finit pas, avec un abîme de verres sales, des rideaux de cretonne sur des fenêtres sans vitre, des ampoules de bal avec des poupées clouées sur des poteaux. La jeune fille malade froisse une mousseline verte avec des doigts menus. Je lui souris, elle ne regarde rien dans mes yeux. Comment t'appelles-tu? Amalia, elle tousse, ça la fait pleurer. Je rentre à l'hôtel, tôles ondulées et paillasse propre. Je reste la tête dans les mains avec la sueur qui dégouline sous les bras en regardant fixement un bout de carton humide coincé par un parpaing de terre. Dessus, il y a une boîte de sardines peinte, la gueule ouverte présentant, serrés les uns contre les autres, des petits corps argentés. Je me souviens du poème de Georges Fourest dans *La Négresse blonde* :

Dans leur cercueil de fer-blanc,
Plein d'huile au puant relent
Marinent, décapités,
Ces petits corps argentés...

Amalia, petite sardine décapitée d'une boîte de Serra Pelada. Où seras-tu enfouie avec ta mousseline verte dans ta robe bleu nuit trop grande pour toi?

Serra Pelada n'est pas pour vous, c'est un univers hors la vie, la vôtre que je devine. Vous marchez, insouciante, du côté des boulevards, élégante silhouette que je suis comme un privé pour savoir ce que vous faites sans moi, sans me connaître encore. Je vous dis vous et je dis tu. Ici serait le tu. Tu me manques bel amour. Je t'ai dit que je t'emmènerai en Amazonie, voilà, nous y sommes. De l'eau pour la toilette? Oui, il y a un tuyau près du puits avec une pompe, le temps de trouver une bassine et je vous prépare une salle de bain. Vous dormirez sur la paillasse, je me coucherai en travers de la porte comme un serf, un garde du corps amoureux.

J'admire votre nuque dans le contre-soir, je n'aurais pas dû vous emmener dans ce voyage. Vous êtes une citadine, vous aimez le contemporain, les expositions du Grand Palais, les arts premiers, boire du *lapsang souchong* devant la pyramide du Louvre. Vous ne raterez sous aucun prétexte le salon des antiquaires ou le dernier film de Woody Allen. Vous avez lu les derniers prix littéraires, parcouru les magazines et la presse du jour. C'est votre connaissance du monde. Paris le refuge, Paris votre voyage, Paris matrice pour échapper à la réalité. Vous allez être furieuse en lisant cela, ça me plaît déjà.

Que sais-je de vous au fond ? Peut-être que l'Orient, la Perse n'ont aucun secret pour vous. Je frémis déjà au seul nom d'Ispahan. M'emmènerez-vous en Égypte, naviguer sur le Nil, le regard perdu sur la luxuriance des rives et la stérilité du désert ? Nous visiterons tout sans filmer, je vous le promets, et plus tard, quand je serai fatigué, vous me prendrez par la main et nous irons dormir dans une oasis près de la frontière libyenne, un mirage connu seulement de vous. Pour l'heure, je suis amazonien.

En remontant vers le nord, il y a des eaux qui dorment, celles du lac Tucuruí. La forêt s'y noie dans le silence. Un homme vivait ici jusqu'au déluge. Il a regardé la rivière s'enfler, sa maison disparaître, les grands arbres ne laisser que des bras impuissants, et il a pleuré. Un jour il est revenu pour plonger au milieu des colonnes englouties. Il a nagé dans cette cathédrale sous les arches, jusqu'aux racines étouffées. Il a mouillé sa gaiole au-dessus d'elle et inventé une machine pour couper les macapas, les ipés, les cèdres, il est devenu le bûcheron de la forêt noyée. Roderigo va devenir riche. Quand ce sera fait, il se mariera et habitera la ville dans une maison de bois rouge près d'une église à sec pour prier.

Il y a presque mille kilomètres pour rejoindre Altamira. Avec la saison sèche, cinq ou six jours de route. C'est une lente remontée vers le nord-ouest dans la forêt immobile, à peine frémissante au passage des camions. Les arbres s'ébrouent un instant. La radio se lamente avec des chansons du Nordeste. Parfois il y a comme un sax grave qui somnole.

On ne peut pas s'échapper de la Transamazonienne. C'est un ruban rouge dans une prison verte.

Seuls les fleuves s'évadent de la *selva*.

Ils rejoignent l'Amazone qui se noie dans la mer.

Le Xingu vient de loin, du Mato Grosso. Il s'est marié avec l'Iriri, le fleuve des Indiens Araras. De l'autre côté, Altamira, 3° 15' de latitude sud, 52° 20' de longitude ouest, la ville du rassemblement indien. Où sont-ils? Repartis dans les réserves, leur territoire de mousses et d'écorces, pour mâcher la racine qui mène à l'invisible. Pas tous, certains sont restés, fauchés par l'alcool et piégés par la ville.

Ils sont à deux jours de marche ou six heures de pirogue à moteur. La pirogue me va bien. Je sais qu'apprendre d'eux leur coûte cher et je m'en veux de n'avoir pas le courage de m'abstenir. Le temps comme le fleuve s'étale. Parfois, dans une saignée, il y a des cabanes sur pilotis, la rive est hérissée de perches, des structures fragiles sur lesquelles les gens vivent comme des oiseaux, assis sur leurs talons, en équilibre. Ils sont nés là, le dos au mur de la forêt, les visages tournés vers la rivière. La crue et la décrue sont leur respiration. Une marée par an, c'est long.

Pour eux, c'est un jour comme les autres, sans rien de plus que les autres jours. Je me suis arrêté pour les filmer, ils restent muets. Un œil crevé fixe l'objectif, un œil blanc sans paupière, la femme est belle avec cet autre œil qui regarde pour deux. Un homme sculpte une écorce depuis des siècles. Un bébé dort dans les bras d'une petite fille en équilibre sur une échelle de bois. Un oiseau piaille. Il n'y a pas de soleil, qu'une menace mystérieuse et envoûtante. Peut-être l'absence de quelque chose, le manque, le vide parfois. Le manque comme un abandon. C'est cela que l'on ressent, une forme d'abandon. L'éternité abolit la curiosité. Tout s'échappe et l'on ne retient rien, même pas la vie. Parfois, il y a un désir sourd qui rampe jusqu'au ventre.

Au confluent de l'Iriri et du Xingu, il y a des turbulences inquiétantes qui n'inquiètent que moi. Le piroguier jubile. Nous approchons des Araras. Cette tribu va s'éteindre. Ils sont à peine une centaine, malades. Je suis avec deux représentants de la FUNAI, dont un infirmier responsable de la santé. Il vient vacciner ces gens, sans grand espoir.

Après une longue courbe du fleuve, sous les frondaisons, apparaît un tertre sur lequel jouent des enfants. Ils se fixent vers nous sans cri. Un petit garçon danse avec les papillons du fleuve, des papillons jaune et blanc qui tournoient autour de lui et qu'il tente vainement d'attraper. Nous abordons lentement. L'infirmier est accueilli comme s'il était venu la veille, alors qu'ils ne l'ont pas vu depuis des mois. Je n'existe pas. L'enfant aux papillons tourne comme un derviche allumé. Soudain la spirale jaune et blanche s'abîme dans le fleuve. Le petit s'arrête lentement, ivre, et s'assied sur la terre pour tousser, une toux sourde avec une longue morve verte qui coule.

Je me décide à foutre le manteau de plomb dans les eaux du fleuve et à sortir de ma torpeur. La curiosité est toujours la plus forte. Je monte le tertre. Dans une clairière, les Indiens ont posé leur village. Il n'y a pas d'air, que l'humidité de la *selva* et la fumée âcre des feux sous les cases. Les hommes sont partis à la chasse, il ne reste que les femmes, les enfants et les invalides. Un vieux crache sur mon passage, sans intention. Il se mouche avec deux doigts, il a une couronne de fleurs rouges, un os dans la narine, il porte un tee-shirt *I love Amazonia*. Il me regarde sans me voir comme me regarde la femme enceinte dans son hamac avec un petit accroché au filet. Je vous rapporte, pour vous plaire, que dans certaines tribus le père se met en convalescence quand la femme accouche. Il s'installe dans son hamac et se soumet à la diète, traité comme un grand malade. Parfois même il éprouve les douleurs de l'enfantement, il détourne ainsi les esprits malins du bébé fragile.

Je dépose, comme il a été demandé, du tabac et de la poudre pour l'unique fusil du chef. Tous les cadeaux faits aux Indiens sont empoisonnés. Ils vivaient nus, la pluie glissait sur la peau, mais un jour ils ont vu des blancs avec des tee-shirts et ils ont accepté de faire une photo, un troc en somme. La saison des pluies est venue, mouillant les tee-shirts que l'ombre de la *selva* avait du mal à sécher et ce furent les premiers rhumes, premières bronchites, premières tuberculoses. Le Dieu des chrétiens s'en est mêlé et les prêtres sont venus convertir. Ils ont voulu sauver, soigner les maladies qu'ils apportaient, sans savoir, irrespectueux de l'harmonie des Indiens, de leurs traditions, de leurs connaissances en médecine. Contre les insectes, ils se peignaient le corps avec des onguents répulsifs. Les plantes ont un pouvoir qu'ils connaissent et ceux qui dénigrent aujourd'hui l'ayahuasca, la chacruna ou le peyolt utilisés par les shamans ne savent rien.

Il y a peu, une équipe de recherche plus hardie a voulu en savoir plus sur la pharmacopée amazonienne. Ils ont demandé aux shamans comment ils pouvaient reconnaître la bonne plante sans l'expérimenter sur les hommes et faire quelques dégâts. Les shamans ont répondu : on n'a pas besoin de tuer des animaux ou des gens pour savoir si une herbe ou une racine est efficace. Alors, comment faites-vous ? Nous nous asseyons devant la plante choisie, en silence, le temps nécessaire, et elle nous parle. Les chercheurs sont repartis marris. Pendant que j'y suis, je vous donne la recette du curare, qui varie selon les tribus : racler l'écorce des lianes du type strychnos pour obtenir environ 3 kg de raclure, mélanger à un volume d'eau, porter à ébullition et laisser mijoter pendant douze heures, j'ai bien dit mijoter pas bouillir. Verser dans le sirop obtenu des feuilles de palmier, des graines de pipéracées hachées et laisser refroidir. On peut rajouter un crapaud foudroyé avant qu'il ait le temps de faire trois sauts, c'est le plus difficile, ou quelques têtes de serpents très venimeux, pilées avec soin, sans éclaboussures, avec des piments. Je crains que vous ne trouviez tout cela à la grande épicerie du Bon Marché, hors les piments. Mais nous utilisons si peu le curare, l'arc et la sarbacane à Paris…

J'ai posé ma caméra inutile. Je reste sous un arbre avec un singe attaché par une laisse qui tourne en rond comme l'enfant aux papillons. Un ara au bec jaune lisse ses ailes rognées et tire sur le fil qui l'enchaîne. Je meurs doucement d'impuissance. Qu'est-ce que je fais ici? Je suis dans un zoo humain pour espèces en voie de disparition. C'est une empreinte définitive, pas celle que j'avais rêvée.

J'ai la nausée à regarder le mouvement perpétuel des hamacs dans la fumée, à entendre les toux et à ne rien voir d'autre que du vert sombre sans horizon. Un enfant me paraît en bonne santé et rieur. Je voudrais l'emmener, le sortir de là. Non, il va mourir ici avec les siens. Et moi je vais finir comme Maufrais si le piroguier n'arrive pas à démarrer son moteur.

Retour dans la nuit amazonienne. Le bruit des quarante chevaux poussés à l'extrême est insupportable. J'aurais voulu entendre le nocturne amérindien, les animaux de la forêt, les silences. J'aurais aimé avoir un peu peur. J'aurais aimé n'avoir pas vécu ce que je viens de vivre.

J'aurais voulu être plus souriant, mon amie, je sais que vous aimez ça mais ce n'est pas toujours drôle un enterrement. Quand vous riez vous plissez les yeux comme une chatte au soleil, puis vous baissez la tête, dégageant votre cou et c'est là que je vous embrasse en mordillant votre nuque. Un peu comme le fauve avec la femelle. Vous n'aimez pas du tout cette comparaison? J'aime tant vous faire rougir. J'avais écrit rugir, voyez comme il faut peu de lettres parfois pour modifier le sens. Réagir aurait été plus juste.

Altamira brûle. Le ciel rougeoie avec des bleus et des verts, les rives sont incendiées, la ville est en fête, c'est un grand feu d'artifice. Je descends de la pirogue avec une soif d'eau claire, un besoin de me laver, de sortir de là. On ne peut pas sortir de là, on y est. Cerné par les feux de Bengale, j'ai les pieds dans la boue. Une pluie de lumière illumine les visages des enfants, leur regard vers le ciel, vers les big-bang mystérieux. C'est ce regard-là qui me fascine, le mien sans doute à leur âge, un regard qui s'échappe du monde, mon enfance, la même en eux.

Tout est bien pour vous en ces jours, tout vous sourit peut-être. Est-ce votre anniversaire ? Vous marchez, vive, dans le jardin des Tuileries, les hommes vous regardent. C'est bon ce regard des hommes sur votre silhouette, votre cou, vos épaules dégagées. Les tilleuls vous tournent la tête. Que faites-vous réellement ? Des articles sur la faim dans le monde, l'esclavage au Soudan, les pirates somaliens. Je ne crois rien de tout cela, mais je vous apporterai tout de même de quoi faire pendre certains politiques amazoniens et fustiger les grandes compagnies forestières. Je vous rapporterai des têtes d'Indiens, madame, la coupe au bol et plumes rouges d'ara en collier. C'est cela que chassaient les blancs pour emporter le bois précieux, ouvrir une mine d'or ou construire une route. La Transamazonienne n'est pas innocente. "Indien vu, Indien mort." Le général Rondon créa le service de protection des Indiens mais un général, même philanthrope, ne peut rien contre les puissances économiques.

Jacques Meunier rapporte dans son *Chant du Silbaco* qu'un ethnologue brésilien chercha les tribus otis près du fleuve Paranapanema… il restait deux femmes et un enfant. Ils furent vendus pour l'esclavage et l'exploitation du caoutchouc, massacrés pour le plaisir de tuer comme ces jeunes filles yeux bandés que l'on avait rassemblées dans une hacienda et sur lesquelles ils pratiquèrent avec leurs Winchester le tir sur cibles vivantes. Jeux d'adresse aussi sur les hommes, pour le bonheur et la jubilation dans les hourras, de dégommer une oreille, un nez ou des testicules.

Peut-être regardez-vous ce monsieur qui baigne son visage dans la lumière. Vous vous êtes assise, il fait doux, vous ouvrez votre livre un peu distraite par les promeneurs du dimanche. Je n'arrive pas à deviner qui est l'auteur mais c'est un pavé de huit cents pages. Vous me raconterez. Ici, c'est le jour du Seigneur, les églises sont pleines, elles débordent. Dans ces boîtes à musique de tôle et de bois pourri les chants s'enflent comme la crue du fleuve. La ferveur contre les peurs. Mais il y a aussi la joie, chère absente, qui ressemble aux cuisses des femmes, à leur peau, à la sueur pendant l'amour, aux corps enchevêtrés. La joie brésilienne, c'est la désespérance et la lumière, la vie.

Je veille sur la nuit violette et chaude avant d'attaquer plein ouest. Itaïtuba est à neuf cents kilomètres.

Il y a une petite ville au kilomètre quatre-vingts. La terre est rouge, les maisons rouges, les peaux rouges. Elle s'appelle Medicilandia – Medici, c'est le président qui a commandé la Transam. Pas très loin il y a Fordlandia, la ville construite par Ford à l'époque du caoutchouc. Fordlandia, il ne reste plus rien. Medicilandia, pas grand-chose. Si, il y a les enfants… et puis Dieu. Dieu est partout, ce dimanche de mai, des haut-parleurs diffusent la parole des prêcheurs. Je filme un type chemise ouverte sur une moto rouge, conquérant, qui chante en riant. Les filles font des mines, la plus grande appuyée au poteau électrique le regarde dans les yeux, petite jupe courte sur la cuisse dans la position de l'échassier. Les jeux sont faits.

Un homme assis sur le pas de sa porte se lève en me voyant. Vous êtes venu à notre enterrement ? Filmez la mort du peuple amazonien ! Je viens du Nordeste, là-bas c'est la misère, la faim pour beaucoup. Le gouvernement nous a donné des terres à défricher, une maison, un peu d'argent. C'était le paradis. Mais les terres sont vite devenues stériles, la baraque se pourrit et le pécule d'État a fondu. Il y a bien l'école pour apprendre, apprendre quoi? Les enfants regardent TV Globo et ils disent pourquoi pas nous? Dites-leur qu'on meurt, personne n'entend, on est trop loin.

Une vieille dame endimanchée attend le bus sous l'abri de roseaux. Elle a posé ses mains sur son sac et regarde nulle part. Elle a un petit chapeau mauve et un corsage gris. Là-bas à Altamira, son fils vend des chambres à air de camion et les petits sont dans la chorale de la Sainte Vierge. Bimbo a fait le camionneur un temps, mais c'est trop de jours sans voir la famille, seul dans la cabine sans dimanche pour le Seigneur.

Un soir de lune blanche, il a plongé dans un mirage et il est resté coincé entre le siège et le moteur, personne ne voyait le cul du camion, la végétation était retombée sur l'épave. Un *caboclo* qui avait posé son bois pour pisser a vu du jaune entre les feuilles et une plaque. Il s'est approché. Sur le siège, il y avait Bimbo, encore vivant. Bilan, une jambe en moins, fin de la route et retour en famille avec petit négoce. La grand-mère que j'ai entreprise est inépuisable. Le bus me l'enlève. Je filme le chapeau mauve dans la vitre sale jusqu'à l'éblouissement.

Il n'y a rien sur cette route que les bacs à attendre, des ponts cassés, des petits villages oubliés.

Il n'y a rien jusqu'à Itaïtuba que des fantômes qui flottent dans la brume de chaleur. C'est une longue somnolence un peu heurtée. Mon inconnue, je vous étreins dans cette voiture, mais vous êtes insaisissable comme le souffle de l'orage et la lumière de l'éclair. Vous n'êtes qu'une silhouette au bord du fleuve. J'ai des rages parfois, un sanglot étonné.

Je suis sale, en sueur, je rêve d'une douche.

Je dois vous laisser pour un rhum très arrangé avec une cartomancienne. Les prédictions ne sont pas bonnes, je parle de mon avenir. On verra bien!

40

Itaïtuba est au bord du Tapajós. C'est une ville de *garimpeiros*, bourdonnante, active. Ville de trafics, tous trafics. Le fleuve est très large, au nord il descend vers Manaus, Belém, au sud vers Jacareacanga. Il y a des gueules, des cicatrices, des têtes immondes, des beautés, des cages à poules, des parties de dominos, des parieurs. C'est un grand livre de drames et de petites joies, d'incestes, de viols et d'amour. J'ai envie d'un jus de maracuja, ou d'un lait de coco. Il y a des bistrots avec des dents en or et des tronches autour. Pour eux les blancs ne sont pas les bienvenus. Point n'est besoin de poser des questions, le regard suffit, la poignée de main aussi, une vraie poignée de main qui vous broie jusqu'à la douleur. Je transforme la grimace en sourire comme un boxeur thaï.

Après ce séjour de solitude, je me sens un peu perdu dans la foule. Je voudrais être ici et ailleurs. Où êtes-vous? Je sens bien que je ne vous retrouverai pas. Il n'y a pas de femme blanche ici, mon cœur ne battra pas à la vue d'une silhouette, la vôtre, avec un petit sac à dos, un chapeau de brousse et des chaussures de marche. Ce ne pourrait être vous. Vous n'êtes pas d'ici, c'est trop rude. Jamais je ne vous aurais emmenée faire ce voyage.

Pourtant quel bonheur de remonter le fleuve jusqu'à l'Amazone et toute l'Amazone jusqu'aux sources avec vous sur mon petit bateau à aubes. Vous en auriez apprécié le confort. Dans une vaste cabine en acajou et palissandre vous attend un grand lit avec une moustiquaire pour qu'à l'heure fatidique votre peau soit à l'abri des anophèles. Il y a une cabine de pilotage en bois blond avec des laitons étincelants et des aciers brossés et, sur le pont en ipé, sous un très joli dais en coton, se languissent deux chaises longues que j'ai dessinées moi-même en pensant à votre corps. J'aurais pêché pour vous le tucunaré et le pirarucu. Il y a trois mille espèces de poissons en Amazonie. Nous aurions grillé des piranhas et bu du café et vécu le plus long travelling du cinéma, un infini des rives, une paix éternelle sur notre amour.

41

Non, ma chérie, il n'y a plus de danger à être fléché par les Indiens sur ce parcours. Les seuls risques minimes que nous pouvons craindre sont le paludisme, la peste et le choléra, mais nous avons tout ce qu'il faut à bord, même un prêtre.

Il ne reste que deux mille cinq cents kilomètres pour Labrea, le bout du voyage. Nous sommes au bord d'une rivière inconnue, un *río* qui n'est pas marqué sur la carte. Un bac est en attente, une gaiole s'envase avec des gens immobiles. Les enfants bougent, eux... ouf!

Une cabane sur pilotis fume, c'est bon signe. Il y a un parfum de grillade très encourageant. Carl, le chauffeur, est aussi affamé que moi, et m'accompagne vers "les planches qui fument", c'est le nom que j'ai donné à la charmante guinguette. Une femme seule fait la cuisine pour les hommes qui vont rentrer du travail. Il n'y a qu'un plat de riz et de poisson grillé, bien assez pour tous. Ici on ne refuse jamais de partager.

On s'est assis par terre avec deux poissons inconnus dans une gamelle en émail éclaté. J'ai les cheveux trempés sous le chapeau, la chemise colle à la peau, ça dégouline. J'ai bien peur que vous ne supportiez pas ce climat, cette route de terre, ces gens silencieux, cette mortelle attente sans anticipation, sans passé, sans avenir puisque personne ne le connaît. Il n'y a rien pour vous repérer, pas d'histoire des hommes, pas de traces, la forêt efface tout. Il n'y a que l'éphémère à consommer sur place.

Le passeur est là, sorti de l'ombre. Il prépare le bac. Quelques billets pour l'hôtesse de "la planche qui fume", *adios amigos* et *obrigado*.

Une nuit, un camion est tombé dans la rivière. Le chauffeur avait vu des papillons électriques et une femme aux mains de phosphore qui traversait la route.

Je vous ferai goûter la cachaça, si on en boit beaucoup on peut voyager et parler avec les esprits de la forêt. On peut même voir des ponts qui n'existent plus. Tout est également réel, les yeux fermés ou les yeux ouverts, rêve et réalité se vivent pareillement.

Vous devez être belle quand la tête vous tourne, les yeux fiévreux, le visage renversé, le cou offert au vampire que je suis. Je voudrais vous voir dormir, vous veiller, attentif et dévoué. Je vous raconterai alors ce qu'il est impossible d'écrire, mes peurs, les colères, l'enfance désespérée, la fureur de vivre, l'amour violé.

Quel jour était-ce? Un dimanche, un lundi? Je ne sais plus. Il y a plusieurs semaines que j'ai quitté la France pour l'Amazonie, des jours et des nuits depuis Imperatriz à filmer des visages, attendre les soirs d'orage et au matin que le soleil incendie les grands arbres. La Transamazonienne est un rêve déchiré par les hommes. C'est une rature au milieu de la page.

Je suis un peu fatigué de cette route inutile où rien ne se passe pendant des jours, je veux dire que personne ne vous croise, ne vous regarde, que ces deux murs végétaux. La torpeur n'agit plus, c'est presque l'ennui et je ne me suis jamais ennuyé. Tu ne m'auras pas, je vais filmer l'ennui, pas le vivre. Mon ami le hasard veille, il sait écrire un bon scénario, il propose toujours l'inattendu quand la tension ou l'attention baisse.

Elle s'appelle Maria, elle est jolie, avec un regard émouvant et un sourire ravageur. C'est la fille de notre hôte. A des années-lumière de toute habitation, Garbo tient un hôtel trois chambres avec eau en bidon, toilette sur basse-cour, lits de camp avec moustiquaire ajourée et ventilateur à manivelle. J'aime beaucoup. Vue sur sa propre décharge avec arrière-plan très boisé, terrasse en terre battue avec une table en plastique et deux chaises du même métal sous une tonnelle romantique. Le chien aboie sans discontinuer et on ne s'habitue pas. Le décor est planté pour la scène mythique du baiser.

L'acteur principal est à table, il écrase son œuf dur dans les lentilles. Il doit avoir l'air absorbé. Maria lui sert une bière miraculeusement fraîche sans un mot ni un regard. Elle retourne dans la cuisine, ressort et s'appuie sur le montant de la tonnelle. Elle regarde dans le vide tout en observant finement le protagoniste manger. Lui, finit son repas et continue d'avoir l'air de rien, mais ne peut s'empêcher de remarquer une lame de soleil sur l'épaule et le cou de Maria. Elle est charmante. Il finit son repas. Elle dessert et va brasser l'inutile dans la cuisine tout en regardant de l'ombre l'étranger sur la terrasse. Lui, très fort, semble absent. Il connaît bien la manœuvre, c'est un professionnel, ça marche toujours. Soudain, il se lève comme préoccupé et s'en va vers un petit chemin creux qui s'enfonce dans le mystère de la *selva*, un passage secret, le seul qui conduise au bonheur. Il passe devant la fenêtre et fait semblant de ne pas remarquer les yeux fiévreux de la protagoniste fixés sur lui. Situation insoutenable pour les deux acteurs qui demandent un dénouement.

Soudain, papa sort de sa cahute, crie qu'il rentrera ce soir, monte dans son pick-up et s'en va. Petite frayeur compensée par un ouf de soulagement. La voie est libre. Qu'est-ce que c'est bien foutu, ce scénario, bien écrit. Alors, à pas feutrés, Maria sort de la cuisine, reprend un peu la lumière et tente de la garder jusqu'au chemin où lui, moi, attend fébrile. A quelques pas l'un de l'autre les respirations s'accélèrent, les poitrines se soulèvent, les cœurs battent pour que s'unissent enfin ces deux pigeons éperdus. Maria! hurle la mère malade qui a besoin de sa fille, vile marâtre qui doit haïr l'amour au point de le déchirer dès sa naissance. L'actrice, n'écoutant que son cœur ou son ventre, se précipite, pose sa tête sur l'épaule de l'homme qui se retourne et trouve une bouche humide et un corps frémissant. La mère gueule, le chien hurle, c'est délicieux. Ils disparaissent dans l'ombre vers le bonheur promis. Ils n'auront pas d'enfants. Un serpent ému écrit avec son corps le mot fin.

Je ne vous ai rien demandé au sujet de ce type, genre italien ou moyen-oriental, qui vous fait la cour et auquel vous n'êtes pas insensible puisque vous lui souriez et que peut-être, je n'en ai pas la preuve, vous avez accepté de dîner avec lui chez Casa Nostra et, même, de prendre un dernier verre chez lui ou, ce qui serait épouvantable, chez vous. Il est grand temps que vous vous rendiez compte que c'est un crétin, un petit séducteur des plages. Vous me décevez.

Je suis fou de rage à cette idée qu'il puisse vous désirer. Je ne suis pas raisonnable, je sais. Qui êtes-vous ? Où êtes-vous ?

Je laisse Maria dans une aube triste pour cette route qui doit bien avoir une fin.

Nous avons traversé une ville qui n'est pas au bord d'un fleuve. Une ville-décor, une ville peinte en jaune et bleu. Je ne sais pas si elle existe vraiment. Il y avait des rues-promenade pour le dimanche, des jeux pour les enfants. C'est une ville dont j'ai oublié le nom. Elle est dans la province d'Amazonas. Je crois que c'est une ville-façade sans maison derrière.

Je me souviens de beignets au miel,
D'un parfum de mûre écrasée
Des ombrelles sur les filles
D'un air d'accordéon
Des yeux blancs de l'aveugle
De la nacre éclatée
De sa voix aigre
Du soufflet avec des déchirures
Et de la toile collée
Comme un bandage.
Plein ouest !
J'en ai assez, je file sans m'arrêter vers Jacareacanga.

Quelque cent kilomètres plus loin je découvre en marchant vers le fleuve un cimetière. Il n'y a aucune maison alentour. Il semble entretenu. On a couronné chaque croix de fleurs en plastique. Il y a des petites tombes d'enfants et des plus grandes. Sur le bois des croix quelqu'un a gravé : 1956. A cette date, une gaiole qui remontait le fleuve a sombré, ils venaient de très loin, des terres sèches du Nordeste, avec l'espoir d'une nouvelle vie. Un type assis sur une souche nous dit que les eaux étaient en crue et le bateau surchargé. Ils se sont noyés là, sauf lui. Ils étaient soixante, hommes, femmes et enfants. Drôle de voyage.

Ce qui suit est pour vous, chère citadine, un rêve amazonien sans moustique. L'eau était transparente, propice au bain, l'air léger, la rivière apaisante. Il y avait des plantes carnivores qui se fermaient sous la caresse et des galets bleus dans le courant. J'aurais cueilli pour vous l'unique orchidée, nous aurions pu dormir là sur les nénuphars géants. Un aigle pêcheur aurait emporté le soleil sur son dos et nous l'aurait déposé le lendemain au sommet des grands arbres. Mais nous sommes passés – sans nous arrêter.

Je dois vous conter ma rencontre avec Omar Schultz, même si vous semblez distraite, rêveuse, un brin agaçante à ne pas toujours écouter l'autre.

Perdus dans la nuit, on cherche un refuge. On a envie de se replier, de ne pas se livrer à l'inconnu. La nuit vous déshabille et vous êtes nu, vulnérable. L'enfance et les peurs vous reviennent par bouffées. On cherche un humain dans cette forêt inhumaine, on fouille l'obscurité pour deviner une âme, un regard, trouver une balise, tout en ayant un peu peur de toucher quelque chose de vivant dont vous ne connaissez pas l'intention, mais que vous inventez toujours. L'imaginaire prend le pouvoir sur la réalité. Bref, nous cherchions un abri quand une flamme fragile entre les arbres fut notre soulagement, c'était la paisible maison d'un *caboclo*, celle de M. Schultz, rudimentaire, c'est un paysan très pauvre. Sur la cuisinière en terre, il y a une bouilloire pour la pipe à maté. Ça fume. La brise nocturne caresse des rideaux de mousseline grise déchirés accrochés à un cadre de fenêtre vide. A l'intérieur, il y a un lit défait et, sur les murs en planche, une vieille photo de mariés sous un crucifix. La table de nuit est une caisse en bois sur laquelle pleure une bougie. Rien d'autre. Des vespasiennes ajourées sort un homme sans âge, peu surpris de nous voir. Bonsoir. Connaissez-vous un endroit pour la nuit ? Silence observateur que nous laissons se prolonger. Il désigne un banc, on s'assied. Il prend la bouilloire et remplit sa tasse à maté. Je n'ai rien à vous offrir que mon temps. Le silence a repris son droit et s'installe en léthargie.

Derrière le rideau déchiré d'une porte basse apparaît une jeune fille ensommeillée. Elle a dix ans, elle est jolie et vient directement sur les genoux du vieux. Ma fille, Sonia. L'homme a quarante-cinq ans, il en paraît soixante-cinq. Silence qui nourrit les questions et démange le gringo curieux. Sa mère est à l'hôpital d'Humaitá depuis trois mois. Avant, j'avais une autre femme. Elle est restée dans le Sud avec sa famille. J'en ai pris une autre mais elle est malade. Il dit cela d'une voix basse à racler, calmement, les yeux dans le vague et en caressant les longs cheveux blonds de Sonia. J'ai ma fille. Elle va à l'école, elle apprend bien. Je ne veux pas qu'elle reste ici. Il n'y a rien pour une jeune fille, rien, pas d'avenir, pas de mari convenable, pas d'argent, pas de rires, rien. Le silence qui était parti faire un tour en forêt revient tranquillement reprendre sa place.

Sonia a posé sa tête sur l'épaule de son père. Un papillon de nuit s'affole près de la lampe à pétrole. C'est le seul qui s'affole. Omar pose sa pipe et se lève en prenant sa fille qui dort dans ses bras. Tout est doux, amoureux, tendre. Ils disparaissent derrière le rideau de la porte basse. Je brûle de voir cette pièce. Je ne saurai pas s'il y a des livres, des cahiers, une poupée, un objet sacré. Je ne saurai pas si elle a des images, des photos de magazine. Tu as des rêves, je le sais, et ça me rassure. Bonne nuit, Sonia. J'aimerais tant que ta vie soit lumineuse. Je voudrais te chanter Polnareff :

Tu n'as jamais vu
Tous les bateaux
Tous les oiseaux, tous les soleils,
L'île au trésor
Et les fruits et les abeilles.
Ne pleure pas petite fille,
Moi je t'ai rêvée
Tu es venue
Ô mon enfant mon inconnue...

Quand Omar revient, il nous semble que Sonia ne l'a pas quitté et qu'il y a encore une chevelure blonde sur son épaule. Un autre silence pendant lequel Omar réfléchit, il reprend sa pipe puis me demande si je suis venu voir le rêve blanc, le rêve inachevé des militaires blancs. Oui ! Il hoche la tête. Un rêve de militaire ça n'existe pas. On n'existe pas. Retournez au bac, il n'y a plus rien sur ce morceau de route qu'une autre rivière sans bac. Bonne nuit.

On est repartis d'où on venait, un moment d'errance. Le hasard si malin a voulu m'émouvoir avec les silences d'Omar Schultz et la chevelure blonde sur son épaule. Il a voulu que je vous rapporte tout cela.

Humaitá et plus de quatre mille kilomètres derrière nous. Tous les grands transports s'effectuent par bateau vers le sud, Porto Velho et le nord, un long voyage vers l'Amazone. Il y a encore beaucoup de plantations d'hévéas sur les bords du fleuve. Les esclaves du caoutchouc arrivaient de Belém.

Un mois de voyage pour rejoindre leur prison verte. Tu viens travailler pour vivre et nourrir ta famille ? En arrivant tu as une hutte et des outils que tu dois acheter. Mais ils sont si chers que tu ne pourras jamais les rembourser par ton travail, alors tu trimes, tu trimes jusqu'à la fin de ta courte vie. Tu trimes pour le roi du caoutchouc qui construit son opéra à Manaus. Tu trimes pour que Sarah Bernhardt vienne déclamer Racine et tu n'en sauras rien. La forêt seule monte la garde. Un jour il y eut une justice pour les magnats du caoutchouc.

Un certain Wickham, anglais, repart avec soixante-dix mille graines recueillies sur les bords du Tapajós. A Kew Gardens on les chouchoute et, quelques semaines plus tard, les plants sont expédiés à Ceylan. Réussite totale, les arbres donnent trois fois plus. Main-d'œuvre docile qui traite quatre cents arbres par jour contre cent cinquante en Amazonie. La suite est logique, effondrement des cours et Manaus se lamente. Les fortunes sombrent dans le fleuve, l'or blanc n'est plus d'or. Les barons ne donnent plus de bal, on déserte en masse et les seringueros se meurent dans la forêt sur les bords du Madeira ou du Tapajós.

Il y a en Amazonie quelque chose d'étrange, quelque chose qu'on ne parvient jamais à découvrir et qui est là depuis toujours, mais c'est trop gros, trop fort, ça attend son heure, disait un certain M. Tomlinson. Ça attend son heure.

Le Madeira est né du Madre Dios et du Mamoré, venus du Pérou et de Bolivie. Celui qui glisse aujourd'hui sur un fleuve amazonien voit exactement les mêmes paysages que ceux qui ont navigué ici il y a trois ou quatre siècles.

Mais aujourd'hui, en remontant le Madeira, il y a une fièvre, une mauvaise fièvre. Une cité lacustre, une ville-puzzle, se fait et se défait, s'assemble ou se sépare au gré des fonds, une ville soûle, harnachée de câbles d'acier, armée de turbines et de compresseurs. Des fraises tourbillonnent dans l'eau boueuse, déchirent le lit de la rivière, labourent et fouillent la vase pour trouver l'or. Le Madeira est aspiré, avalé, canalisé et vomi à lui-même. C'est une ville aveugle, ruisselante et droguée au mercure. Ça tremble, c'est assourdissant.

Les femmes viennent de leurs villages amazoniens ou des favelas de Rio. Des papillons égarés au milieu des dégueuloirs, une femme par barge, femme à tout faire.

C'est qu'elle fait drôlement la gueule, la forêt équatoriale! A gauche et à droite du fleuve. Aurait dit Michaux.

Je passe laborieusement d'une péniche à l'autre, sonné. Mais je ne vais pas moisir en enfer, je filme comme on flingue et je reprends la route. Une pluie chaude que l'on n'attendait pas nous lave, ça ruisselle de bonheur. Pas longtemps, l'humidité étouffe, le ciel redevient impitoyable.

Carl et moi sommes en eau pour tenter de sortir la voiture d'une ornière. Pas une âme dans le coin, pas un cyclo avec deux bras, encore moins un camion pour tracter la victime, rien que nous, c'est gai. Derrière, Humaitá est à soixante kilomètres. A pied, c'est un peu loin. Il n'y a plus de forêt ici, la latérite est une peau morte. Plein soleil, terre cuite, le four tropical fonctionne. Ne jamais abandonner, jamais!

Après cinq heures d'effort, un 4×4 se pointe au fond du chaos, un tas de boue séchée avec des roues. Il danse au ralenti dans les ornières. Dix minutes après, deux chétifs en sortent, souriant. Sauvés. Chaînes, câble et ouf, sorti. Demi-tour, nous conseillent les sauveurs, on a mis trois semaines pour venir de la frontière. Le voyage se termine. Un dieu qui en avait assez a coupé la route là. La forêt l'a mangée, les rios l'ont grignotée. Plus loin vers l'ouest, c'est le Pérou, les Andes, le Pacifique. Plus tard peut-être.

Je n'ai rien donné pendant ce voyage. Rien qui vaille ce qu'ils m'ont donné eux, tout au long de cette route. Je vais les laisser là, sur ce long ruban froissé et déchiré qui traverse l'Amazonie sans bien comprendre ce qu'ils vont devenir. La *selva*, pour combien de temps ?

Je ne reviendrai pas par la route. Je n'ai pas oublié que l'oiseau est le symbole du continent américain.

Que la colombe enseigna aux tribus le langage articulé.

Que c'est un colibri qui annonça aux hommes la fin du déluge.

Que l'ara est sacré.

Que le condor transporte chaque soir le soleil sur son dos et le ramène le matin. L'oiseau est partout dans cette forêt. C'est en lui qu'il faut croire. Madame, je reviens de cette chasse amazonienne, du désert vert, de la Sud-Amérique où il y a cinq cents ans nous abordions.

Paris ne m'attend pas, ni vous non plus d'ailleurs. Seule ma fidèle Annick trépigne de voir ce voyage qu'elle ne fera qu'en salle obscure. Passionnée, elle se penche jour et nuit sur l'écriture par l'image pour monter les plans qui vous emmènent avec un sourire, une moue, un détournement de tête, une inquiétude vers le plan suivant. En regardant les images, dans une salle close, on retient ce qui se raconte au présent dans le passé des vies. Dans la solitude d'un regard borgne, j'emprisonne les regards, des fragments déjà lointains qui plus tard livreront une histoire. Arrêt sur image et l'éphémère se lit dans le silence, volé, figé, immuable.

Madame, cette capitale est épouvantablement vide sans vous. Je vous cherche. Je fouille les quais refroidis. J'ai repris les activités de détective très privé, privé de vous bien sûr. Il y eut des soirées mondaines où s'enlisent des amours brèves.

Un soir qu'il faisait un temps clair avec une lune heureuse, une femme, enfin je suppose, glissa entre des colonnes de cristal. Elle ondulait sous des voiles pourpres et des ailes vert pomme *avec sur le visage un masque d'oiseau, queue déployée pour attirer les mâles.*

Au petit matin, la lune fit un pied de nez à la terre avant qu'un nuage ne l'efface et qu'elle murmure: débrouillez-vous sans moi.

La femme au masque d'oiseau, voiles ouverts sur son corps, avait une main sur son sexe, une main gantée de rouge qui lui faisait une blessure.

Pessoa écrit que vouloir donner un sens au monde qu'on observe c'est tenter de se suicider en regardant une fleur.

J'ai laissé quelque temps ces feuillets pour une reprise de *L'Aide-mémoire*. Je crois vous avoir parlé d'une tournée d'hiver, nous y voici. Les villes et les salles se succèdent avec un plaisir renouvelé grâce à la douce complicité de Fanny qui a su définitivement combler le précipice dans lequel j'étais tombé. Les soirs se suivent et ne se ressemblent guère. On ne cesse de découvrir si on explore. Dans la maîtrise, naturellement, ne me ramenez pas toujours à la faute. Elle est consommée. Rideau.

J'ai grand faim de vous, madame.

De retour à Paris, je me suis précipité pour une chasse aux papillons, je cherche un spécimen extrêmement rare pour ne pas dire introuvable : l'*Amorifera incognita*, à ne pas confondre avec l'*Amorabunda incognita* ou l'*Amorifica incognita*. Pour cela je suis allé au théâtre, vous qui l'aimez tant. Elle fut belle, cette représentation aux Mathurins. L'actrice vous ressemblait, brune piquante aurait dit Marivaux, longue, mince, féline et si juste. Quel regard et quel bonheur. En revanche, ce soir, j'ai subi l'assommoir, le bâillement sans vous apercevoir. Il a fait chaud, la pièce était ennuyeuse, les acteurs aussi. Il y eut même un peu de rage en sortant. Pourtant j'ai fortement applaudi, par lâcheté bien sûr, tout le monde faisait semblant.

Il est un mot inventé par je ne sais qui pour donner une grandeur intellectuelle à notre travail, et que j'ai prononcé parfois, soupçonnant tout de même sa prétention : actorat. Ça sent le laboratoire, ou plutôt le diplôme : j'ai un actorat en tragédie ou en comédie, comme un doctorat en somme. Ça ne vous donne aucun talent. On a tant écrit sur le travail de l'acteur. Je me réfère au bon sens de Diderot qui ne nous demande pas d'être en colère, mais seulement de jouer la colère et que l'on y croie, tout est là. La littérature abonde de méthodes et de conseils. Il n'y a de méthode que celle d'aller chercher ce que nous sommes profondément, de jouer de bons textes avec un metteur en scène exigeant et ne pas rester trop longtemps dans les cours d'art dramatique. Il n'y a pas de théâtre sans public, c'est sur la scène que l'on apprend. Rien ne remplace l'expérience. Cela n'exclut pas un bon professeur, un maître, de travailler l'articulation, la technique du chant, de la danse, du souffle, même si de merveilleux acteurs n'ont rien appris de tout cela, n'ont que la grâce de leur talent, de leur expérience, et surtout ce quelque chose qui ne s'apprend guère, le charisme. Mais peuvent-ils tout jouer, attaquer Hugo ou Racine, Shakespeare ou Marivaux, sans avoir mâché et remâché les vers, sans avoir fait rouler la phrase avec la note juste jusqu'au fond de l'arène.

Dans *Passione d'amore,* le film de Scola où j'interprétais un jeune lieutenant amoureux d'une femme laide, j'avais plusieurs scènes avec mon ordonnance. L'acteur était sarde. Il en "faisait beaucoup" et Ettore lui demanda de ne rien faire, simplement de jouer sans composer, ne rien faire, c'est tout. L'acteur le regarda hébété en lui demandant: *come fare niente?* Comment, ne rien faire? Cet acteur était un homme simple, d'origine paysanne, et dans les villages où il jouait, tous avaient l'habitude de théâtraliser, d'amplifier la gestuelle et les sentiments, de composer en somme. Il lui était très difficile de comprendre cela, être, ça ne voulait rien dire pour lui. Il était un peu tourneboulé. Et lui comment fait-il? demanda le Sarde en me regardant. Lui? Il ne fait rien. Mon ordonnance me regarda les yeux ronds puis se retourna avec un sourire ironique en marmonnant: *giusto, ma no mi piace,* juste, mais ça ne me plaît pas.

Écouter et répondre. Tout est là, dans cette difficulté de ne rien faire, d'être et de jouer. Mais il est des rôles complexes, démesurés, que l'on tente infiniment de rejoindre, avec lesquels il faut se coltiner, pour les mâcher, les digérer et faire en sorte qu'ils ne vous bouffent pas. Comment, ne rien faire? Et pourtant, dans ce travail extrême sur la complexité d'un caractère physique et moral, peut-être faut-il simplement jouer à être l'autre et être l'autre en soi et soi tout entier, faire en sorte de ne rien expliquer, jamais. Ne m'explique pas ce que tu joues, donne une vie au personnage. Pour cela il faut des couleurs et de la musique. Je dois beaucoup à celui qui m'a dit un jour: si tu essayais de jouer cette phrase en majeur, pas en mineur?

Plus tard, un autre : mets un peu de bleu dans la scène, avec une couleur forte comme le rouge quand tu te retournes. Là, sois léger, du rose et du jaune solaire quand tu lui réponds. Il en agaçait beaucoup. Cela me convenait bien. C'était une façon de guider sans imposer, d'amener à ressentir sans fabriquer. On n'obéit pas aveuglément à un maître, il nous aide, nous rend poreux, en état d'écoute et de reconnaissance, et puis un jour nous entreprenons notre propre voyage et le maître reste au bord du quai.

Aimez-vous le XVIIIe siècle, je vais y faire un tour. Je dois rencontrer Diderot, sa théorie mécaniste, ses contradictions et son génie. Pour le génie, c'est facile, je n'ai rien à faire. Pour le reste il faudra travailler. Éric-Emmanuel Schmitt écrit une pièce très drôle et gaie sur l'encyclopédiste. Je dis "il écrit" car nous n'avons lu que soixante pages. C'est très nouveau pour moi, un auteur qui vous propose une pièce avant de l'avoir achevée. Bernard Murat en fera la mise en scène. *Le Libertin* ou l'éloge du plaisir et de la théorie, beau personnage pour un acteur. Quelques lectures, un peu de travail sur le décor, les costumes, et rendez-vous pour les dernières pages dans quelques mois.

En attendant, n'ayant aucune nouvelle de vous, je pars avec mon ami Osvaldo sur la terre de ses ancêtres là-haut sur les Andes chiliennes.

J'emporte avec moi, dans mon sac, l'homme des lumières et je vais marcher avec lui sur les salars d'Acatama. Je vous écrirai de là-bas. Je garderai le courrier avec moi, c'est extrêmement risqué de vous envoyer des lettres du désert à quatre mille mètres d'altitude sachant que sous le timbre chilien il y aurait : *A madame T. – Paris.* J'ai peur que cela ne suffise pas.

EL AMIGO

Le Chili est un hasard, logique, parfaitement organisé.

Un jour mon ami m'a dit: "J'aimerais t'emmener au pays aymara dans le nord Chili. Là-bas, derrière les nuages qui ne quittent jamais la mer et n'arrosent jamais la terre, il y a des villes comme des bateaux ensablés."

La vie est comme la fleur solitaire d'Atacama, folle et pleine de sagesse. Là-bas il n'est d'ombre que celle de l'oiseau. L'histoire des hommes est écrite sous la lave. Mon ami que vous ne connaissez pas, et je le regrette, déborde de larmes chaudes. Il a gardé dans l'hémisphère nord de son exil la gueule de ses ancêtres, broyée par des dieux impatients, sa parole est un chant. Il connaît l'inaccessible, la révolte et la paix, il aime les étoiles de sel sur la terre rouge. Son cœur est ainsi, comme les sommets andins, de neige et de feu avec des coulées d'or sur ses blessures.

56

Je l'ai rencontré dans un concert. Il chantait pour le Chili, je lisais des poèmes, vingt années de cela et puis l'amitié. Allez savoir. Dans son exil, il m'a appris ses origines et conté l'Histoire de son histoire.

Il rêve de s'envoler comme le condor, et avant de mourir il regardera ce long pétale de mer, de vin et de neige dont parle Neruda et il chuchotera: "Je suis de cette terre."

Madame T., ma première lettre du Chili sera celle d'un oiseau intemporel, capable d'embrasser le passé jusqu'aux premiers jours chiliens. Tout ce temps dans cet aéroplane, à dix mille mètres d'altitude, vous est consacré et, comme on ne sait d'un pays que ce que l'on en dit ou écrit, je suis là pour conter l'histoire, aurait dit Neruda. Bien avant la Conquista, les Aymaras, Quechuas, Atacamènes, Mapuches, Alakalufs vivaient sur cette terre de déserts et de riches vallées. Les puissants conquérants incas vinrent jusqu'à l'Atacama et colonisèrent le Sud. Suivirent les soldats espagnols de la Sainte-Croix qui vainquirent le peuple inca et colonisèrent à leur tour. J'ai du temps et de l'impatience, je ne résiste pas au plaisir de vous rapporter l'infinie guerre des Mapuches contre l'envahisseur, barbares indiens contre barbares chrétiens. La rime est bonne et le poème commence là. Alonso de Ercilla, soldat de la Conquista et poète, a malheureusement oublié l'histoire d'une femme que vous retiendrez.

Magellan, en 1520, est le premier à effleurer le territoire chilien en empruntant le détroit qui porte son nom. Il découvre la Terre de Feu, mais ne sait rien de ce pays et poursuit sa route vers les Philippines. Seize ans plus tard, la conquête vient par les Andes, depuis le Mexique avec Cortés et jusqu'au Pérou avec son associé, Diego de Almagro. Ce dernier part un jour de Cuzco pour découvrir les nouvelles richesses du Sud et traverse la cordillère des Andes à cheval avec cinq cents hommes, des caciques incas, des serviteurs et quelques milliers d'Indiens soumis aux Espagnols, mais tout de même enchaînés et gardés par des esclaves noirs d'une grande férocité. Des milliers de kilomètres avec le mal des montagnes, le *soroche*, dans la glace, la neige et les déserts, pour ne découvrir dans les cimetières atacamènes que des momies à moitié bouffées et des parures sans valeur.

Les conquistadors rejoignent la vallée de l'Aconcagua où ils cherchent en vain les fabuleux trésors que les Incas auraient enfouis. Ils fouillent jusqu'à l'épuisement pour ne trouver que des ossements d'esclaves et de grossiers tissus. Où sont les colliers, les casques, les soleils d'or, les chariots de pluie d'émeraudes dont on parlait tant à Cuzco. Fou de rage, Almagro pousse une expédition vers le détroit de Magellan à la rencontre d'autres cauchemars. Les soldats reviennent avec des histoires terrifiantes sur les férocités des indigènes et l'on comprend qu'ils refusent de s'établir dans les nouveaux territoires pour les coloniser. Le conquistador déçu revient à Cuzco avec des hommes hébétés. S'ensuit une guerre impitoyable pour le partage du pouvoir entre Pizarro et Almagro, querelles que je ne vous conte pas, madame, cela vous ennuierait terriblement.

Après maints échanges de tendresses, trahisons et promesses non tenues, Diego est finalement vaincu, capturé et décapité devant ses enfants sur la place publique. Plus tard, son fils se venge en conspirant contre Pizarro qu'il assassine avant d'être lui-même arrêté et exécuté. Où donc est la femme me direz-vous? Elle arrive. Dans l'armée de Pizarro est un homme, un grand stratège qui lui a fait gagner la dernière bataille, celle de Salinas, contre Almagro. Il se nomme Pedro de Valdivia. Pizarro fait un drôle de cadeau à ce fidèle soldat en lui offrant les fabuleux territoires du Sud sur lesquels Almagro n'avait rien trouvé, mais le grand Valdivia est avide d'honneur et de renommée, il accepte. Dans le même temps se trouve à Cuzco, nous y voilà, une belle femme née en Espagne d'un milieu modeste, Inés de Suárez. Dans son Estrémadure natale, elle épouse à dix-neuf ans Juan de Málaga. Grand coureur de jupons, gourmand d'aventures, de femmes et de gloire, Juan finit par prendre la mer pour le Nouveau Monde et les richesses annoncées en laissant sa femme dans le désarroi et la solitude.

Des années plus tard, apprenant qu'il se trouve à Panamá, l'aventurière qui est en elle la pousse à vouloir coûte que coûte embarquer pour les Amériques sur un navire où les femmes n'ont guère leur place. Après maintes tracasseries et divers refus, la dame, têtue, finit par embarquer pour tenter de rejoindre ce mari au pied léger qui semble l'avoir complètement oubliée. Je vous passe les détails de la traversée qui pourraient être passionnants mais je n'ai trouvé aucun document édifiant retraçant ce périple. Je peux toutefois vous dire que le capitaine, par bonheur fort honnête homme, l'installa dans sa cabine, protégée par deux matelots. Il lui était conseillé de ne pas sortir la nuit, même par beau temps, et de ne pas traîner à la proue du navire où se réunissait une grande partie de l'équipage. Une fois la porte de la cabine franchie, elle avait le droit de faire le tour du mât d'artimon et retour, encadrée par les deux gardes du corps. L'appétit des hommes était féroce, mais ceux qui se risquèrent à quelques indécences furent abondamment fouettés.

Arrivée dans cette Amérique dont personne encore ne savait qu'elle était centrale, elle se met à la recherche de Juan de Málaga. Son mari n'est pas sur ces terres de l'Ouest mais parti pour le Pérou rejoindre Pizarro et tenter fortune. Inés n'attend pas, se joint à une expédition qui traverse cette centrale Amérique et passe de l'Atlantique à la côte Pacifique où elle s'embarque pour le Pérou. Arrivée à Cuzco, elle apprend la mort de Juan. Nullement démunie devant ce coup du sort, elle demande à rencontrer Pizarro, lui fait part de son désir de rester sur place et finit par obtenir comme dédommagement de l'héroïsme de son mari une maison à Cuzco et des esclaves indiens pour la servir.

Les guerriers fascinent Inés et c'est dans cette bourgade qu'elle rencontre Pedro de Valdivia. Il est beau, courageux, noble, encore jeune, il a quarante ans. D'après l'histoire ils tombent tout de suite passionnément, furieusement amoureux. Il le faut pour survivre à la suite. Valdivia, tout à son amour et aux promesses des terres du Sud, prend la route du Chili en compagnie d'une douzaine de conquistadors et de sa compagne Inés de Suárez.

Si je vous conte cette histoire, madame T., c'est parce que je suis beaucoup plus fasciné par le parcours d'Inés de Suárez que par celui de Valdivia, le guerrier conquérant.

L'expédition de Valdivia est plus modeste que celle de son prédécesseur Almagro. En effet, beaucoup moins riche que ce dernier, il doit payer lui-même tous les frais de cette conquête, chevaux, nourriture, esclaves et armement. Il doit emmener Indiens et serviteurs pour Inés ainsi que la suite d'une princesse inca ralliée aux conquistadors. Il faut avoir vu les montagnes de la cordillère, les cols glacés dans la tourmente, les hommes bouffés par la gangrène, les chevaux mourir dans une écume sanglante, pour deviner la femme qu'était Inés de Suárez. A quatre mille mètres, droite sur sa monture, sans se plaindre jamais, la compagne du conquistador fait l'admiration des hommes de la troupe avec leurs doigts gelés et leurs lèvres gercées. Elle regarde sans peur la fumée des volcans, dévale les pentes arides jusqu'à la vallée d'El Tatio où bouillonnent les eaux de l'enfer. Après le froid, elle découvre la chaleur torride de l'Atacama, un désert sans eau, avec sur le parcours d'infinies étendues de sel éclaté en cristaux comme des rasoirs. Les pattes des chevaux sont en sang, les douze hommes s'épuisent, Inés garde le silence. Ses yeux brillent d'amour et de conquête.

Il me semble, madame, en voyant une peinture de cette femme en cotte de mailles au milieu des soldats, que vous lui ressemblez un peu. Il faut une passion démesurée pour accepter ce chemin de croix. Peut-être peut-on poser la question de savoir si elle suivait son mari par amour de l'homme ou de l'or qu'il cherchait. Je penche pour la passion mais il me semble quand même que la perspective des richesses annoncées avait probablement de quoi séduire la dame. Ce sera un voyage de onze mois vers ce Sud mythique, avec de nombreux morts dans les glaces des Andes, sous les flèches des tribus rebelles, des dizaines de moribonds assoiffés, abandonnés sur les croûtes des salars. En chemin des aventuriers se joignent à eux et ce sont cent cinquante hommes avec esclaves, serviteurs et porteurs qui franchissent la célèbre rivière Bío Bío pour s'installer dans la vallée du Mapocho.

La région est belle, accueillante, mais c'est ici que vivent les Mapuches, *hommes de cette terre*, les terribles Araucans ainsi nommés par les Espagnols parce que ce pays est couvert d'un arbre magnifique, l'araucaria. Forêts et prairies font espérer aux colons un avenir possible. On construit comme on peut un fort et une chapelle en remerciant la vierge de Bon Secours. On bâtit des abris pour les esclaves, des enclos pour les chevaux, un gibet pour les Mapuches rebelles, les métis récalcitrants et les vilains. Il y en a toujours. On désigne un bourreau pour décapiter les nobles, les traîtres et les gêneurs. On châtie vite et bien, Valdivia est généreux mais sans pitié. Cette petite bourgade prend le nom de Santiago ou Saint-Jacques. Très vite enrôlés de force au service des Espagnols, maltraités, torturés, les Mapuches finissent par se rebeller et par rejoindre les tribus de la région. Leur vie en harmonie avec la nature est grandement consacrée à la guerre, leurs abris se confondent avec la pierre de la montagne et ils sont en perpétuel mouvement. Leur vie n'est rien au regard de leur liberté, ils obéissent aveuglément à leurs chefs et défendent âprement leur territoire. L'art de la guerre mapuche est de savoir mourir en grand nombre pour épuiser l'adversaire.

Les colons s'installent sans vergogne sur les terres araucans. Ils méprisent les Indiens qu'ils traînent en esclavage en punissant sauvagement les rebelles. Les Mapuches ont laissé faire un temps mais leur patience légendaire s'épuise. Ils commencent à harceler la petite colonie, leur cruauté n'ayant d'égale que celle des envahisseurs. Tortures de chair et des âmes comme pour prendre possession de la mort et lui voler son pouvoir de décision. Les Indiens attaquent en permanence soldats et serviteurs. Valdivia mobilise ses troupes et multiplie ses interventions, préférant devancer l'adversaire plutôt que de subir un siège qu'il pressent. Mais le général espagnol sous-estime la ruse et l'intelligence des Mapuches, le stratège se fourvoie. Alors qu'il est en expédition punitive, le chef local Michimalongo profite de son absence pour attaquer la nouvelle colonie où réside Inés de Suárez et quelques soldats laissés là pour défendre le fort.

Le combat est féroce. Inés soigne les blessés, les encourage, aide les hommes à remonter à cheval et se bat toute une journée en cotte de mailles aux côtés des soldats qui défendent désespérément la colonie. Lorsque la défaite s'annonce, inévitable, elle propose de décapiter les sept caciques, les chefs de guerre araucans en leur possession, et de jeter les têtes au milieu des assaillants. Comme les responsables autour d'elle refusent de sacrifier cette monnaie d'échange, elle se rend elle-même dans la geôle avec son épée et sans autre forme de procès décapite le premier cacique. Elle a donné l'exemple et ordonne qu'on finisse le travail. Les têtes sont lancées au pied du fort sous les hurlements de terreur des Mapuches. A la tombée du jour les colons gagnent le combat mais le fort n'est plus qu'un amas de cendres. Le spectacle est terrible, la terre est jonchée de cadavres, les corps nus des Mapuches enlaçant dans la mort les armures espagnoles. Les Indiens repartent horrifiés avec les têtes de leurs chefs. Inés, victorieuse, couverte de sang, adulée par les conquistadors, crée sa légende.

De retour, "le généreux" Valdivia donne quelques baisers et une médaille à la belle Inés. Où en est à ce jour la fièvre entre Inés et Pedro ? Ce fut un long chemin depuis l'Estrémadure jusqu'à cette vallée qui pourrait être heureuse, qui le sera peut-être un jour et qui ne pourra l'être en empalant et en brûlant les Indiens sur des piquets, en dressant des chiens féroces à dévorer vivant l'ennemi, en faisant régner la terreur pour un pouvoir illusoire. Le caractère et la cruauté de Valdivia, sous prétexte de justice, se dessinent au fur et à mesure de cette conquête. De plus, dans cette colonie sans cesse attaquée par les Indiens, menacée par les conspirations, la désespérance est grande. Que de solitude dans cette vallée du Mapocho, loin, si loin du palais et de l'empereur, si loin des nouvelles du monde. Ici, à Santiago, on a fini par oublier ce que les Espagnols connaissent de la vie européenne. Valdivia veut ce royaume, mais lui qui ne rêve que de gloire et de renommée n'a pas de descendance. Quelle continuité à son nom ? Il veut un fils et Inés ne lui en donne pas. Tous les deux vieillissent et le temps passe, Pedro rumine.

La colonie, envers et contre tout, devient prospère, nombre de soldats et d'aventuriers ont amassé une petite fortune. Les bateaux de plus en plus nombreux viennent dans le port de Valparaíso créé par Valdivia pour débarquer de nouveaux colons et faire commerce. Ceux qui sont ici depuis la création de la colonie finissent par manifester une lassitude compréhensible et beaucoup souhaitent rentrer au pays. Un jour de 1537, un certain nombre de notables ayant réuni tous leurs biens demandent à Valdivia de repartir pour l'Espagne, ce qu'il accepte. Pour les adieux, il offre un grand banquet, et pendant les agapes fait lever l'ancre des bateaux chargés de la fortune de ses compatriotes et s'enfuit pour le Pérou. Il n'a rien dit à Inés qui quelques jours plus tard apprend la chose par son capitaine en second. Elle subit les plaintes des familles délaissées, ruinées, sur les quais de Valparaíso. Valdivia invoque plus tard comme prétexte sa volonté de se battre pour le roi, contre Pizarro désobéissant, mais il semble que Pedro, las d'une liaison qui fut très intense, ait eu envie d'aller jouir de sa renommée parmi le monde et de recevoir des honneurs dignes de lui. Ce n'est pas dans Santiago, ce petit bourg de cinq cents habitants sur lequel il règne en compagnie d'une femme vieillissante, qu'il peut flatter son orgueil et faire éclater sa démesure. Il est certain que Cuzco doit avoir changé depuis toutes ces années, que la vie doit y être plus gaie et les nouvelles femmes venues d'Espagne plus attirantes. Il se rend dans la ville de Pizarro mais il est accusé de nombreux crimes par les plaignants, les jaloux et les victimes. Sa renommée et son courage étant déjà connus du roi, il est finalement acquitté. Mais l'Église n'en reste pas là, il faut bien un peu de morale. Pedro se réclame de Dieu et de la Sainte-Croix, mais il vit dans le péché. Tout le monde sait qu'il est encore marié en Espagne et qu'il a donc avec Inés des relations extraconjugales. Cela déplaît profondément aux grands prêtres de la chrétienté qui le jugent pour adultère, le somment de faire venir sa femme légitime et de se débarrasser d'Inés de Suárez, veuve, concubine et aventurière de surcroît. C'est la seule condamnation qu'il subit.

Le courageux Valdivia accepte facilement le verdict et tente de faire venir sa femme qui tarde beaucoup à le rejoindre. Ne souhaitant pas l'exil pour Inés, Valdivia propose lui-même de la marier à l'un de ses capitaines… L'Église accepte. De retour à Santiago, il annonce à sa compagne la décision des prêtres et le choix qu'il a fait pour son avenir. Inés, que le départ impromptu de Valdivia pour le Pérou avait mise hors d'elle, reste anéantie devant un tel outrage. Délaissée, bafouée, à quarante-deux ans cette femme passionnée sait que ce reclassement est inespéré, elle ne refuse pas. Il pousse l'élégance jusqu'à lui demander de choisir parmi ses capitaines célibataires. Le fait-elle? Personne ne le saura jamais. Le capitaine élu ne peut refuser, c'est un ordre et il accepte. Le mariage se fait.

Valdivia continue son œuvre de conquête et l'empire du Chili se construit en massacrant les Indiens alentour. Il fonde Concepción, Coquimbo, La Imperial. Pendant ce temps, chez les Mapuches, dans la tribu du grand chef Caupolican, vit un enfant qui ne connaît pas encore son destin. Dans la vallée de ses premiers jeux, il apprend la guerre et l'amour de son pays. *Les bocages riants provoquent au bonheur. Le vent y souffle une haleine plus amoureuse, et joue avec les tendres fleurs blanches et jaunes, rouges et azurées.*

Un jour, le jeune adolescent mapuche est fait prisonnier. Il entre au service de Valdivia et devient son page. Lautaro obtient vite la confiance du grand capitaine qui s'attache à lui et le nomme responsable des chevaux et de l'armement. Lautaro devient très vite un expert, il monte à cheval et manie l'épée comme un hidalgo. L'Indien est irréprochable et fidèle, il se passionne pour l'école de guerre des Espagnols et s'initie auprès de Valdivia. Ce que ce dernier ne sait pas, c'est que Lautaro avait pour mission d'infiltrer la colonie. Après quelques années de captivité il s'échappe pour rejoindre les siens, devenir le lieutenant de Caupolican et plus tard le chef incontesté de la nation mapuche. Ce qu'il avait appris chez les conquistadors, il l'enseigne à son peuple. Il forme des bataillons et engage une technique d'attaque et de retrait, de faux messages qu'il fait circuler entre les différents forts espagnols.

Il utilise la stratégie du caïman, ingestion et digestion des forces adverses. Il ruse si magistralement qu'il réussit à attirer Valdivia sur son territoire du Sud. Le piège est magnifique et le vieux lion, trop sûr de lui, y tombe. Lautaro tient enfin celui qui est responsable du martyre de son peuple. Il n'oublie aucune humiliation, ni les femmes violées, ni les enfants éventrés, ni les pieds, les mains, les nez tranchés aux guerriers prisonniers. Valdivia, qui n'est plus le chevalier d'antan, vaincu, meurtri, est maintenant face à son vainqueur. Sa surprise n'a pas d'égale quand il reconnaît son "fidèle" serviteur. Lautaro n'a aucune pitié pour le général qui subit une lente torture, très lente.

Quand il ouvre les yeux, il sait que la fête commence, il entend les cris, les sons rauques des flûtes d'os, il voit dans le brouillard les danses des vainqueurs pour obtenir sa cuirasse, son heaume, son épée et ses entrailles. C'est à ce moment qu'il supplie qu'on ne le tue pas en promettant la liberté du territoire araucan, promesse qu'aucun Espagnol ne saurait tenir. Un cacique mapuche prend alors une énorme masse et écrase la tête du conquistador. Sinistre et pitoyable fin pour cet homme assoiffé d'or et de pouvoir, dont on déchire la langue, les muscles, les parties génitales et dont, dernier supplice, raffinement ultime, la légende dit que l'on versa dans sa bouche le métal précieux.

Après la mort du grand conquérant on vit sur les palissades les têtes des soldats et dans les arbres dénudés leurs cuirasses et leurs armures comme des peaux décharnées.

Le mari d'Inés prend la suite de son général et se fait aimer de tous grâce à son courage et sa magnanimité. On dit que la brûlante Inés termina ses jours, pieuse, tranquille, en paix aux côtés d'un guerrier doux et tendre. Nous n'avons pas de preuve de ce que j'avance mais pour la beauté de l'histoire je préfère qu'il en soit ainsi. Quel fut son plus bel amour? Celui de la souffrance et du sang, sur le chemin de Cuzco au sud araucan sous les couvertures de selle des chevaux, avec l'écume et la sueur des bêtes, un amour dans la peur de la guerre, du viol, des tortures et le corps à corps des soldats, un amour sans eau pour éteindre les feux? Ou celui qu'elle vécut avec ce capitaine obéissant, dans la paix d'une retraite sans vague?

Inés, dans son nouvel exil amoureux, observe avec curiosité le manège des hommes. En vieillissant cette femme, revenant à des tâches plus simples, la lecture, la maison, les discussions entre amis, témoigne pour l'avoir vécu que cette guerre est infinie et que les combats ne sont que de sanglantes fêtes. Les Espagnols tranchent les chairs comme des bouchers et les Mapuches frappent les armures comme des forgerons. Elle affirme que les hommes sont avides de se dépenser, de se vider, de se crucifier en oubliant même le sujet de leur violence. Ercilla dit de Lautaro : *Il se jette au milieu des piques espagnoles, comme un cerf que la chaleur dévore se jette dans une onde fraîche pendant les heures brûlantes de l'été et cherche un abri contre le feu du soleil dans le cristal des eaux.*

C'est toute une sensualité que partagent les Espagnols dans cette danse de mort sacrificielle, cet esthétisme sanguinaire. Ces corps à corps guerriers ne sont rien d'autre qu'un chant furieux, une emprise charnelle. L'un presse l'autre de ses bras nus, musclés, et l'autre lui rend la pareille avec ses bras de fer et ils se mesurent ainsi, emmêlés jusqu'à l'épuisement de vie. Les Mapuches fabriquent des flûtes avec les fémurs de leurs ennemis et tirent des sons rauques, lugubres, pendant le bal mortel. Ce n'est finalement qu'une grande corrida, écrit Inés, une effroyable corrida. Elle avait compris que Valdivia ne saurait jamais qu'il combattait contre un autre lui-même, et ce fut sa plus grande ignorance. Quel autre sens que cette férocité. Inés, dans ses prières du soir, murmure que le barbare qui est en nous combat le barbare qui est en l'autre, infiniment. Jusqu'à quand, Seigneur ?

Voilà, madame, un premier parfum de ce Chili que vous ignorez. Tout ce que nous en savons aujourd'hui part de là.

Plein jour, temps clair, nous survolons les premières pentes de l'Aconcagua, le plus haut volcan des Andes, que nous caressons des ailes. J'ai deux amis qui le gravirent par la face sud en 1954, ils furent les premiers. Ils revinrent les doigts gelés d'un enfer insupportable et pourtant désiré. Ils m'ont beaucoup appris, ces deux-là. De nombreux alpinistes sont morts sur les pentes de l'Aconcagua pour avoir voulu être au plus haut de la cordillère et regarder une partie de la terre. D'autres n'ont jamais atteint le sommet et leurs noms sont oubliés. Je te salue, Aconcagua que je n'aurai jamais la force de gravir et sur lequel, il y a trente ans, Lucien Bérardini et Robert Paragot, mes deux compagnons, laissèrent des traces éphémères.

Plus bas il y a le Tronator où j'ai vu à presque quatre mille mètres, au milieu des séracs, le soleil se lever sur l'Argentine, pendant que la lune se couchait sur le Chili entre deux colonnes de glace. C'était après des jours et des nuits dans le pays patagon, dans une jungle andine impraticable. Nous naviguions, mon frère et moi, sur des lacs avec une eau à huit degrés. Quel étrange voyage ce fut. Il y eut des fragments d'une beauté indescriptible, des émotions que chacun garderait comme le plus précieux et le plus inexplicable des trésors.

Un avion indiscret dessine une ligne blanche qui bave sous le ciel clair. Guillaumet est passé. Je ne me souviens plus avec quel coucou, un Latécoère peut-être. Mais le plus beau, dont personne ne parle, le plus fou probablement, c'est ce Dagoberto en 1918 qui passa au-dessus de l'Aconcagua avec un Bristol, pour aller se poser à Mendoza.

Osvaldo avait raison, de là-haut on peut voir Arica du désert, une ville dans les sables posée au bord de la mer.

Nous sommes à deux mille kilomètres de Santiago sur la frontière péruvienne.

Nous irons de l'extrême nord de son Chili jusqu'à Valparaíso et Santiago, un rêve en zigzag de cinq mille kilomètres.

C'est la terre de tous les conquérants jusqu'à l'Indépendance et la naissance des partis populaires, elle tremble sous les secousses telluriques depuis les origines avec une fréquence qui va de pair avec l'accélération de l'histoire. Le calendrier des batailles, des massacres, des révoltes, des répressions se niche à côté de celui des raz-de-marée et des grands incendies.

Ton petit frère va nous guider. Mais toi, tu n'as pas oublié. Ensemble on va regarder ton pays, ramener des gueules en vrac. On parcourt la ville comme des flics en patrouille, on fouille les places, les marchés couverts, la nuit des rues électriques avec ses salles de billard noyées dans un pollen verdâtre. Je filme la statue d'O'Higgins, l'initiateur de l'indépendance du Chili, mais je n'aime pas filmer les statues. Les monuments, le marbre, le béton et le bronze fondu m'ennuient. Mais il faut bien parler des hommes et des femmes de ce pays, il faut parler de Manuel Rodriguez et de ses guérilléros qui se déguisaient en moines et en mendiants. Les héros se mettent en scène. Les hommes se jouent de la vie, de la mort, et les légendes habillent de gloire ceux qui ont fait une partie de cette histoire. Personne ici n'oublie O'Higgins et l'indépendance du Chili. Donc je filme.

Le capitaine Arturo Prat Chacón mourut comme au cinéma. Le 21 mai 1879, pendant la guerre du Pacifique dans la baie d'Iquique, sur son vieux navire l'*Esmeralda*, encerclé par les deux plus gros cuirassés de la flotte péruvienne, Prat refusa de se rendre. L'un des navires éperonna son bateau. L'épée à la main, Prat sauta sur le pont du *Huascar* et y trouva la mort. L'amiral qui commandait la flotte péruvienne envoya au Chili l'épée de son ennemi ainsi qu'une lettre à sa femme.

Rien n'empêche les dictateurs de reprendre les rênes, de Ibáñez del Campo à Augusto Pinochet.

Ici personne ne se souvient de ce qu'était Arica de la conquête espagnole. Les pirates la détruisirent au XVIIIᵉ siècle, pour l'or évidemment. Aujourd'hui, les couleurs dansent avec les bateaux de pêche et les phoques s'engraissent. Il y a des visages mélangés, échoués ici comme des barques sans nom. Les racines d'un peuple métis ne se démêlent jamais. Elles continuent de s'enche-vêtrer.

Rien ne donne autant le sens du sacré que de regarder les gens, disait Pessoa.

Suffit, la ville! Nous allons vers Putre en pays aymara, à la frontière bolivienne. Il y a beaucoup de camions, des épaves sur le bord de la route, dans les ravins, on ralentit un peu. Qui est pressé? Cet affluent de la Panam peut nous conduire par les cols des Andes jusqu'à La Paz. Il faut du temps, c'est tout.

On s'arrête pour pisser et regarder bouger l'ombre des nuages sur les grands cols. A peine le temps de reboutonner les pantalons que les deux frères prennent flûte et guitare. Te voilà chez toi, métis, *criollo*, moitié d'Indien et d'Espagnol, tu chantes tes deux pôles, tes deux moitiés, c'est toi qui m'as dit ça.

Là-haut, entre les éboulis et au-delà des cactus candé-labres, survivent les villages qui ont trouvé l'eau, "Socorama" veut dire l'eau qui ne s'infiltre pas.

Il y a des maisons de notables, modestes, portes closes, et des masures de chaume. Le bus est arrivé, un couple en descend avalé par une tornade de poussière. Le chauffeur retient la porte qui bat. Une dame embarque avec deux poules noires. Un gros monsieur triste pousse les fesses de la lady avec ses épaules. Le bus redémarre, souffle dans la côte et disparaît. La rue principale de Socorama est soudain déserte, une fuite vers les montagnes, un décor de cinoche. Les deux frères ont disparu, déjà! J'erre dans les ruelles, on m'observe derrière les vitres, des petits rideaux s'écartent, des visages s'écrasent sur les carreaux sales. A l'angle, une vieille agite les bras. Osvaldo est en grande conversation avec Emila. C'est une vague cousine. Elle a connu son ami le poète Pedro Humire, Pedro de la source. Vous parlez aymara, de tout et de rien, ça fait du bien. Fernando traduit.

Elle est sourde, elle a la tête qui s'envole. Elle porte un panama noir et de jolies boucles d'oreilles. C'est ton mari qui te les a offertes ? Oui, il y a longtemps. Elle rit avec deux dents. Il travaillait dans les mines de salpêtre plus au sud. Il y est mort. Il ne me reste que ces boucles, c'est lui qui me les a mises. Je ne les ai jamais enlevées. Ici, ils disent que j'ai mon mari pendu aux oreilles. Elle garde le silence en tenant sa boucle.

J'ai connu mon homme lors d'une fête. Il venait d'une mine de l'autre côté de la montagne. A cette époque je n'osais pas regarder les hommes, j'étais si jeune, enfin pas tant que ça. Il s'est levé, s'est planté devant moi comme un arbre et m'a demandé de danser avec lui. J'ai levé les yeux et je me suis dit, j'espère qu'il danse mieux qu'un arbre. Il avait l'air gentil et tendre, pas prétentieux comme beaucoup ici. J'ai hésité en regardant du côté de ma mère qui m'a fait signe. Je me suis levée et je suis allée danser avec lui. Il dansait comme la lumière. Il est revenu le dimanche suivant. Il m'a trouvée à la sortie de l'église.

Mes parents étaient à la ville. J'étais toute rouge. Il s'est approché sans rien me dire et nous sommes allés nous promener près du canal d'irrigation. Nous avons dit trois mots, et beaucoup de silences pour se parler au fond. Quand il est reparti en fin d'après-midi, j'ai eu mal au ventre. Cela a duré jusqu'au dimanche suivant où je suis allée l'attendre à la porte de l'église, sans y entrer de peur de ne pas le voir et qu'il reparte. C'était mal le connaître, il m'a dit qu'il aurait traversé tout le Chili et même le Pacifique pour venir me voir. C'était la phrase la plus longue qu'il prononçait. Quand nous sommes allés près du canal d'irrigation, il m'a pris la main, que je lui ai laissée, et m'a demandée en mariage. J'étais tellement émue que je n'ai pas pu répondre, seulement un regard et ma main qui tremblait dans la sienne. Il a dit : je suis tellement heureux que tu dises oui. Osvaldo lui demande s'il a été gentil avec elle. Oui, sinon je l'aurais quitté, et elle rit franchement.

Elle parle de son frère Pedro qui travaille là-haut à Putre sur les chemins. Il casse les pierres.

– Vous lui direz qu'il revienne. Il est facile à reconnaître. Il a un bonnet en peau avec des oreilles.

Tout se mélange.

J'ai voulu voir les taupes, les enfiévrés, les *pirquineros*, les chercheurs d'or de mon enfance, obsédés par l'improbable, ceux de London, Stevenson, ceux des mauvais films américains : les voilà. Cette mine est à Luis et Remirio Pacheco, leurs rêves sont peuplés de pépites géantes. La réalité, c'est quelques grammes d'or arrachés aux ténèbres. Je descends à trente mètres, puis soixante. J'ai peur, figurez-vous. J'ai vu sur le mur ruisselant, à la lumière de la lampe à acétylène, votre ombre, madame. Vous me suiviez ? Ça me ravit, mais je ne suis pas du tout en état de jouer à cache-cache.

Quatre-vingts mètres, c'est là qu'ils ont rencontré le diable. Il y a eu l'éboulement. Six jours et six nuits à gratter la terre dans le noir pour en sortir, à sucer l'eau qui gouttait par le tuyau du compresseur. Ils nous racontent ça en bas, à quatre-vingts mètres, dans le piège. Ce n'est pas la panique mais presque, des bouffées, une sueur plutôt froide et une irrésistible envie de repartir vers le haut. J'ai vécu une drôle d'histoire dans mon enfance, un tunnel que j'avais creusé et qui s'est effondré sur moi. Je tente de rester calme, de conserver une gueule d'aventurier qui en a vu d'autres, mais je ne suis pas certain d'être convaincant.

On remonte, merci la lumière, merci la vie ! Qu'il est bon cet aveuglement, qu'elle est douce, soudain, cette paix des montagnes. On a partagé du mouton, des pois, du vin et des silences. Salut, les piqueurs de pierres.

Dans les Andes, plus on monte, plus c'est vert. Vous verriez ça, là-haut à cinq mille mètres, c'est l'Auvergne.

Vous saviez, bien entendu, que les Aymaras sont sortis du lac Chungará au VIe siècle. Pour eux, le volcan Putre est un homme, et les deux montagnes jumelles Pomerope et Parinacota sont des femmes. C'est ainsi, une bigamie volcanique.

Nous sommes à Putre, une région de la Puna où le mal des montagnes est le plus fort : le *soroche*. Ça vous prend sournoisement sans crier gare. Je ne suis qu'à trois mille deux cents mètres, incapable de rester debout. Les deux frères sont en pleine forme et vont partir filmer sans moi. J'enrage, ils me rapporteront des cartes postales pour touristes, j'en suis sûr, une église, des vigognes dorées, le soleil frisant, une eau comme un miroir. On verra bien.

Mais qu'est-ce que je fiche à Putre, à trois mille deux cents mètres, avec un ciel menaçant et une migraine qui tue. Gaie la chambrette ! Quatre murs blanc-gris, avec un trou pour la fenêtre et un trou pour la porte. Il y a, pendue au plafond, une peau d'animal avec des plumes, c'est la seule touche du propriétaire pour apporter un peu de chaleur. Le mobilier est simple, trois lits bas et une corde pour pendre les vêtements. J'ai voulu ce voyage, vivre simplement comme ceux d'ici, alors pas de plaintes. J'apprécie donc la rusticité de l'endroit.

Mais qu'est-ce qu'ils foutent. Je filme ma gueule dans la glace, une sale gueule de nauséeux. Je reste couché sinon j'ai l'impression qu'une main me prend l'estomac et le retourne comme un gant. Toujours couché, je filme tout ce qui passe dans la ruelle, une charrette, un visage, des enfants. C'est très peu chargé comme endroit, il faut être patient. J'ai peur que dans mon état ce soit un peu flou. J'ai froid, j'ai la fièvre. Je me languis, je vais mourir d'un éclatement de la tête, d'un œdème et de convulsions. Je vais finir dans le vomi et on m'enterrera dans le petit cimetière de Putre.

Je pense à vous nageant dans votre piscine préférée. Vous nagez si bien, souple, rapide et calme. Je vous admire, moi, le marin qui n'aime pas nager. Quand je fais la planche, avec mes jambes de plomb, je coule. En ce

73

moment je voudrais être au niveau de la mer, le cul dans les vagues et l'écume. J'aimerais qu'on se chamaille à propos de rien.

Il fait un gris indéfinissable qu'il faut repeindre à tout prix. Je voudrais être avec vous au musée de Sienne devant le cavalier de Simone Martini ou à Mantoue pour m'étourdir de lumière, de couleurs, des sanguines de Mantegna. Ça manque de vermillon, de jaune d'or. J'ai besoin de cela pour la photo, je ne fais pas de noir et blanc. Comme j'aimerais vous voir franchir la petite porte. Un grincement, et ce serait vous. Miracle de l'amour. Posez votre main sur mon front moite. Je ne veux pas mourir ici, c'est trop triste et trop loin de vous.

Les voilà enfin, montrez-moi ça. Pas si mal. Il y a bien une église, mais deux visages de cuir figés sur le seuil. Un oiseau se perd dans la brume. Un Parinacota, flamant rose en aymara, tire son reflet. Merci. Fernando m'a apporté du bicarbonate et des feuilles de coca que je mâche lentement.

Ça va mieux. Je peux être debout. Demain on sort du tableau triste.

Avant le jour nous laissons Putre dans le brouillard, pour voir le soleil se lever sur les volcans. Tout près, il y avait la fontaine de Jouvence d'une princesse inca, une Nusta parmi d'autres qui s'appelait Kullalla; jeunesse. Elle eut vingt et un maris. Le vingt et unième, plus malin, la suivit et découvrit la fontaine. Il s'y trempa mais Kullalla, folle de rage, chauffa l'eau et le mari mourut bouilli. Charmante, la princesse. L'humour aymara est féroce! Ce n'est pas une histoire pour les enfants.

On va tenter de rejoindre Isluga et Colchane par la montagne vers le sud-est à trois cents kilomètres. Un gros embouteillage sur la route de terre nous oblige à l'arrêt. Des chèvres à longs poils et des lamas ont décidé d'occuper le terrain. Elles ont une certaine élégance ces bestioles, une esquisse de sourire méprisant qui pourrait agacer. Le grand troupeau est gardé par une mégère agressive qui voudrait bien faire cracher ses lamas sur ce blanc arrogant dans sa voiture de merde. Soudain, derrière un groupe de chèvres, une jeune bergère belle et rieuse surgit comme dans un film de série B.

Nous rêvons un instant, un instant seulement. Quelle complicité aurions-nous, mademoiselle Aymara, en dehors de l'amour? Mais n'est-ce pas l'essentiel? Osvaldo se tourne vers moi et me précise, pour information, qu'il y a très peu d'eau dans cette région, seulement pour faire boire les bêtes et les hommes, pas pour se laver. Mademoiselle Aymara, nous ne faisons que passer, pardonnez-nous. De plus je suis très attaché en France à une dame parisienne qui se joue un peu de moi. Je lui écris souvent, je lui conterai notre rencontre et nos regards, ça l'amusera beaucoup.

Je démarre et tente une sortie en faisant le clown. Ma reine aymara éclate de rire, pas la vieille. Je suis gai comme un enfant après une bonne blague.

Le soir, nous franchissons un col par vent glacé. On regarde cette terre déshéritée, rude, où plus rien ne pousse. Les Incas étaient passés par là avec une cruauté égale à ceux qui allaient suivre.

Colchane enfin! Nuit froide – quatre mille quatre cents mètres. On a ouvert un *almacén* pour nous, une petite épicerie qui sert des repas aux voyageurs. Les sourires sont les bienvenus. Je vous devine déjà séduite, appréciant la douceur de cet endroit, une petite ampoule couleur jaune pisse, une soupe brûlante qui fume parce qu'il fait un froid glacial, un courant d'air qui nous dissuade d'enlever nos bonnets et nous pousse à relever nos cols bien au-dessus des oreilles en ne laissant qu'une ouverture pour le passage de la cuillère. Ça va aller mieux quand on aura avalé ça. Ces gens ont besoin de parler et Osvaldo assume la tâche. Fernando, quand il ne chante pas, garde le silence.

Je filme sans conviction les lueurs sur les visages, nos ombres sur les murs, les boîtes de conserve rouges et des ailes qui pendent du plafond. Par une porte en bois entrouverte, j'ai bien cru deviner la bouille de deux petits curieux sous des couvertures. La soupe s'épuise et on parle de rien, de rien surtout. Le rien finit lui aussi par s'épuiser et on s'assoupit.

On dormira ici, sur ta terre aymara. Je vous rêve, madame, sans vous imaginer totalement. Vous êtes un visage de brume, un corps inaccessible. Je n'entends que votre rire qui me rend fou. Vous refusez de venir vous pelotonner contre moi. Vous sortez dans la nuit blanche, à peine couverte. Je vous supplie de revenir mais vous disparaissez soudain dans une tourmente de neige. Ce n'est qu'après avoir accepté votre absence que je peux enfin trouver le repos jusqu'au petit matin bleu, givré. *Buenos días*, tout le monde !

— *Una sopa ?*

— *Porque no !*

Va pour la soupe, bouillon, haricots, patates comme hier, ça cale.

Des voyageurs qui veulent passer la frontière viennent se réchauffer en attendant le bus. Il y a une petite fille qui me regarde, la cuillère dans la bouche, elle n'a jamais vu de gringo. Je ne sais que faire pour qu'elle change ce visage un peu effrayé. La mère semble s'excuser. Je souris, puis j'esquisse un jeu de regards, je fais la grenouille Nénette avec une voix de tête et un accent gascon, Coco le pigeon en vieillard cacochyme, je triple avec Kiki le condor et une gouaille bien parisienne, rien n'y fait. Je termine alors avec un rictus épouvantable qui déchire mon visage. Elle reste un temps stupéfaite, puis regarde sa mère que j'amuse beaucoup, revient vers moi et tente une pitrerie qui finit par un éclat de rire. Voilà, nous sommes amis. Ils viennent de Bolivie pour travailler à Antofagasta. Le père est là-bas, comme ouvrier maçon.

Par la fenêtre, Osvaldo regarde le poste-frontière. Je sais que tu es inquiet, mon ami, une petite peur au ventre malgré les apparences. Tout a changé sauf la soupe, disent les Chiliens du Norte Grande. Non, rien n'a changé, c'est ça qui fait peur. On sort?

Là-bas, une très vieille Indienne tire une charrette de bois. Elle semble aller nulle part dans cette montagne. Elle flotte dans la brume matinale, se désarticule avec le soleil levant et disparaît. Il n'y a pas de frontière en pays aymara pour les fantômes.

Ici, la surveillance est accrue à cause des trafics. Quel trafic?

Tu as vécu ici deux années de dissidence, de résistance, à passer de l'argent par la Bolivie avec des copains qui ne reviendront pas. A seize ans, tu étais déjà venu par là pour rejoindre le Che. Ils ont souri, ironiques, devant les petits gauchos en culottes courtes. Retour *a casa*. A dix-sept ans tu avais tant lu. Moi, j'abordais à peine Stevenson, London et Conrad entre les quarts à la machine d'un bateau militaire. Je devais être un peu réac, à l'époque.

Tu lisais Victor Hugo, Rousseau, Fuentes, Carpentier, Molière, tu n'avais pas lu Trotski et quand tu le fis, ta déception fut grande. Tu étais désespéré. Il n'y avait rien de la culture, de la poésie, des chants, rien qui puisse être latiniste, rien de ce qu'était la vie dont tu rêvais. Oui, guévariste, parce que le Che conseillait de lire *La Condition humaine* de Malraux. A cette lecture, tu applaudis, et ce fut le phare de ta militance. Il avait écrit un jour: *Laissez-moi vous dire, au risque de paraître ridicule, que le vrai révolutionnaire est guidé par de grands sentiments d'amour. Il est impossible de concevoir un révolutionnaire authentique sans cette qualité...* Il s'intéressait à la littérature française comme ton père. Il connaissait les œuvres de Duras, de Sartre.

Tu as dit: ce type vaut la peine qu'on le suive. Tu as vu au cinéma d'Antofagasta les nouvelles Pathé, Malraux lisant son discours pour l'entrée au Panthéon de Jean Moulin. Tu as redis, c'est ça que je veux, ce type de culture que je veux. Tu t'étais déjà marginalisé dans l'engagement politique par tes goûts littéraire et poétique. Tu étais dans le romanesque jusqu'au cauchemar de la réalité, cet instant terrible où, dans l'excitation presque enfantine de ta clandestinité, tu as vu sauter avec sa propre bombe l'ami qui venait de te quitter. Ce fut un réveil.

L'ami patron de l'*almacén* vient nous rejoindre. Ils ont arrêté des trafiquants de drogue cette nuit dans la montagne. Ils sont dans la cabane là-bas.

– On peut les filmer, *señor sargento*?

– *No filmación.*

Osvaldo dit que c'est mieux de ne pas insister. Je le sens un peu craintif. Il me rassure avec un sourire un peu triste : c'est un réflexe de dissident.

Nous allons voir le village, la petite maison où tu as dormi pendant deux ans. C'est ici que tu te cachais. Là que tu as construit l'église à l'aymara, cultivé la terre comme les Aymaras. Tu chantes aymara et tu n'as plus la patience des Aymaras. Tu avais une tresse indienne comme une revendication, tu étais plus un hippie qu'un révolutionnaire. Tu étais en colère contre les dogmes, tu voulais une vie libre et du pain pour tous. Mais secrètement, ce que tu aimais le plus c'était partir seul dans la montagne. Tu aimais passer la frontière avec la peur de rencontrer une patrouille pour rejoindre le point de rendez-vous où tes amis de la dissidence te remettraient des papiers et de l'argent.

La voilà, ta hutte. Tu ne sais plus... c'est si petit. Il n'y a plus rien à voir, plus rien à faire ici, le passé est un temps mort et tu as déjà claqué la portière de la voiture. Fernando, lui, n'a pas bougé.

Sud-ouest. Il est exclu que nous ne passions pas voir la Vierge del Carmen dans le village de la Tirana. Autre passion qui vous enchantera, madame. En 1535, Almagro arriva dans la pampa de Tamarugal. Il venait de Cuzco, je vous l'ai dit, avec cinq cents hommes, une suite énorme d'esclaves indiens et un prince inca collabo, pour le renseigner sur les richesses camouflées dans le désert et les montagnes. Crédules conquistadors. Le prince avait avec lui sa fille, une autre Nusta, la Nusta Huillac, de son prénom Cusisigna que j'éviterai de prononcer pour des raisons purement romanesques. J'ai beaucoup de mal à imaginer une princesse avec ce nom, bien que Cusisigna se traduise par Plaisir. La princesse Plaisir. Nous verrons bien. Cette Indienne au teint cuivré, aux cheveux noirs, ne pouvait être que très belle pour que l'histoire ait une suite. La vérité et la légende commencent là.

Cette femme hors du commun avait, malgré sa jeunesse, une fougue et une témérité qu'aurait enviées Inés de Suárez. Elle fomente une évasion et finit par s'échapper, la nuit bien entendu, avec son père, soulagé de ne plus être collabo, un cacique et quelques Indiens. Elle se réfugie dans la petite forêt de Tamarugo, au milieu de la pampa de Tamarugal, près d'un point d'eau, et organise la guérilla. Elle résiste sévèrement aux soldats d'Almagro qui la poursuivent sans relâche pendant plusieurs mois. Le Robin des Bois en jupe harcèle les pauvres Espagnols, fait des prisonniers qu'elle renvoie nus dans le désert avec la langue coupée. Le conquistador finit par repartir vers le Sud avec des pertes cruelles. Voilà donc la Nusta maîtresse des lieux, un bout de forêt au milieu du désert, mais libre.

Quelque temps plus tard le hasard décide de faire un tour dans le Pacifique. Un navire espagnol qui remonte vers Arica avec un corps expéditionnaire venu prendre l'or de Cuzco s'échoue sur des récifs à soixante-dix kilomètres de là. Il faut imaginer la côte d'Iquique avant Iquique, pas une âme, à part quelques Indiens miséreux, anciens esclaves des Incas échappés des mines qui ne pouvaient que fuir devant la soldatesque espagnole. Que faire dans ce désert d'eau, de pierres et de poussière. Cuzco est loin, ils sont à pied et leur fièvre monte à l'idée de découvrir une mine inca où ils puiseraient la richesse de leur avenir. En avant donc vers l'est, vers les Andes à la recherche du filon. Leur cap est un soleil d'or. Ils marchent vers lui et leur destin, guidés par de cruels dieux incas. Comment ont-ils fait pour tomber dans la petite forêt de Tamarugo au milieu de la pampa? Quelques degrés à gauche ou à droite et ils passaient au large, mais le hasard veille.

Après deux jours de marche ils aperçoivent un mirage qui pour une fois n'en est pas un, un trait vert dans le désert qui cache forcément un point d'eau. Mlle Plaisir les repère, les attend tranquillement, les laisse errer dans la forêt et, quand les soldats épuisés se posent dans l'ombre, elle attaque, étripe quelques imbéciles qui voulaient résister et fait prisonnier tout ce beau monde en loques. Adieu pépites, colliers et couronnes, les voilà faits par une femme intraitable.

A partir de là, je n'ai aucune version satisfaisante. Déçu par le manque d'imagination des historiens, la pauvreté des détails, je décide tout à trac de vous écrire moi-même ce qui s'est passé afin d'être plus près de la vérité que ces tatillons. Nusta Huillac, dont j'ai dit que le cœur n'était pas mort, remarqua dans la troupe un jeune soldat, robuste, au regard fiévreux, un peu étonné, qu'elle assimile à de la candeur, qualité assez rare chez le conquistador. En attendant une décision sur le sort des prisonniers entravés aux arbres, elle ne cesse de regarder le jeune homme, troublée par un sentiment étrange et pourtant reconnu. Que faire des prisonniers? Un cacique propose avec l'assentiment de tous de les exécuter. Nusta s'affole, se reprend puis supplie dignement de les garder comme esclaves afin de maçonner le *tambo* et de faire une irrigation pour les maigres terres qui les nourrissent. Le *tambo*, ma douce amie, est un relais sur la piste inca et toujours proche d'une source, cet abri de pierre qui est devenu la maison de la

Nusta. On reconnaît le chef en la princesse et la proposition est acceptée. Les Espagnols travaillent avant le lever du jour et jusqu'au coucher du soleil. Ils sont à peine nourris et traités comme ils traitaient eux-mêmes les Incas. Un jour ou peut-être une nuit, peu importe, la Nusta tombe malade, avec une forte fièvre. Le prêtre inca qui l'accompagne se trouve fort démuni devant la grippe qu'il ne connaît pas. Il tente maints onguents et sacrifices sans succès, dont le cœur d'un soldat fraîchement arraché du thorax pour le poser sur celui de Nusta. C'est alors qu'un jeune homme du nom de Vasco de Almeida, qui travaille à la réfection de la maison, se propose d'intervenir. Ce jeune et bel homme, issu d'une noble famille madrilène, a fréquenté l'Académie de médecine. C'est une vraie bénédiction. Il tente de convaincre le cacique qu'il est en mesure de la sauver. On s'y oppose, elle demande à le voir. Elle reconnaît ce regard et cette candeur et ordonne au prêtre, en murmurant, elle est si faible, de laisser cet homme tenter l'impossible.

Dans l'ombre, elle rayonne malgré son épuisement, elle va guérir. Almeida met tout en œuvre pour soigner Nusta. Je ne sais pas comment on appelait la grippe à l'époque, mais il diagnostique bien évidemment cette maladie apportée par les Espagnols, d'où l'impuissance du prêtre devant ce mal inconnu. Vasco est très doux et très efficace. L'entreprise est risquée puisque le cacique lui a promis la mort en cas d'échec. Mais le hasard n'a aucun mal à aider Vasco. Tu n'as pas le droit de regarder la princesse Plaisir dans les yeux, a menacé le prêtre. Le sot ne connaît rien à l'amour. Comment ne pas faire croiser des regards qui se cherchent et qui bientôt ne se quittent plus. Quand on vient chercher Vasco, après les soins, pour l'enchaîner, elle refuse sous prétexte que le mal reprend quand il n'est plus là. Elle ne vit plus quand il dort avec ses compagnons. Nusta et Vasco surent très vite qu'une vague les submergeait. Sous les perles de sueur, elle ne résiste pas.

Le hasard fait en sorte, un jour, qu'ils puissent être seuls. Nusta trouve la force de lever la main, pendant que Vasco éponge son front. Elle caresse la barbe du conquistador puis l'attire vers elle et l'embrasse. Le baiser fait frémir tout l'Atacama. Elle sait qu'elle est folle, que rien ne pourra satisfaire leur amour, mais les dieux sont avec les amoureux. Ils retardent au mieux la guérison mais il faut bien un jour que le mal s'arrête pour ne laisser aucun soupçon et éviter qu'une tête adorée tombe. Vasco retourne au travail. Elle aime son regard clair et redoute la fin du chantier, qu'allait-on faire des prisonniers. Quand elle fait sa ronde, elle ne cesse de regarder Almeida entravé aux troncs noueux des arbres. Ils brûlent l'un et l'autre. Elle voudrait se précipiter sur lui et le couvrir de baisers, le détacher et l'emmener loin d'ici. Elle sait bien que c'est impossible. Elle tente de chasser le démon de sensualité et d'amour qui l'envahit, mais le cœur a ses raisons et la chair aussi sans doute. Almeida retrouve des forces et de la beauté, le cœur fléché par la princesse. Les soldats devinant la fin proche gardent un espoir sur cet amour naissant, promesse peut-être d'un dénouement heureux pour tous. Que les soldats sont rêveurs. Ils encouragent leur lieutenant dans cette folle passion. Les Incas non moins bêtes trouvent l'idylle un peu saumâtre, mais bon… ils doivent leur liberté à Nusta, tout de même. La princesse Plaisir est une princesse, elle est la Tirana.

Le chantier terminé, il est difficile de garder les prisonniers que l'on ne peut plus nourrir. Décision est prise de les exécuter. Nusta s'y oppose farouchement en prétextant un hypothétique échange avec Almagro qui a depuis longtemps disparu et ne réapparaîtra probablement jamais ici. Les esclaves dans ce désert sont encombrants et difficiles à garder. Nusta le sait très bien et finit par marchander la vie de son bel amour contre l'exécution de tous les autres. Ce qui fut accepté et fait. Après tout, qu'elle prenne un esclave est dans les privilèges de la noblesse inca. La face est sauve. Almeida assiste à l'agonie de ses compagnons sans pouvoir intervenir, mais l'amour console, il est fou d'elle et elle est folle de son ennemi. L'amour triomphe en plein soleil de la pampa de Tamarugal, mais les amants qui ne peuvent être l'un dans l'autre que la nuit, au secret de leur couche, car l'esclave doit dormir à la porte de sa maîtresse et de la porte au lit il n'y a qu'un baiser. Almeida apporte son savoir dans les armes et le combat à l'épée, il soigne les familles indiennes, sauve des enfants, et la reconnaissance du peuple est grande. Il est ainsi accepté et aimé. Le cacique et le prêtre ont adopté un compromis, celui de voir le peuple heureux et la princesse épanouie.

Almeida est croyant, il prie et enseigne à Plaisir l'histoire du Christ et des Évangiles, en secret bien sûr. Elle lui rapporte les grandes cérémonies incas, les dieux, les sacrifices. Il lui demande comment s'unissent l'homme et la femme qui se sont choisis. Elle lui demande ce que veut dire mariage puisqu'il était promis à une jeune fille de la noblesse espagnole. Séduite et amoureuse, elle demande alors à Vasco de la baptiser et de la faire chrétienne. Elle le demande en mariage, il est fou de joie bien que les convenances soient un peu bousculées. Une nuit de pleine lune ils viennent au bord de la fontaine du *tambo*. Vasco, qui n'est pas prêtre, demande à Dieu de lui permettre ce baptême et cette union. Dieu le permet. Ils restent à genoux, prient ensemble lorsque deux lances les transpercent sauvagement, la main dans la main, lèvres soudées pour l'éternité. Les Indiens avaient supporté le péché de chair mais non la trahison de la princesse inca envers les dieux et son peuple. On venait d'assassiner le bel amour de Plaisir et de Vasco. Ils restèrent cloués ensemble sur la terre, dans leurs sangs mêlés que le sable but avidement.

Cinq ans plus tard, un prêtre découvre un crucifix sur les lieux du sacrifice et demande que l'on construise une chapelle pour glorifier cet amour. Depuis, tous les ans, en juillet, dans le village de la Tirana où vivent environ cinq cents âmes, deux cent cinquante mille personnes viennent danser et chanter à la gloire de la princesse Plaisir et de Vasco.

Je veux faire ce voyage, celui qui fouille le cœur de la terre, qui laboure la stérilité apparente du désert pour mettre à nu les racines originelles.

Cap au sud à quatre cents kilomètres sur les terres atacamènes pour voir un drôle d'endroit.

Ici, l'or ne pousse pas sur la lave refroidie, mais les hommes ont vite compris que la richesse d'Atacama était sous terre.

Voici donc, maintenant, dans le désert d'Atacama, une superproduction américaine, reprise aujourd'hui par Codelco Chile : Chuquicamata, le royaume des titans. Ici tout est démesuré, la mine à ciel ouvert pourrait contenir deux tours Eiffel l'une sur l'autre. Nous sommes chez les conquistadors du cuivre. L'argent est sous cette terre, il suffit de le faire ramasser par les autres. Même si les autres sont sortis de l'esclavage, les meilleurs salaires sont ici.

C'est dans les mines que naquirent la révolte, la volonté démocratique, dans le Nord du Chili que les femmes obtinrent le droit de vote. Mais c'est aussi dans les mines du Nord que Pinochet enferma les prisonniers politiques, dans le Nord qu'il arrêta, tortura ceux qui y avaient trouvé refuge.

Au fond de Chuquicamata on peut voir une pyramide, un théâtre de pierre et de cuivre abattu. Là-haut les gueules des titans déversent les déchets, la poussière, les pierres, des millions de mètres cubes qui repoussent peu à peu la ville de Chuquicamata ; les premières maisons sont déjà englouties. Même l'hôpital va disparaître. Les vagues de terre, lentement, comme un tsunami, reprennent le terri-toire et la cité se recroqueville en attendant la noyade.

Je vous cite Neruda, cher amour qui me manquez tant. *J'ai vu dans la nuit éternelle*

De Chuquicamata
Là-haut brûler les feux des sacrifices.

On se replie après les plans d'usage. Mais avant il faut enterrer la vieille Esméralda qui est morte hier. Sa maison est posée au nord du cimetière. Elle part, la solitude en son cercueil, la solitude depuis tant d'années, depuis toujours, depuis la petite fille qui jouait sur le terril et jusqu'à la fin. Elle n'a jamais vu la mer, seulement la croûte de sel à l'infini. Il y avait bien un village avant, une petite vallée quelque part où tu es née? Je ne me souviens que de ces pierres et des terrils de la mine. Et puis on lui avait raconté tant de choses sur l'ailleurs. L'autre monde, elle n'y croyait pas trop.

Un jour, elle était allée un peu au sud avec sa mère, en camion, pour voir le père qui travaillait sur le chantier du chemin de fer. Là-bas, il n'y avait rien, pas de mine, que le désert et ces hommes qui travaillaient sous le soleil, à poser des traverses et des rails avec un dimanche de Dieu comme repos. Ils avaient déjeuné sous une cabane avec les autres ouvriers. Un jour, tu viendras voir le train. Esméralda n'en avait jamais vu, seulement des images qui la faisaient voyager. Plus tard, elle était revenue avec son père malade et ils avaient attendu tout le jour pour voir enfin ce train, celui qui part d'Antofagasta et s'en va vers l'Argentine pour rejoindre Salta. Esméralda, soudain, avait crié en voyant de très loin souffler un dragon. Le train, le train, papa, le train, et ils l'avaient vu de très près qui faisait un boucan infernal, avec de la poussière plein les yeux, des escarbilles de charbon sur le visage. Dans les larmes ils ont vu, un peu flou, sans en être certain, des gens assis qui bavardaient entre eux. Puis le train avait diminué, diminué, et comme un mirage, s'était effacé dans le lointain. Lui, n'en finissait pas de tousser et elle de regarder là-bas les restes de fumée qui glissaient sur les collines.

Elle n'avait jamais oublié. Quel âge avais-tu, Esméralda? Je ne sais pas, monsieur, le sang n'avait pas encore coulé entre mes jambes. Dans ses rêves de petite fille, Esméralda s'était juré de le prendre un jour, ce train, de partir avec lui. Aujourd'hui c'est elle qui partait, mais sans lui.

Ce n'est pas un territoire pour nous.

Calama, une ville près de la mine, dans un désert stérile. Rien à dire d'original. Nous allons tenter, de nuit, les rues sans lumière où le monde est autre, presque invisible, un monde du sexe et de l'argent. Dans un bordel sombre on trouve cinq femmes alignées qui attendent le client. Refus de filmer ces dames, le propriétaire ne souhaite pas faire de pub. On s'engage dans une ruelle obscure, avec une ampoule suspendue au-dessus de cinq filles qui nous font des gestes clairs.

Fernando me suit avec son appareil photo. La plus grande le refoule sans agressivité. Pas de photo, petite chose. Le petit frère est petit, mince, assez rigolo, un très bon second rôle, mais pas une petite chose. Pardonne-lui mon ami, elle ne sait pas ce qu'elle dit. Je demande pourquoi elles acceptent la caméra et pas l'appareil photo. Tu prends une photo et après tu l'imprimes, tu peux la vendre à un journal, t'en servir pour te branler quand ta femme est pas là, tu peux te faire surprendre par elle. On est pour la paix des ménages. Je peux faire la même chose avec le film. Pour filmer, t'as pas assez de *light*, quand je sors des lumières, tu ne vois que mon ombre. Mais lui, la petite chose, il va mettre en flash et c'est vraiment moche avec un flash. Tu voulais me clouer au mur et crucifier mes copines avec des éclairs au 1/60ᵉ de seconde, tu veux voir nos beaux yeux tout rouges. Comment tu sais tout ça? Ça ne te regarde pas, chagrin d'amour. Bon, tu filmes tu payes, tu me baises tu payes aussi. Si tu veux que je te suce, on peut le faire là, c'est moins cher et tu pourras filmer ta gueule en train de jouir. L'une d'elles est très jeune, magnifique, un visage doux, de jolies lèvres, des yeux gais, noisette, avec de grands cils maquillés. Elle a des gestes souples, une grâce surprenante, avec une sorte de réserve. Je la fixe, un peu troublé, elle sourit, s'approche et tout naturellement pose sa main sur ma braguette. Je vais pour la toucher comme elle vient de le faire mais elle s'écarte de moi. Je ne suis pas une fille, gringo, mais un mec. Alors tu es un beau mec! Tu hésites? C'est mieux qu'avec les filles, beaucoup mieux. Tu es trop belle pour moi. De quoi tu as peur? De ton avenir. Va te faire foutre! Non, justement. Elle m'embrasse.

La route. On fredonne le chant du désert.

Canto a la pampa
La tierra triste
Reproba tierra de maldición
Que de verdores jamás se viste
Ni en lo más bello de la estación.

Nous passons devant une pancarte *La pica del muertito*: "Le coin du petit mort."

Il y a peut-être un vivant. J'y vais seul, les deux frères se sont endormis.

— Bonjour, monsieur.
— *Buenos días, señora.*

Vivants, mais sourds et muets – gai le couple. Ils sont tournés vers le désert, le regard vide, l'un à côté de l'autre sur un banc. Ils ne me voient pas. Elle caresse une poule et lui, son chien. Ils attendent que ça se finisse.

Il n'y a rien d'autre ici que la mort. Une voiture calcinée et une moto sont enchevêtrées sur le bord de sable avec une pancarte: "Attention au sommeil."

La citerne est sur le toit. L'eau est chaude, imbuvable. De l'eau dans le désert est toujours un miracle. Il n'y aura pas de miracle. Je reviens bredouille à la voiture. Disparus, les deux frères. Où sont-ils?

Je pourrais crever, ils s'en fichent. Je gueule, pas de réponse. Il y a de grandes roches, des statues dressées ici depuis les origines et qui dominent la vallée de la lune. Les dieux atacamènes figés dans la pierre gardent le silence. J'entends comme un orgue rythmé par un son caverneux. Je retrouve mes compagnons en plein soleil, sur le ventre, qui soufflent dans les trous de lave et frappent les cavités avec une pierre pour faire chanter la terre. La soif les arrêtera.

Sud toujours, encore une ville au milieu du désert. Antofagasta, la ville de ton enfance. On va voir les jardins fondés par un mineur. Les bateaux amenaient de la terre dans leurs cales pour s'équilibrer en haute mer puis la déchargeaient dans ce qui n'était qu'un désert et ils repartaient avec le précieux minerai.

Je m'en fous, des jardins. Après ton arrestation et celle de Fernando on vous a transférés dans une étrange prison. Je veux voir cet endroit.

C'est là! A côté du couvent c'est aussi le couvent? Oui. Et les sœurs n'entendaient rien? Je ne sais pas. Tu n'oublieras jamais la première journée, debout sous le soleil, les doigts attachés avec du fil de fer et Fernando ton frère qui avait seize ans, torturé pour une imprimerie clandestine cachée dans un poulailler.

Une mitrailleuse tirait des rafales sur le mur de la chambre pour vous effrayer. C'était ce couvent où vous alliez, enfants, voler des figues de barbarie. Quinze jours pour avouer quoi? Rien! Si! L'ignorance des bourreaux, la bêtise, la cruauté. Puis plus rien, seulement attendre dans la cellule avec le silence, Fernando restera un an. Il semble parfois que l'on n'aborde jamais et qu'on se retrouve au large. Des vents contraires sans doute. S'il est une loi des hommes qui assomme l'humanité, c'est bien la bêtise.

On se pose enfin pour boire avec les silences sur les genoux.

– Hé, gadjo, les lignes de la main? Donne un billet et je te promets la chance.

Elle agrippe ma main, la retourne, l'observe attentivement, la présente au soleil, puis la tire dans l'ombre de son châle. Elle me regarde très sérieusement.

– Fais attention. Tu vas trop vite. Tu vois le trait sur cette ligne ? Ça va s'arrêter là si tu continues.

– Tu vois une femme ?

– Je vois ce que je t'ai dit.

La messagère prend le billet et repart en dansant.

Nous sommes entre le Pacifique et la Cordillère. Le désert des mines, des villes fantômes, comme des navires échoués. Je vous parle de Chacabuco, devenu camp des prisonniers politiques du triste Pinochet et des brigades de la mort. Ils ont enfermé les gens dans des villes mortes, des villes-silence, et il y eut des voix, celles des poètes, des hommes et des femmes meurtris qui chantaient la liberté et l'amour.

Le gardien du camp est un ancien prisonnier. A sa libération il a voulu garder la mémoire en tentant de faire un musée de cette ville-théâtre, il demanda à être un prisonnier libre. Il s'ennuie en attendant le client, ce n'est pas Disneyland. Il nous laisse errer dans cet étrange décor de cataclysme. Drôle de vie d'avant, effacée par le vent.

Le théâtre est encore debout, nu, blanc de la poussière du désert, avec la scène et les coulisses. Va chercher ta guitare, nous chanterons, il y a si longtemps que personne n'a chanté dans ce théâtre. Osvaldo est sur scène pour un concert à guichets fermés. C'est une sorte de prière aux disparus, à ceux qui vécurent ici, les travailleurs de la mine et les dissidents.

Splendeur et misère du théâtre de Chacabuco.

Nous errons de villes fantômes en théâtres fantômes avec l'ombre de Caruso et de Sarah Bernhardt. Théâtres ouvriers chargés de sel et de volonté, chariot de Fracasse ensablé. Théâtre où tu es venu chanter quand les villes étaient vivantes.

Mine de Pedro de Valdivia où la poussière de salpêtre, comme un voile de deuil gris sur le passé, a recouvert les jouets oubliés, quelques meubles abandonnés, des caisses. Tout est pâle, anéanti. Ici il y avait une rue des plaisirs et une rue des commerces, un kiosque à musique, un orchestre. On allait prier dans la petite église et voir les films muets au théâtre avec accompagnement sur piano droit.

Mine de Humberstone, ancrée dans un désert d'ennui insupportable, et là-bas, très loin derrière les falaises de sable, un port. Le théâtre a gardé ses bancs et ses sièges, la lumière fait danser le pollen. Il faut imaginer les tournées des acteurs venus par bateau depuis Santiago pour mouiller en rade d'Iquique, les malles à costumes dans les baleinières. Il faut remonter les falaises de sable jusqu'au désert dans un camion fatigué que la compagnie des mines a envoyé à la troupe, descendre quand il s'ensable, pousser dans les derniers mètres et découvrir, des heures de souffrances plus tard, le mirage d'une petite ville dans les sables. Aujourd'hui le ciel est ouvert et les spectateurs ne sont plus. J'entends avec le vent la voix de Sarah Bernhardt qui n'est jamais venue, mais qui avait promis et que l'on attendait sans impatience puisque personne ne la connaissait. Il n'y a plus de couleurs, le temps les a poncées, seulement les gémissements des planches disjointes, les fantômes d'acteurs errants entre les sièges rouillés. Je dis quelques mots pour la sonorité, ils s'envolent et, comme personne ne les attrape, ils retombent, vides de sens. C'est sinistre un théâtre abandonné, mortifère pour un acteur.

Madame, nous avons l'autorisation de parcourir l'univers. Base de départ: Cerro Paranal, au sud d'Antofagasta – 24° 37' 63" sud et 70° 24' 25" ouest. C'est un voyage virtuel entre fiction et réalité. La cathédrale du cosmos est sur une montagne stérile brune avec des coupoles blanches qui se modifient avec la lumière et passent de l'or à l'argent selon les caprices solaires. Nous sommes à deux mille six cent trente mètres d'altitude. Ici il y a trois cent cinquante jours de nuits claires, c'est-à-dire que l'endroit est protégé des dieux. Ptolémée, qui découvrit la constellation de l'Aigle, aurait adoré. Nous allons voyager à la vitesse des longueurs d'ondes ultraviolets et des infrarouges, dans un grand jardin de lumière piqué de mystérieux trous noirs.

Quand nous arrivons au sommet du Paranal j'ai l'impression d'être sur un morceau de Mars telle que je l'imagine, ou de la Lune avec une station pour humanoïdes curieux.

Nous allons passer la nuit à observer le cosmos avec des télescopes géants, nulle autre exigence n'est demandée qu'un peu de poésie et d'abandon. Cette expédition a nécessairement besoin d'une souris. Un clic, deux clics, un autre clic et Bing dans le mille de la Voie lactée. Un café? Le voyage est extrêmement confortable. Un tour de manège dans notre galaxie et la souris pointe la Croix du Sud. C'est parti. Nous nous amusons follement entre les petites galaxies des nuages de Magellan avec pirouette autour du sac à charbon et pose admirative devant la boîte à bijoux. J'aimerais, d'un clic, naviguer dans les cheveux de Bérénice. C'est très facile, monsieur, c'est à deux cent quatre-vingt-huit années-lumière, c'est-à-dire à côté. Mon amour, je vous offre la galaxie M104, la galaxie du Sombrero dans la constellation de la Vierge. Nous filons plus vifs que la lumière vers le Centaure pour passer le Triangle austral et caresser l'Oiseau de paradis. Sagittaire ou Balance? Allons retrouver l'Indien, le Paon et le Poisson volant avec un clic vers le Petit Chien, trois clics rapides pour le Grand Chien. Ne vous retournez pas, vous ne verriez plus la terre. C'est terriblement glacial, ce coin. Ça suffit, clic, clic et retour à la base. Échappons-nous de cette salle électrique, je veux voir le ciel nu avec mes yeux d'humain, vous tenir par la taille et attendre le jour. Je n'ai aucune envie de ce voyage télescopique, je suis bien là, à côté de vous, dans votre galaxie.

Cap sur San Pedro de Atacama. Nous venons voir le soleil embraser les geysers d'El Tatio. Tu ne les avais pas vus sur ton cheval, Valdivia, tu étais malade, à moitié aveugle. Inés te soignait, te posait tendrement des onguents d'argile soufrée. Tout brûle et la lave incandescente s'impatiente dans le four terrestre. Tous les jours El Tatio éructe et l'eau des rivières bouillonne. C'est le jardin de la princesse inca Kullalla. L'eau qui se sauve de cette vallée filtre à travers le soufre, le cuivre ou le salpêtre. Elle n'a pas irrigué les terres stériles d'Atacama mais repoussé les hommes vers les hauteurs et plus tard vers la côte.

Sur ce vaste territoire vivaient les Diaguitas dont on sait très peu de choses sinon que les femmes mariées accompagnaient leurs époux dans la tombe, jeunes ou pas, malades ou non. Les tombes n'ont livré que ce secret d'une tradition qui n'a pas perduré. Nous nous en réjouissons beaucoup.

Vers le sud toujours, le soleil se lève sur l'Argentine. Il se cache un peu derrière le Licamcabur en éblouissant une dentelle de neige. Le désert est encore froid. Nous allons traverser une voie de chemin de fer. Elle se devine sur le salar, un trait droit qui s'estompe avec l'horizon. C'est l'ancienne ligne Antofagasta-Salta qui traversait les Andes. Quand on arrive à Santa Negra, il ne reste qu'une cabane de bois et, sur une tour de fer, la citerne d'eau pour alimenter la chaudière de la loco. Ici, vivaient le chef de gare et sa femme. Le train ne passait que tous les quinze jours. Il fallait beaucoup de passion pour vivre dans ce désert, avec cette poussière dorée qui pénètre partout, sans un arbre jusqu'à la première ligne bleue des Andes.

Qu'auriez-vous fait dans le désert, seule avec un homme, à lui cuire des oignons et des patates douces, en attendant comme un miracle dans votre solitude le train qui vous apporterait des nouvelles de la ville ? Une passagère un peu chic vous aurait commenté les derniers dîners, la dernière pièce, les divorces, elle vous aurait murmuré comme un secret qui est avec qui. La nouvelle mode est beaucoup moins longue, savez-vous ? Il est de bon goût d'ouvrir les deux premiers boutons du corsage montant. Un peu de couleur aussi pour les chapeaux. Mais, dites-moi, ce doit être très dur de vivre ici ? Oui ! Et que faites-vous toute la sainte journée ? Je cuis des oignons et je m'ennuie. Mais c'est horrible ! Oui. Parfois je marche au hasard et je me perds. Alors, mon mari me cherche et finit toujours par me trouver. C'est le seul jeu que nous ayons. Je vous fais plus légère que vous n'êtes mais je m'amuse à vous imaginer femme de chef de gare et devenue complètement folle après quelques mois dans le désert.

Nous filons à six cents kilomètres au sud, vers des montagnes sans une herbe ni un arbuste, avec de longues broderies de roches grises sous un ciel jaloux qui tente d'avoir le dernier mot.

En haut d'un col, cachées dans le plissé minéral, deux immenses cheminées laissent des colonnes blanches dans le ciel. Je veux voir cela de près. Les déchets de la mine s'écoulent en écharpes. A l'entrée, des dizaines de camions attendent leur tour. Des gardes veillent. On demande la permission de filmer. Téléphone, attente, permission accordée.

Nous sommes à deux mille quatre cents mètres. Ça dégueule des visages étourdis. C'est la sortie des ouvriers de jour et l'embauche de nuit. Le soir apporte des néons bleus et du jaune triste. Il y a une école désaffectée, un hôpital, une église et un théâtre fermé. Des familles entières vivaient là et mouraient. Il ne reste que les hommes. Ils nous emmènent voir la nuit rouge autour de Potrerillos, les camions à l'assaut du minéral, des fourmis rouges avec des yeux jaunes.

Tu te souviens, Osvaldo, vous étiez partis du désert la nuit, avec le bus, le ciel était rouge avec un point blanc d'espoir, la lune. Tu t'étais endormi dans les bras de ta mère. A cinq heures du matin vous êtes arrivés dans la mine de Maria Helena, les ouvriers allaient au travail. Ils passaient devant la fenêtre du bus en disant bonjour et toi, à peine réveillé, tu les voyais rouges, tout rouges, comme l'incendie des jours. Après vous êtes allés regarder les grands feux des chaudières.

J'ai vécu sur bien des bateaux mais dans cette nuit du désert l'immense mine ressemblait à un navire étincelant...

Nous dormirons avec cette odeur verte, acide, qui envahit Potrerillos. Le nuage toxique n'a pas été chassé par les vents et nous avons compris les lentes agonies. Il y a un haut-parleur qui diffuse de la musique, une chanson d'Isabel Parra.

Gracias a la vida
Que me ha dado tanto...

Merci à la vie. La direction ne manque pas d'humour.
Je vais l'apprendre par cœur pour vous la chanter, madame.

J'ai précédé le matin pour attendre les bus qui viennent de Inca de Oro pour déposer les ouvriers de jour et embarquer ceux de nuit, les fils des conquérants et des conquis. J'ai terminé par le cimetière, une grande terrasse sur la montagne avec des ânes qui cherchent de l'herbe entre les tombes. Il y a parfois quatre, cinq, six croix au mètre carré. Derrière on aperçoit une grande cathédrale qui fume. On fout le camp vers l'ouest.

Les Andes de la côte avec le mystère des géoglyphes. Il faudrait être oiseau. Le soir, dans une station d'essence avec *posada*, coiffeur et petite boutique, on s'arrête pour dîner. Nous sommes sur la Panaméricaine, l'artère vitale du Chili. Elle est inévitable. En 1973, la grève des camionneurs a paralysé tout le pays juste avant la chute d'Allende. Il y a des camions partout, un barouf de moteurs assourdissants, des trompes qui hurlent en croisant l'îlot de lumière. Ça gueule d'une cabine à l'autre, portière ouverte avec la radio plein tube. Près du bar, un type chante Valparaíso, tous les marins en rêvent, même ceux du désert. Les deux frangins n'ont pas traîné et le trio descend les bières entre les couplets.

Le "salon de coiffure" est copié sur celui d'un western. Le décorateur du film a bien travaillé avec deux fauteuils en cuir de vache brun, accoudoirs en laque noire, pieds tournants en acier, petit étal de boucher sur lequel traînent des rasoirs, des blaireaux, des brosses en soie et peignes ivoire. Les glaces sont délicieusement piquées, un peu troubles. C'est entièrement ouvert sur la route, comme si on avait retiré la feuille du décor afin que la caméra fasse son boulot. Le salon ne désemplit pas et je soupçonne les camionneurs de venir là pour l'instant d'enfance retrouvée. Ils baignent dans une lumière bleutée sous un ventilateur qui murmure, pendant que le coiffeur les berce avec le doux bruit des ciseaux et la caresse du peigne. Dans le miroir leurs visages s'effacent pour une juste somnolence. A quoi rêve un camionneur éternellement sur la route ? A une petite maison dans un jardin avec les enfants qui jouent comme lui n'a jamais joué, une femme aimante et douce, pour ne pas dire docile, une paresse assumée et la paix.

Et voilà. Assez court ? Oui, merci. Dans le Nord, on n'aime pas beaucoup le général, murmure un chauffeur en déchirant son pain, ils disent que la soupe que vous voyez est toujours la même, pourtant au Chili il y en a beaucoup qui adorent le général et moi, j'adore le général.

Allez, cap à l'ouest, je veux voir la mer, un village de pêcheur, une Caleta. J'en ai un peu assez du désert et des salars, de la chaleur, de la poussière, du manque d'eau. Le chemin est noir et il n'y a pas de ciel. On avance très au ralenti, pour ne pas sombrer. Le parcours est une éternité. Il est une heure du matin quand on arrive sur du plat, hésitant, les phares balayant un désert de cailloux. Plus loin, une cabane dans les faisceaux, des bidons, puis une ruelle. Un type sort des planches et s'approche en souriant. On nous offre le gîte et le couvert. D'autres gens sortent et on nous installe gaiement dans la petite salle de réunion comme si on nous attendait depuis longtemps. Des femmes apportent de la nourriture, du poisson froid, des anchois, du pain. On est au bout de la nuit, de l'autre côté du monde, à écouter des histoires. Les hommes ici sont pêcheurs. Ils travaillent avec des scaphandres, un tube jusqu'à la surface et un compresseur dans la barque. Aucune panne n'est autorisée et pourtant le moteur n'écoute pas toujours. Alors, au fond, sans air, le bonhomme tire sur la corde. Il voudrait remonter et il se débat le temps qu'il faut pour mourir. Il voulait aller profond pour ramasser les ormeaux. On l'a remonté, mais c'était fini.

Hugo raconte avec beaucoup de tendresse et de fatalité. Il hoche la tête vers quelqu'un dans l'ombre. Lui, là-bas, le muet, il a tiré si fort que l'autre est tombé du bateau. Il y avait trois barques autour, sa chance. On a hissé comme des fous. On a enlevé le casque, il avait les yeux grand ouverts, deux coquilles blanches avec un bigorneau au milieu, mais ne parlait plus. Il y retourne quand même, pour nourrir la famille. Une femme sourit et une larme coule sur sa joue. J'éteins ma lampe frontale et je laisse la vie des petites flammes, le frémissement des lueurs sur les cous, la main qui rejoint l'autre main pour la prière, le reflet qui hésite sur le verre et vient danser sur le bois de la table.

J'entends le Pacifique invisible. Je vais dormir par terre dans la petite mairie. Des photos de pêcheurs sont épinglées sous la carte de La Caleta, un dessin naïf avec l'océan immense, un crucifix peint sur le bleu et, dessous, La Caleta, toute petite, sur une côte mince comme le Chili. C'est un ex-voto avec une prière et une petite signature.

En fouillant dans mon sac je retrouve le script du *Libertin*. Qu'est-ce que tu fais là, toi? Ce n'est pas ton voyage, je ne t'ai pas encore ouvert. Tu attends. Voilà, je te feuillette, le faisceau de ma lampe parcourt quelques phrases.

[Un petit pavillon de chasse au fond du parc de Grandval. Ce pourrait être une orangerie du XVIIIe. Le baron d'Holbach a mis l'endroit à la disposition de Diderot. Celui-ci l'a naturellement transformé en un immense bric-à-brac qui aussi bien oscille entre le bureau, le boudoir et le cabinet de savant. Curieusement, quelques vieux jouets de bois traînent dans les coins.

Scène I: Mme Terbouche, portraitiste, est en train de dessiner Denis Diderot allongé sur le sofa, face à elle, le dos au public. Il porte une sorte de toge antique qui lui laisse les épaules et les bras nus...]

MME TERBOUCHE
Socrate était laid. On m'a dit qu'il avait le petit défaut... Enfin... qu'il regardait les hommes... Bref, qu'il était perdu pour les dames.

DIDEROT
Moi, ce sont les femmes qui me perdent. Mes mœurs n'ont rien d'antique, j'aime mieux enlever les robes que les porter.

Vous allez venir, j'espère, et beaucoup aimer. L'homme n'y est pas épargné.

Restez un peu avec moi. C'est inconfortable, j'en suis conscient, mais nous n'allons pas dormir, n'est-ce pas? Je ne sais rien de votre peau, de votre odeur. Laissez-moi vous explorer, vous effeuiller jusqu'à l'insupportable, jusqu'à ne plus accepter d'être des mots écrits sur des coins de nappes en papier, des pensées notées sur un carnet. Vous méritez mieux que cela. Vous êtes une étoile lointaine, pas trop j'espère, et je ne suis qu'un amant de papier. Ne me brûlez pas... Je m'endors doucement comme un goujat, une faiblesse, pardonnez-moi!

Le jour naissant me réveille. J'attrape ma caméra pour prendre La Caleta à l'aube, les premiers signes de vie. La couleur, ce n'est pas pour cacher la misère, madame, c'est une manière de fantaisie pour chasser le morose. *Amarillo y verde, rojo y azul,* une pause sur le Pacifique avant Valparaíso. La mer est calme! Je n'ai qu'un œil, une prothèse noire qui ne cadre qu'une partie de la vie. Je tire sur tout ce qui est au bout de ma focale, ce qui bouge et ce qui ne bouge pas, je prends, j'encage. C'est la frustration du cinéaste que de ne pas pouvoir approcher ce qui est au-delà des apparences. C'est pour cela que je vous écris, madame, pour vous conter ce qui est derrière la réalité visible, que ma boîte à images ne vous dira jamais.

Tout objet trouvé sur la plage est transformé en jouet pour les enfants. Dans un fauteuil de camion un vieux assis boit du café, un chat sur les genoux. La vieille debout près de lui balaye la poussière de mer. J'ai tout filmé, tout, avant que le soleil ne prenne le pouvoir. Ce que l'aube apportait de mystérieux, de brumeux, d'étrange, le plein jour l'efface peu à peu. Les couleurs de la terre ne mentent plus. Henri Michaux affirme que ce sont les ombres qui recèlent la plus forte émotion, menacée par la lumière, étranglée, sertie par le soleil. Il en est ainsi du désert. Une actrice délicieuse me disait: "On ne vieillit que le jour, laissez-moi un peu d'ombre, je vous prie."

C'est l'heure de la toilette, il est très pâlichon, le gringo. Il rase sa barbe au soleil, il est heureux dans ce bout du monde.

Je vous vois, ma belle de France, dans la glace posée sur une caisse, tu te caches dans la mousse blanche, visage aimé à la surface de l'eau que je brouille à plaisir pour espionnage. Où êtes-vous cette nuit puisqu'il est jour pour nous?

Il faut toujours repartir, la raison l'emporte, diable de raison qui nous empêchera toujours de danser jusqu'à la perdre. Nous laissons la poussière en rideau et ces gens qui nous saluent comme au théâtre.

On a laissé la moitié du Chili derrière nous.

A Copiapó, dans la rade, il y a un grand navire couché sur la vase.

La Serena est sereine. Nous buvons une bière fraîche sur l'admirable place ombragée. Ce doit être dimanche, les petites filles sont en rose.

Valparaíso enfin. *Va al Paraíso,* va au paradis pour les marins qui remontaient du cap Horn. Val du paradis pour les autres. Tu parles, ma fille! Tu devais être belle avec ta gueule en bois, tes trois mâts au couchant. Tu n'es plus qu'une carte postale avec derrière : "Meilleurs souvenirs, le voyage se passe bien, on rentre lundi." Te voilà enfin.

On plonge vers le port. Il doit rester quelques marins. Valparaíso commence ici et finit là-bas dans le cimetière sur la colline, avec les noms des pirates mêlés à la noblesse andalouse ou castillane. Il y a des héros, des menteurs, des putains, des enfants trop fragiles. Tu reconnais cette baie, Valdivia? C'est de là que tu t'es enfui en 1537 avec les navires et l'or de ceux que tu avais conviés à un banquet pour fêter leur départ. J'imagine les familles ruinées, au petit matin sur les quais déserts de Valparaíso. Et ce nom leur devint amer.

Un feutre sur la tête, une figure un peu triste, des mains soignées, Manuel nous regarde et accepte volontiers la caméra. Il ressemble à un danseur de tango. Il n'attendait qu'un interlocuteur pour soliloquer et nous parler du général. Il parle abondamment du dictateur, avec un bel enthousiasme. Il attend son retour. Pas nous. Fernando vient près de moi et murmure qu'il ressemble à son bourreau, les mêmes manières, un type ordinaire. Les héros des uns sont les tortionnaires des autres.

C'est la promenade du dimanche, le soleil va s'abîmer très au large. On peut imaginer ce matin de 1973. La marine chilienne croise dans la baie avec les navires américains. Tout ressemble à un exercice. Il fait beau, comme aujourd'hui avec ce calme qui précède les séismes. Le coup d'État militaire commence. L'infanterie envahit la ville et les Porteños se battent avec acharnement. Pinochet au garde-à-vous dans les dorures vient de donner ses ordres.

Mais aujourd'hui les amants ont vingt ans, ils se foutent de la guerre et se bécotent au soleil dans le contre-jour, silhouettes délicieuses de l'amour. Ici, on s'aime comme ailleurs. Je pense à vous. Le bonheur est sur les quais, cours-y vite, cours-y vite… Marins aux cols noirs, ne troublez pas la paix, partez en bordée, on vous suit. La nuit sera longue. Il faut s'épuiser parfois…

Nous naviguons de déception en déception, de gueules d'ennui en dégueulis. Que sont les bistrots devenus ? Après quelques avances sans conviction, des visages pâles, des maquillages qui ne maquillent plus rien, nous sommes happés par des rires au premier étage d'un immeuble en arbre de Noël. Je la vois, les cheveux courts, sans fard, d'un charme fou. Je monte.

Il y a quelques clients au bar, des marins pour la plupart. Le joli sourire m'invite à venir près d'elle. Que fais-tu ? D'après toi ? Tu travailles ici tous les jours ? Non, j'ai deux enfants dont il faut que je m'occupe et j'ai un travail dans la journée. Elle a des dents presque parfaites, adorables, de jolies lèvres qu'elle laisse légèrement entrouvertes.

Dans ce genre d'endroit, il y a toujours un emmerdeur qui cherche la bagarre. Celui-là est un marin suédois totalement ivre mais très costaud. Il devait être bûcheron avant de prendre la mer. Julia me prend par la main et nous nous réfugions dans un box, à l'abri des envieux. Elle a gardé ma main, j'aime ça. Non, madame T., je ne suis pas allé fricoter avec Julia mais si vous voulez connaître mon sentiment je le regrette beaucoup. Oui, je suis un peu furieux, son client attendait. Je me suis jeté sur mon lit avec *Le Libertin* pour tenter d'oublier que vous jubilez de ma défaite.

LA JEUNE D'HOLBACH
Pourriez-vous me dire pourquoi les hommes font la cour aux femmes et non les femmes la cour aux hommes? Pourquoi sont-ce les hommes qui ont l'initiative de l'amour?

DIDEROT
Parce qu'il est naturel de demander à celle qui peut toujours accorder...

M'accorderez-vous?

Dernière étape. Santiago. Ta vie d'étudiant... la clandestinité...

Santiago des *poblaciones*, des bars, des *peñas* où l'on chante depuis toujours. Santiago où je ne fais que passer parce qu'on a déjà beaucoup parlé de toi. Tu fus la première des Espagnoles, la première pierre, la première colonie du Chili.

Il faut d'abord aller voir le père qui aurait voulu être médecin des hommes, artiste, et que la mère a quitté parce qu'il devenait, comme tu me l'as dit si joliment un jour, un paroissien des bars, le père qui attendait ses fils en exil dans cette maison-décor avec des images collées au mur, des journaux d'avant, une gamelle de café sur le feu éteint. Il n'y a plus d'électricité mais deux bougies qui tremblent et des ombres sur l'accordéon. Il y a deux cendres dans l'œil du vieil homme qui ne sait plus trop jouer mais qui balbutie la parole et les notes.

Il perd la cadence mais il veut tellement vous faire plaisir, vous aimer, comme il n'a pas toujours su, fouiller un instant la mémoire qui fout le camp, faire resurgir les fantômes d'amour et chanter la mort qui approche.

Tu pleures, mon ami, comme jamais peut-être tu n'as pleuré.

Pour oublier, nous sommes allés dîner et surtout boire dans un restaurant de nuit qui était autrefois une maison close. Elle appartenait à l'oncle Arturo. Quand il avait treize ans, Osvaldo y travaillait le vendredi parce que le caissier très croyant chômait les jours saints. Le dimanche était jour de repos pour les filles. La maison était si close que dans son guichet, la petite boîte, comme il l'appelait, il n'y avait qu'une petite lampe jaunâtre et un rectangle pour recevoir l'argent. Il ne voyait les hommes qu'à hauteur de ceinture, leurs mains baguées ou non, qui présentaient les billets. Il demandait de sa voix la plus grave d'adolescent qui mue : quelle femme ? Et l'homme lui donnait un chiffre, la sept.

Les prix différaient en fonction des femmes, du type de la demande et du temps passé. Une heure ? Deux heures ? La nuit ? Passez au bar, la neuf sera libre dans un quart d'heure. Les filles t'appelaient Osvaldito, tu aimais cela. Arturo le mac arrivait avec un scooter rouge, costume croisé beige, cravate grise, panama blanc à ruban noir et chaussures bicolores. Il roulait lentement pour que son chapeau ne s'envole pas et par grand vent il prenait sa grosse Ford dernier modèle, rutilante, impeccable, chromes longuement astiqués qu'il n'utilisait qu'en cette occasion et le dimanche pour promener la mère et les amis. Mais il préférait de beaucoup rouler avec son scooter rouge. Arturo portait avec soin, quelle que soit la chaleur, son costume qu'il avait fait faire chez le meilleur couturier de la ville. Il avait exigé que le tailleur l'accompagne au cinéma pour voir les films de gangsters et prendre note du moindre détail.

Dans son guichet, par l'ouverture en scope, Osvaldito regardait en gros plan les mains, les ceinturons, les bagues, les montres, et quand il faisait le marché avec son père, il ne regardait que cela chez les hommes, leurs mains, leur ceinture, leurs bagues. C'était un jeu obsessionnel qui le fascinait. Il aurait aimé reconnaître celui qui prenait la douze, une grosse Indienne du Sud très vulgaire avec une poitrine à deux tonnes, celui de la huit pour cette paysanne fragile de Chiloé, déjà très vieille pour lui, puisqu'elle avait au moins trente-cinq ou quarante ans, ou bien celle pour laquelle il était le plus curieux, la treize porte-bonheur. Juanita le couvait des yeux quand il passait au bar et l'appelait "soleil de mon cœur".

Arturo avait interdit au petit de venir voir les filles, il était trop jeune pour cela. Il oubliait certainement que ses travailleuses fréquentaient le salon de coiffure de sa mère tous les samedis matins, jour où son petit restait au salon pour lire les auteurs français. Il restait sur la même page tout le temps des shampoings et des coups de brosse. Pour Juanita, *Ruy Blas* tombait par terre. Il ramassait l'ouvrage avec quelques cheveux de la belle qui le regardait dans la glace. Il gardait entre les pages la mèche et la poussière et plaçait soigneusement sa nouvelle bible dans son sac. Là, ces dames ressemblaient aux autres dames qui venaient pour une mise en pli et qui ne savaient rien naturellement. Le plus amusant pour Osvaldito était que sa mère ne savait pas non plus. Qui peut empêcher un garçon de braver l'interdit, de venir se baigner dans les lumières orange et roses derrière les vitraux du bar, renifler la poudre de riz, le maquillage, les rouges à lèvres, le vernis, de frôler les mousselines vaporeuses, d'être fasciné par les bourrelets adipeux écrasés sur le velours rouge. Il aimait deviner le sombre sous la robe de chambre entrouverte.

Juanita avait toujours un geste tendre pour lui, un baiser au coin des lèvres qui le faisait rougir. Elle le faisait vraiment durcir sous son pantalon. Il aurait aimé qu'elle lui montre ce qu'elle savait. Il lui avait donné des sous, son tarif à elle pour monter dans la treize, mais elle avait souri, ton oncle me tuerait, Osvaldito. Un jour elle n'est pas revenue au bordel. Elle bossait bien, elle était la plus jeune, la plus chère, et Arturo la protégeait. Il a cherché partout avec son scooter rouge et plus loin encore avec la Ford. Il est allé fouiller les autres bordels. S'il l'avait trouvée, il aurait tué le mac et elle, elle, bon Dieu, il l'aurait corrigée et fait travailler le dimanche. Il ne voulait pas y penser. Il était fou de rage. Il ne comprenait pas. Osvaldito non plus, elle était bien chez Arturo avec "soleil de mon cœur" qui venait la frôler le vendredi. Disparue, la Juanita.

Un jour une fille est venue, elle a dit qu'elle venait la remplacer. Où est-elle? Elle attend un enfant. De qui, bordel? Comment ça de qui, comment voulez-vous qu'elle sache? Il faut le virer, ce rejeton, et qu'elle revienne. Non, elle ne veut pas. Donne-moi son adresse, nom de Dieu. Il se signait chaque fois qu'il disait nom de Dieu. Je ne peux pas vous le dire mais je peux la remplacer. Tu t'es vue, t'as pas de seins, pas de cul, qu'est-ce que tu sais faire? Tout! Ah bon! Tu passes à l'essai. Comment tu t'appelles? Juanita comme Juanita. Arturo se consola comme il put. Arturo le maquereau donnait généreusement. Il avait fait enlever la porte d'entrée de sa maison pas très loin du bordel et mis au ménage et à la cuisine deux folles indiennes. Marcia qui virevoltait comme une danseuse avec un chiffon à la main et Beriquita qui tout le jour remuait son cul en faisant la bouffe. Personne n'y trouvait à redire et les gens venaient nombreux boire la soupe chez Arturo.

Il y a un pont à Santiago, un pont bleu et une eau noire.

Les forces secrètes du général t'ont jeté un soir avec ta guitare comme un pantin inutile par-dessus la rambarde joliment repeinte. Il y a des vies qui dérangent. De là partirent en 1973 les caravanes de la mort vers le Nord turbulent où se cachait la révolution. Ce fut une chirurgie propre, sans tache, sans éclat. Le général Bessonne déclarera plus tard dans un moment d'emportement: "Comment voulez-vous obtenir des renseignements si vous ne secouez pas, si vous ne torturez pas? D'ailleurs, à propos des disparus, disons qu'il y en a eu sept mille, je ne crois pas qu'il y en ait eu sept mille, mais bon que vouliez-vous que nous fassions? Vous croyez qu'on pouvait fusiller sept mille personnes? Si on en avait fusillé trois, le pape nous serait tombé dessus, comme il l'a fait avec Franco. Le monde entier nous serait tombé dessus!"

Tu n'iras pas voir les tortionnaires dans leur prison. Il faut les payer pour les rencontrer. C'est un comble! J'aurais voulu regarder celui qui t'a fait mal, mon ami. Qui est-il, cet homme, pour avoir trahi et s'être laissé submerger par la haine? J'aurais voulu voir vos visages, le sien et le tien, en silence un instant. C'est inutile, m'as-tu répondu.

Tout le monde sait que d'autres jardinent dans leur maison de banlieue, qu'il y en aura toujours, que ça repousse comme le chiendent, les bourreaux.

C'est ton frère, Fernando, qui fut le plus secoué par la torture. Il avait seize ans. Toi, tu le regardes se souvenir. Tu regardes le mur, la petite lumière de braise qui s'écrase sur son torse, ses bras, encore et encore. Ses yeux exorbités, ce geste dérisoire quand il te retrouve: tout va bien, tout va bien. Ces enfoirés venaient de le libérer comme beaucoup d'autres avec une fausse amnistie et la ferme intention de les reprendre plus tard. Ce qu'ils firent. Aujourd'hui tout va bien. Jusqu'à quand? La Moncda, toujours grise, est assise sur la place de la Liberté. Il y a des noms qui sonnent étrangement.

Osvaldo, qui sait que j'aime les belles histoires, m'emmène voir le temple de San Agustín sur la calle Agustinas. C'est ici, sur cette place, que vivait au XVIIe siècle dona Catalina de Los Rios, dénommée la Quintrala. La Quintrala n'avait rien à envier aux Borgia, empoisonnant son père et supprimant allègrement ses serviteurs indociles. Je vous devine très intéressée, madame, par cette Catalina de feu et de sang. Ce nom de Quintrala vient peut-être de la couleur de ses cheveux, mais plus probablement du fruit provenant du quintral.

Cette femme magnifique, sensuelle, rousse aux yeux verts, venait de l'aristocratie du XVIIe siècle et son éducation fut celle d'une femme de l'époque, c'est-à-dire pauvre, elle ne savait ni lire ni écrire. Elle était issue d'une famille très riche, surchargée d'intrigues, d'ambition, de haine. Telle fut sa jeunesse. Sa sanguinaire carrière commence par le meurtre de son père en 1622. Il était malade, au lit. Elle lui prépare un repas, avec un poussin empoisonné. Elle n'a que dix-huit ans. La dame assassine est précoce.

En général c'est le premier meurtre le plus difficile, pas pour elle, la suite est donc évidence. Catalina tombe en amour lors d'une liaison tumultueuse avec le religieux Pedro Figueora qui, pressentant probablement que tout ça allait mal se finir, décide de se marier avec une dame de Santiago sans histoire. Un soir, la Quintrala le guette dans une rue sombre, attendant qu'il sorte de chez sa rivale, et tente de le poignarder. C'était l'hiver et l'homme portait un grand manteau. Elle, maladroite dans sa folie meur-trière, empêtrée dans sa cape, ne parvint pas à faire pénétrer la lame. Le prêtre défroqué qui devait courir vite disparut dans la nuit.

Devant la fougue sanguinaire de sa petite-fille, la grand-mère arrange un mariage avec le soldat espagnol Alonzo de Carvajal, elle a vingt-deux ans. Le mari est très aimant, il devient vite son complice. Catalina a un tempérament vol-canique, elle est possessive, exigeante et prend des amants. Elle séduit un certain Enriquez qui a la bêtise de se vanter de sa relation amoureuse avec la dame de Los Rios. La Quin-trala le fait assassiner dans une taverne, puis accuse l'esclave qui avait assumé l'ordre et le fait exécuter en place publique.

Cette voluptueuse messagère de la mort tue son esclave noire sans raison et la laisse deux semaines sans sépulture. C'est une cavalière ardente, avide de sang et d'hommes qu'elle chevauche et poignarde quand elle n'en veut plus. Un jour les paysans et les esclaves de ses terres s'enfuient pour ne pas subir les violences et les horreurs de la Quintrala. Elle demande à la force espagnole de ramener les fuyards et préside elle-même aux sanctions. Là encore elle n'est jamais inquiétée, car la garce paye abondamment les juges et les avocats corrompus. Elle pratique activement la magie noire et les rites sataniques. Elle bat à mort un enfant esclave qu'elle laisse deux semaines dans une cour avec interdiction d'y toucher.

Lors d'un galop furieux sur ses terres, elle a une vision, celle du Christ sur une écorce. Elle fait abattre l'arbre et sculpter le visage de Jésus qu'elle pose sur le mur de la grande salle. Où qu'elle aille, où qu'elle soit, le Christ la regarde. Jésus la rend folle. Elle en fait cadeau aux moines augustins qui le clouent sur une aile dans l'impasse. Plus tard lors d'un tremblement de terre le seul mur du temple qui restera debout sera cette aile avec le Christ de mai et son regard sur les ruines de la ville.

Qui étais-tu, toi qui jouissais autant d'un sexe d'homme en toi que de la lame que tu entrais en lui. Tu avais puissamment pactisé avec le diable, mais avant de partir pour l'enfer, tu as payé mille messes pour le repos de ton âme et, comble d'ironie, tu as été enterrée dans le temple des moines augustins vêtue de l'habit du saint de l'Ordre.

Catalina, je t'aurais aimée comme un fou et dans tes yeux je serais mort. J'aime tant les rousses aux yeux verts. J'ai connu une Amélie qui était ainsi. Avez-vous les yeux verts, madame T.?

Nous sommes allés voir le Grand Théâtre, les ors et les velours s'ennuyaient. Nous avons traîné dans les quartiers adjacents jusque dans la foule de la rue Huerfanos. On a longé le río Mapocho et l'Alameda pour aller voir l'église de San Francisco. C'est ici que Pedro de Valdivia édifia la première chapelle pour remercier la Vierge Marie de sa protection durant l'expédition du Chili. Dans le nouvel édifice repose la petite statue de la Vierge del Socorro, que Valdivia avait accrochée à sa selle. Voilà pour la visite touristique.

On a filé de l'autre côté du fleuve dans Bellavista pour prendre un café. C'est le quartier latin de Santiago. On a beaucoup parlé en regardant les filles. Il y avait des chants, du piano, une harpe. Osvaldo m'a regardé. Il était chez lui. Tu as vécu dans une famille de musiciens, ta mère était indienne et te faisait entendre la musique andine, ton père le classique, c'est tout cela ta richesse. La première chanson que tu as composée s'appelait *La Marche des ouvriers*, tu avais dix-sept ans, et plus tard, tu as écrit un drame musical, *La Vigilia*, à la demande des familles de disparus.

Je suis comme ce tambour
Dur et entêté
Plus le bâton me frappe
Et plus mon chant devient profond.

Toi et la tradition orale, toi et la musique comme écriture de ta vie, le chant comme un cri de justice. J'écoute ton histoire, ce chemin de vie qui est le tien et qui me bouleverse parce que nous partageons depuis longtemps le chant et la parole, les silences et l'amour de vivre.

Dos vidas, dos sueños
Dos soles, un mundo
Dos caminos, dos pasiones
Dos amigos.

Présence précieuse que la tienne pour ne pas oublier et rester éveillé.

Lors d'un prochain voyage, j'irai voir une partie de ce grand Sud chilien, Chiloé, la terre de feu, les territoires de Francisco Coloanes. J'irai voir les insoumis, les Mapuches.

Gracias a la vida…

Dans l'avion, j'essaie de noter tout ce que je n'ai pas eu le temps d'écrire pendant ce voyage. J'ai quelques fragments, parfois illisibles, mais tout est là, avec les bandes soigneusement étiquetées. L'arrivée à l'aéroport est un peu chagrine. A la livraison des bagages je somnole avec un bout du Chili dans la tête. Le tapis démarre, pas moi, j'ai un peu de mal à décoller mes fesses du siège.

Je m'endors dans le taxi avant de voir la banlieue, les usines, les infâmes cités, les cages à famille et les immeubles sans charme. Seule "Paris la Seine" m'éveille. Paris est sublime dans les lumières du matin. Paris n'est pas ingrate elle me pardonne mes infidélités.

Je ne vous cache pas ma déception, madame, de n'avoir aucun courrier de vous dans ma boîte aux lettres, j'aurais dû m'en douter. Harrison dit qu'en observant les femmes, il sait avec certitude qu'elles viennent d'une autre planète et qu'en effleurant le bras d'une fille il touche une créature adorable mais étrangère. Néanmoins je continue à y croire, je m'obstine donc à vous chercher et à vous imaginer. Je vais au théâtre sans vous apercevoir, au cinéma, au musée. Je m'assois devant votre peintre préféré et j'attends, mais peut-être avez-vous changé de peintre, femme varie, dit-on. Mes retrouvailles avec Annick me réjouissent. C'est gai de travailler avec elle.

Depuis quelques jours je répète ce *libertin* avec une belle troupe. Nous nous amusons beaucoup, c'est normal puisque nous jouons et que l'angoisse de la première est encore assoupie dans l'angle mort de la coulisse.

Ce soir nous avons fait un filage, je veux dire une répétition complète, sans interruption, dans les conditions de la représentation, filage donc qui m'a semblé catastrophique. Je suis à côté du personnage, pas avec lui, pas en lui, mais à l'extérieur, spectateur de ce que je fais, je *fabrique*. La sentence terrible pour l'acteur, tu *fabriques*. Le mot lui-même est laid. Phase normale, parcours obligatoire, me réplique le metteur en scène, calme et confiant. Je te connais, il te faut un moment détester ce que tu fais, te flageller et trouver soudain que rien de tout ce travail n'est bon. Je prends cela comme une assurance de ce que tu feras bientôt.

Je rentre néanmoins avec un gros cafard généré par le doute. J'aurais eu besoin de vous voir ne serait-ce que quelques instants. Je vous connais, douce amie, vous m'auriez rassuré comme chaque fois, bien sûr. Les femmes savent faire cela. C'est tout simplement de l'orgueil, me diriez-vous, sublime absente que vous êtes en ces instants de profonde solitude, l'orgueil soudain blessé de ne pas être à la hauteur du rôle et la peur de déplaire. Ce n'est pas la première fois, on dirait que vous débutez. C'est vrai, je débute à chaque fois. Laissez-vous le temps d'apprivoiser ce Diderot qui n'est pas n'importe qui et surtout laissez-le vous séduire peu à peu. Amusez-vous ! Et le travail ? Rien ne peut se faire sans travail. Peut-être travaillez-vous trop, explorez, vous qui voyagez tant.

Cette femme m'agace d'avoir raison, d'être aussi calme, de prendre ces problèmes d'acteur pour une inflammation de l'ego et d'en sourire alors qu'à l'approche du rideau je me ronge les sangs et me vautre la nuit dans des draps trempés de sueur. Je polis et repolis les phrases comme un bon ajusteur, dans la voiture, aux toilettes, dans la rue devant des visages étonnés. Je suis un artisan, je lime la phrase, je la passe au bleu. Je sais bien que c'est technique, qu'il faut trouver le chemin et le ressenti du sens. La théorie mécaniste de Diderot, il faut bien que je l'explique. Non, c'est écrit, tu n'as pas à expliquer ce que tu joues. Quelle fatigue. Que de mots, que de jactance, monseigneur, il faut respirer le rôle, c'est tout. Respirer. Le théâtre est un lieu de plaisir, pas d'angoisse.

La première représentation approche et j'ai peur. Je sais que vous n'y pouvez rien. Nous avons choisi cela, aucune plainte n'est recevable mais cette peur me gâche un peu le bonheur du texte. Par impuissance j'ai des colères inutiles. On est bien compréhensif autour de moi, merci. Quels cabots nous sommes, quels cabots fragiles et désorientés. Le public seul m'apportera l'essentiel pour aboutir à la forme. D'en parler me fiche un trac épouvantable. J'ai envie de fuir la cité pour me réfugier dans une clairière de la forêt, loin des répétitions et des fauteuils vides.

Pour me détendre, je passe voir Annick dans son antre. Elle est souriante, le travail avance. Je sais, bien évidemment, qu'elle sera là le soir de la première. Elle ne trichera pas et avec beaucoup d'élégance me dira ce qu'elle a ressenti. Elle me passe quelques images pour que je reparte en voyage et que je me repose de la théorie mécaniste de M. Diderot. Comment est ton costume? me demande-t-elle. Assez sobre, puisque je suis nu sous une robe de chambre et que je n'aurai guère le temps pendant la pièce de m'habiller convenablement. Ça la fait rire. Je passe un doux moment avec elle et j'en arrive à oublier cette sacrée scène du théâtre Montparnasse et ce rôle obsédant. Tous les rôles m'obsèdent et j'ai toujours l'impression que celui que je répète est plus obsessionnel que les autres, plus difficile, plus ingrat et que je n'y arriverai jamais. Le public se moque de tout ça, me dit-elle, trouve et amuse-toi, basta. Elle me tend un petit papier griffonné. Ce n'est pas de moi, mais de Pascal.

Ainsi l'on s'en va de la comédie le cœur si rempli de toutes les beautés et de toutes les douceurs de l'amour, et l'âme et l'esprit si persuadés de son innocence qu'on est tout préparé à recevoir ses premières impressions, ou plutôt à chercher l'occasion de les faire naître dans le cœur de quelqu'un, pour recevoir les mêmes plaisirs et les mêmes sacrifices que l'on a vus si bien dépeints dans la comédie.

Il semble qu'un acteur est comme le peintre devant un mur nu. Il m'a fallu du temps pour saisir que l'espace vide est une proposition magnifique à l'imaginaire. Il nous faut répéter dans ce théâtre vide pour être libre des valeurs ajoutées. Je veux jouer sans décor, sans costume, sans vêtement aucun, disait Piscator, bien entendu quand je dis nu, je ne parle pas des corps mais de l'âme, pour percer enfin la vérité, jusqu'à la substance de notre existence.

On n'a jamais trouvé un personnage, il est temporaire. Un théâtre est une nécropole de fantômes, de rôles oubliés, des Hamlet, des M. Jourdan, des Tartuffe, des Figaro, Fantasio, Mercutio, Isé, et c'est soudainement la vie dès que l'acteur est en scène et que le spectateur accepte qu'il se déguise et fasse semblant. C'est ce jeu de l'enfance retrouvée qu'il faut appliquer, faire semblant et y croire. L'enfant peut voir l'invisible, un coquillage dans le creux de la main qu'il tient précieusement et qu'il offre à la petite fille qui le recueille avec bonheur. Donner à voir, à entendre, donner. Jouer à "on dirait que…". On dirait que je suis le prince ailé et toi la sirène, toi la marchande et moi le client. Plus tard, quand on est grand, on enchaîne avec "on dirait que" je suis Diderot et toi Mme Terbouche, toi Almaviva et moi Suzanne, Bérénice, Agnès et qui vous voulez.

Nous y sommes, que faire devant une salle pleine? Jouer. Dire merde et jouer. Je viens au dernier moment, derrière le rideau, écouter les murmures, les bavardages, cette musique tant attendue qui est notre privilège. J'écoute ceux qui vont se taire dans un instant pour nous regarder et nous entendre. C'est bon et paniquant. Tout est fait pour que la fièvre monte. C'est au souffle qu'il faut revenir, aux résonateurs de la voix, à l'articulation, à la confiance que tu dois faire au texte, à ton travail, aux acteurs qui sont avec toi. Tu connais bien maintenant cet ensemble virtuel qui est le rôle, le personnage auquel tu vas donner une vie. Oui, je sais. Vous avez voulu cela, me dites-vous, et l'arène vous attend. Vous êtes prêt. Non, pas comme je le souhaiterais. Mais si, vous êtes prêt, faites-vous confiance. Eux, de l'autre côté du rideau, vous font confiance. Ce mot *confiance* toujours répété est si fragile qu'il faut le marier avec vigilance, abandon, lucidité et, probablement ce qui est le plus important, jubilation. Comment jubiler avec ce trac qui sourd depuis plusieurs jours. Nous n'avons pas eu assez de répétitions. Mais si, le spectateur va vous apprendre ce que vous ne sauriez faire sans lui. Prenez-nous par la main pour ce voyage immobile et nous vous suivrons.

Respire, doucement, comme tu sais faire. A la fois, j'ai besoin de cette fébrilité, de cette excitation, de cette énergie, je trépigne, je renâcle comme un cheval avant la course. Attention, l'ouverture du rideau dans cinq secondes. Les murmures s'atténuent, quelques toux ponctuent les derniers mots et je tente d'apaiser ma poitrine. Il n'y a aucune raison pour que ça se passe mal. Au lever du rideau il y a le noir, un point d'orgue, un vol en stationnaire délicieux et troublant avant de donner la vie, de décider le premier geste ou la première parole. Et le cheval se calme. Cette préparation, ce silence avant que l'archer touche les cordes, comme une prière, est une prière, et le public en salle sans le savoir prie aussi. L'acte qui suit est sacré. Voilà pourquoi j'ai le trac, cette peur, ce cabot qui me bouffe le ventre, comme si j'abordais l'inabordable d'un territoire interdit. L'ouverture même du rideau est sacrée puisque l'on va jouer le mystère de la vie en s'échappant du quotidien. Je n'allais pas répéter cette sonate à l'infini, chez moi et dans un théâtre vide pour le plaisir de souffrir seul. Sans public on travaille en laboratoire, sans évaluation.

Le spectateur est là pour vivre deux heures avec nous et partager un autre temps, une autre histoire. Notre premier souci est de faire en sorte que le voile de l'ennui ne descende jamais sur lui et qu'il n'ait à aucun moment les fesses qui le démangent. Le but finalement, au théâtre, est de respecter les fesses des spectateurs.

Voilà, le rideau est ouvert maintenant. Le silence glace un instant mais je prends ce temps qu'il faut pour être tout entier avec eux. J'écoute ce que nous sommes en cet instant, je respire doucement en regardant ma partenaire. Il m'arrive souvent de fermer les yeux pour goûter cette bascule entre la réalité de la vie et le théâtre. C'est un infime fragment entre deux univers, quelque chose de mystérieux. Nous avançons sur un fil comme le funambule de Jean Genet partagé entre la réalité et la fiction.

Tout cela est invisible pour le spectateur mais c'est une mise en communion, essentielle, incontournable. Elle est là, la prière, une prière éclair, une mise en état d'être, une proposition de voyage. A partir de maintenant ne réfléchis plus, un rôle ne réfléchit pas. Si l'acteur réfléchit, c'est un arrêt de jeu. Je prends la mesure du son avec les premières répliques et la réponse de la salle. Son silence comme ses manifestations font l'unique de la représentation. Ne croyez pas réussir, rien n'est gagné, le public peut être un chœur aimant ou hostile. C'est aussi cela le pari de chaque soir, le jeu, un jeu. Être avec Diderot et à la fois lucide, présent intensément, sans jamais lâcher ce fil ténu fragile qui est tendu entre vous et chaque spectateur. Ne pas le briser, ni vous ni cet homme ou cette femme qui cherche dans son sac et que vous ne voyez pas, cet autre que les tracas de la vie assaillent encore jusqu'ici et qu'il faut embarquer avec vous pour ce voyage proposé. Ce n'est qu'une question de justesse et que vous puissiez aller jusqu'au dernier rideau avec parfois cette grâce indescriptible que nous voudrions tous atteindre.

Que sait-on de la grâce ? C'est un désir, une tentation, une courbe élégante de l'âme. C'est indéfinissable. Un artiste la cherche toute sa vie. Il ne sait pas ce que c'est mais il la devine, il la sent. Il semblait que Nijinski sur scène avait toujours un temps de suspension avant de céder à la pesanteur. C'est peut-être ça la grâce, quelque chose d'inexplicable et d'émouvant, un secret à la lisière de la folie, de l'impalpable. C'est danser au bord de l'abîme sur un accord parfait. Elle vous frôle parfois, furtive, et vous échappe souvent. Elle est capricieuse et injuste. C'est un bijou si précieux, si rare, qu'il faut parfois une vie pour ne le porter qu'un instant.

J'aime cette harpe que nous créons chaque soir avec soin comme un bon artisan luthier. Il faut tendre une corde entre soi et chaque spectateur. L'acteur est un accordeur exigeant. Quand le public vient voir une pièce, il verra et entendra d'abord les acteurs. Tout passe par l'acteur. C'est une sacrée responsabilité. Pardonnez-moi, monsieur l'auteur, je vous rendrai vos mots tout à l'heure, je vous redonnerai le manuscrit avec tout ce qu'il y a à l'intérieur. Oubliez ce que vous avez pondu, le spectateur doit croire que c'est l'acteur qui invente. En revanche votre récompense est que le manuscrit soit bien réinventé. Soyez heureux, nous sommes mortels tandis que votre œuvre reste, mais pour aujourd'hui le théâtre est une affaire entre le public et moi.

A nous deux, maintenant.

Il n'est rien d'autre que l'instant, l'immédiat en conscience. Calme, mon cœur, tout va bien. Je me repose sur ma partenaire qui se repose sur moi. Merci, Christiane Cohendy. Les premiers rires nous détendent, ça aide.

Mais sois vigilant avec les rires, sois vigilant tout le temps, celui qui ajoute du vert au printemps, des roses à l'automne, du pourpre à de jeunes lèvres, créer de la laideur parce qu'il ment, me chuchote Rodin. Les coquetteries au théâtre ne sont que des boucles de chaussures qui n'attirent qu'elles. Il faut aborder l'essentiel du chant : le secret du jeu, retourner à l'autre par le souffle puisque l'autre est en empreinte dans le corps et la mémoire.

Ceci n'est pas un carnet de mes jours et de mes nuits. Je vous épargnerai donc, madame, les affres d'un métier admiré et envié. Ne vous ayant pas vue, je suppose que vous ne savez rien du succès de la pièce, à moins qu'en grand secret vous ayez lu les journaux. Vous avez tort de bouder ce spectacle qui vous ferait beaucoup rire. J'y suis très bien, figurez-vous. Non, bien sûr je ne sais pas, mais si, enfin non, pas toujours, suffit. La salle semble s'amuser mais j'ai peur. Je renouvelle la tâche chaque soir, parfois je triche et je n'aime pas ça, je m'emballe sans maîtrise et je n'aime pas ça non plus. J'use même de petites facilités, de clichés qui m'aident à passer le mauvais cap. Je sais pourtant qu'il faut ne laisser que la musique au lieu de vouloir coûte que coûte obtenir ce que la bonne représentation de la veille, les silences, les rires avaient servi de délicieux.

C'est après que je m'en veux, sachant qu'il est trop tard pour leur dire : pardonnez-moi, j'en ai fait un peu trop, je vais vous recommencer la scène si vous le permettez. Impossible, nous ne sommes pas au cinéma et c'est ce qui fait l'exceptionnel du théâtre.

Je vous écris tout cela parce que je pressens que vous êtes une amoureuse du drame et de la comédie, mais pour celui que vous devriez aimer plus que vous ne le montrez, il est d'autres voyages que celui, immobile, du théâtre. Je vous signale donc qu'à la fin des représentations, je vais repartir. La cité me bouscule, me culbute, m'assaille, m'oblige à une alerte agressive.

On m'a proposé de jouer Leclerc, le général, tournage aux Philippines et au Viêtnam. Pourquoi hésiterais-je ? Je ne lui ressemble guère mais quel bonhomme et quel voyage… Leclerc en Indochine. Je vous écrirai de là-bas, bien entendu.

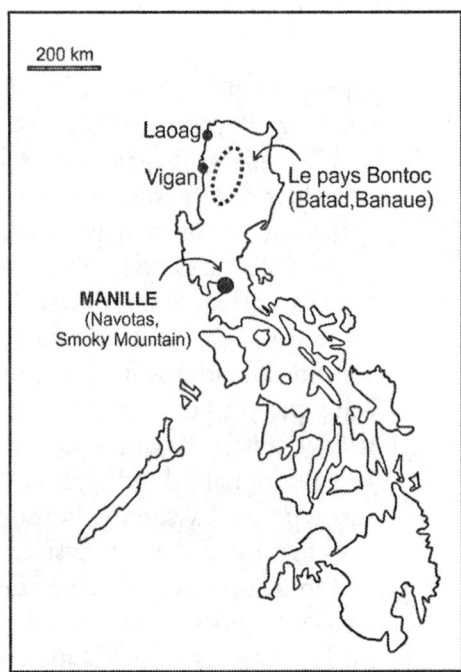

200 km

Laoag

Vigan

Le pays Bontoc
(Batad, Banaue)

MANILLE
(Navotas,
Smoky Mountain)

ESQUISSES PHILIPPINES

Chère madame T.,

Je vous emmène en mer de Chine pour quelques esquisses philippines. Je vais voir des visages comme toujours, des têtes ifugaos, bontocs ou ilongos. Il y a plus de sept mille îles sur deux mille kilomètres de long. Je ne vous parlerai que de la plus grande, Luzon. Pour le reste il faudra beaucoup de vies.

J'étais là-bas en 1965, j'avais dix-sept ans, j'étais mécano dans la Royale, un pompon sur la tête comme une pomme. Je lisais Conrad, Melville, et j'étais leur ami.

Mon bateau sortait des nuages, dans la machine je surveillais le turboalternateur dont le thermomètre allait bouillir. Il fallait deux litres d'eau à l'heure pour le bonhomme. Dès la fin du quart à quatre plombes du matin, j'avais ouvert les portes étanches pour respirer la mer et regarder les vagues de phosphore. J'étais seul sur le passavant, c'était bon d'attendre le jour. Du large, j'ai aperçu la côte comme une promesse, une ligne bleue hésitante encore mal dessinée. J'allais conquérir ces îles avec les yeux avides de la jeunesse, mais un connard m'attendait pour trancher le rêve d'une lame imbécile. La *Jeanne d'Arc* était venue s'asseoir sur l'eau huileuse du port et s'appuyer avec nonchalance contre le quai 33. Un escorteur américain amarré à l'arrière semblait lui lécher le cul. J'avais déjà fait le tour du monde et la vie était devant moi. Le premier jour de terre après deux semaines de haute mer, j'étais libre, encore ivre de houle. Les trottoirs étaient stables mais j'avais encore l'impression de tanguer. J'ai pris un bus pour la balade et le soir je suis allé déjeuner seul dans un restaurant de la baie de Manille. En sortant de table un type m'a enfoncé un revolver dans le dos. Il m'a poussé dans une voiture pourrie et m'a ramené jusqu'à la passerelle en insultant De Gaulle. Je n'ai jamais compris ce que le général lui avait fait mais les menaces étaient claires. Les escales étaient brèves et celle-ci s'est terminée plus rapidement que les autres avec ce canon dans le dos et la sueur qui coulait sous mon tricot rayé.

Je n'ai connu des Philippines que le regard des jeunes filles se baignant tout habillées dans l'eau claire des vasques avec des rires de cristal. C'est ce que j'écrivais à l'époque, des rires de cristal. Mes dix-sept ans étaient très sensibles aux jolies dents qu'ils découvraient.

Quinze ans plus tard, la vie du marin ayant basculé d'une salle des machines sur les planches d'un théâtre avec parenthèses au cinoche, j'avais accepté de retourner à Manille pour un festival de films. Les Marcos sévissaient encore mais cette manifestation, "marrainée" par Imelda Marcos elle-même, annonçait une haute sécurité. Aucun risque qu'une machette philippine vienne se poser sur ma nuque ou qu'un canon de revolver se pointe entre mes côtes. C'était bien mal connaître le pays et refuser toute part à l'imprévu. Je ne suis pas certain que vous aimiez cela, l'imprévu. Je n'aimerais pas trop vous voir réfugiée dans l'attendu, frissonnante à l'idée que je puisse vous entraîner dans une jungle quelconque, sauf peut-être celle du monde, je veux dire la jungle mondaine. Vous êtes une femme du monde. Vous n'aimez pas que je dise cela ?

Le festival n'était qu'une agitation de privilégiés asservis à la gloire des dictateurs. Je n'étais pas venu pour ça, mais pour dénoncer l'emprisonnement, la torture et l'exécution des prisonniers politiques. Ce qui fut rondement mené, et cette fois pas de revolver mais un retour par le premier avion pour la France. La délégation française s'étant désolidarisée de mon action, ils furent bien heureux de me voir embarqué. Exit Manille.

Le mystère restait entier sur ce puzzle dispersé à l'est de la mer de Chine, mais le cinéma a des ressources et aujourd'hui je reviens vers ces promesses que l'archipel n'avait pas tenues. Je reviens pour ce diable de bonhomme qu'était le général Leclerc, acteur immense d'une sombre période de l'histoire de France et d'Indochine. Nous trouverons le temps de quelques fugues, je vous le promets. Ne croyez pas que j'aie oublié ma caméra, j'ai hâte d'aller fureter dans les jupes de Manille. J'ai hâte aussi de voir les décors du film, d'essayer les costumes, le maquillage avec ma fidèle Gilou. Je me suis laissé pousser une petite moustache, non pas que je veuille ressembler au général, mais pour tenter de le suggérer. J'ai décidé de jouer et de filmer. En me levant à cinq heures du matin, j'aurai le temps de parcourir la ville jusqu'au maquillage à huit heures trente et, le tournage se terminant à cinq heures, je boirai tous les couchers de soleil. Je vais écumer la ville du haut des tours des banques américaines jusque sur les décharges du port et les draisines du *railway track*. Les Marcos sont partis et je vais être libre comme un marin. Je reviens vingt ans plus tard avec une curiosité aiguisée par le temps et les lectures. J'ai une voiture avec un guide, Rick le silencieux, un Ilongo, qui sera mon compagnon d'aventures. Il ne sait pas ce qui l'attend. Rick est le chauffeur d'un ami, un ancien marin qui a réussi dans le pétrole.

J'aime les pays métis, infiniment, et celui-ci en est un, chinois, malais, espagnols, indiens, carrefour des échanges, des profits, des déclins et des esclaves.

Je n'aime pas les grandes cités, leur tumulte, pourtant celle-ci me fascine. Une des villes les plus polluées du monde, moi qui aime tant fouler l'herbe des prairies et boire l'eau des ruisseaux. Il faut des heures pour la traverser. Une ville rotative, un grand huit à l'infini avec dans la marmite des fortunes diverses.

Banques de verre et maisons de carton, c'est une ville aux miroirs éclatés, une cité reflet, une ville cinoche qui chante à tue-tête et se montre pour cacher l'essentiel.

Chacun sa latitude et sa longitude. Chacun son point géographique. En ce moment le mien est 14° 35' nord, 120° 59' est. Ça me rassure.

C'est amusant et très agaçant que je ne connaisse pas le vôtre. Du jour où je vous aperçois, je vous colle un GPS.

Premier jour de tournage… Il faut bien un début mais soyez sans crainte, je vous épargnerai les vingt-huit jours qui restent. Je m'abstiendrai de vous décrire une atmosphère de plateau, beaucoup l'ont déjà fait et c'est très ennuyeux. Prise de contact, présentation, bonjour, le maquillage c'est par là et l'habillage par ici. Un petit café ? Vous avez eu la feuille de service ? Voici untel qui s'occupera de vous, untel qui est notre assistant philippin, untel qui jouera l'oncle Hô. La cantine se trouve derrière la palmeraie et votre loge ici. Un lit pour vous reposer, un bureau pour écrire, j'espère que cela vous convient. Vous avez le temps, rien n'est prêt, le metteur en scène n'est pas encore là. Je crois que votre maquilleuse souhaiterait travailler avec vous la moustache et la coiffure du général.

Je vais donc voir Gilou, pour nous dire le bonheur que nous avons d'être ensemble, celui de faire cet incroyable métier et de nous retrouver de l'autre côté du monde.

Premier jour de tournage, premières scènes. C'est mon boulot.

Le lendemain avant le jour, Rick est à son poste, prêt pour une patrouille en règle. Il connaît la ville par cœur. Il parle tagalog avec quelques mots d'anglais incompréhensibles, mais j'ai une certaine expérience du geste et de l'expression faciale. La tristesse, la colère, le mépris, la peur, la surprise, la joie, le dégoût sont toujours exprimés par le visage et cela partout dans le monde de la même façon. Cela fut démontré par une expérience chez des Papous n'ayant eu aucun contact avec la civilisation. Finalement ce langage reste le plus sincère moyen de communication, le plus réaliste alors que le mot peut tromper, isoler, interpréter. La compréhension uniquement par le langage est très aléatoire. Le langage corporel des émotions est le langage essentiel. De toute façon, ça m'arrange.

La production a souhaité que je bivouaque dans un bon hôtel, merci. Il est particulièrement confortable et je dors sans étoile. Je rêve très certainement de vous mais je sais pertinemment qu'il ne me restera rien de ce bonheur nocturne. Comment espérer le miracle de vous voir à mes côtés aux premières heures du jour ? Je vous laisse, repliée sur vous-même, une main ouverte sur l'oreiller, l'autre posée à l'intérieur de la cuisse. Il y a un petit pli sur votre front et pourtant vous semblez paisible. Que vous importe où je vais puisque là où je vais est une autre vie qui vous effraie.

Cinq heures du matin, je file sans vous sur le *railway track*. C'est le plus grand manège du monde, mais ce n'est pas un train fantôme. Au milieu de Manille, il est une vie entre les rails avec des hommes et des femmes, des enfants, des commerces collés entre le grillage de la rue et le souffle du train. Tout cela est filmable avec beaucoup de prudence suivant les quartiers, mais comment vous l'écrire, madame, comment être suffisamment éloquent, suffisamment juste.

Ici il n'est point besoin d'inventer une histoire, de repeindre la réalité. Petites maisons en bois de caisse, en carton d'emballage, tapissées d'affiches pour les couleurs et qui abritent des familles entières. Mais il est un peu tôt, tout le monde dort ou presque. Il y a une partie interdite, celle des drogués, des alcoolos, des petits voleurs, ceux qui ne peuvent aller plus bas, la dernière gare avant la fin. Ici, il y a peu de constructions, seulement des morceaux de toile, des papiers arrachés, des immondices. Rick me prévient que le danger est là, que les couteaux sont faciles et qu'on n'aime pas beaucoup les blancs de mon genre. Il me rassure en me disant qu'à cette heure ils sont dans un état comateux et que leurs réflexes sont grandement diminués. Il me dit aussi de ne pas m'inquiéter et qu'il surveille. Je ne connais pas sa force, il est petit, pas très costaud, mais d'un grand calme. Tout cela bien sûr en tagalog et un peu d'anglais tricoté, mais surtout une gestuelle très claire.

Sur de l'herbe brûlée, à même le sol, un père dort avec ses deux jeunes enfants. Ils sont paisibles comme le Dormeur du val mais sans trou rouge au côté droit. Le jour se lève comme un voile tendre et la lumière irise les trois visages. Ce que je filme est beau et cette beauté rend la scène terrible. Un peu plus loin, une femme lave du linge en tentant de réveiller du pied une masse inerte. Une autre titube sur les traverses, pieds nus, la robe déchirée. Son ventre est gros d'un petit dont l'avenir est tout tracé. Dans quelque temps je pourrai le retrouver cul nu dans un carrefour, sur l'îlot du centre assis sur le trottoir, sniffant de la colle. J'en ai vu hier soir dormir sur les trottoirs au pied des murs, sur la terre loin des réverbères et dans l'indifférence.

Obsédant, un hurlement de bête, une chenille bleue brise la léthargie mortelle.

Sauve-qui-peut, tout le monde dégage. Le père et les deux gosses ne bougent pas malgré le réveille-matin. La femme enceinte a disparu derrière le convoi. Ça bouge sous les cartons, dans les immondices, des rats peut-être. Rick préfère ne pas rester là, ils vont vite s'apercevoir qu'il y a deux oiseaux qui ne sont pas du nid. Je m'engouffre dans la voiture et nous filons vers un autre tronçon du *railway*, un autre quartier. C'est un village de papier où l'instant s'écrit dans l'instant et s'efface à l'instant.

Vous voulez connaître notre vie, *sir*? Alors n'écoutez pas les visages pâles des tours de Makati, venez chez l'oncle Fernando sur le tronçon Santa Clara.

Il me sert un café âcre dans un gobelet d'émail éclaté qu'il essuie avec sa manche. Il a un sourire au charbon. Devant chez lui, José Castro a installé sa niche à chiens au milieu des deux voies. Il en sort pour me saluer et nous proposer un rhum trouble. Je filme la niche de la longueur d'un matelas avec sur le côté quelques bricoles personnelles. Il a mis des parpaings aux quatre coins pour qu'elle ne s'envole pas. Le train passe à quarante centimètres de sa résidence. Ça ne l'émeut guère.

Ce chemin de fer traverse le cœur de Manille comme une lance brisée qui pénètre la cité en fragments. Je vais le prendre ce satané train qui emmène les ouvriers de gare en gare, de banlieue à banlieue. Quelques pesos et je grimpe à bord. C'est bondé, ça brinquebale, il faut s'accrocher, trouver sa place. Eux sont habitués, ils ne regardent même plus par la portière ouverte. La locomotive hurle pour dégager la voie. C'est un long, très long village collé au rail avec d'innombrables maisons de poupée, des constructions d'enfants maladroits. C'est un lieu de vie indépendant de la ville avec ses lois, ses règles, dans lequel aucun flic ne pénètre, c'est inutile. Je descends, Rick me rejoint. Il y a ici un moyen de circuler et de vous arrêter où vous le souhaitez sans prendre le train. Pour deux sous vous montez sur une draisine. Le pousseur sur sa machine bat le fer avec sa tongue, comme avec une trottinette. Le voyage est incroyable. N'ayez crainte, c'est juste un tour de manège.

Certaines draisines sont de petites épiceries ambulantes, poissonnerie, boucherie, quincaillerie, boulangerie. Quand le hurlement éclate, que l'on aperçoit la grosse bête qui tangue sur les rails mal ajustés, tout le monde saute de la petite plate-forme. Avec l'aide des passagers le patineur soulève son engin et dégage de la voie. Je finis par oublier où je suis, cette vie est un spectacle édifiant, souvent mortel. Pourtant il n'y a que de la douceur, une bienveillance discrète. Je me sens étrangement bien, en confiance, sans colère. Ici, la gaîté est un impôt obligatoire. Ce n'est pas un jour de fête, c'est comme ça, tous les jours, un tissage humain mouvant et musical.

Les enfants jouent libres et fantasques sans danger que celui de ce gros jouet qui les happe parfois. Drôle de manège.

Tous les blancs sont *american*. Moi je suis un *french american*. Difficile de leur dire que je suis le général Leclerc. Rick, très consciencieux, me rappelle que je travaille aujourd'hui et qu'il est temps de rentrer. Un petit café à la volée et nous dégageons rapidement pour revenir vers 1946. Trois tours de piste entre les gigantesques panneaux publicitaires et nous voilà dans la foule des Jeepneys, derrière des camions qui crachent du noir. Rick me ramène en Indochine.

Travelling arrière, Leclerc stimule ses troupes. Encore une répétition et on tourne. Coupez, c'est bon. C'est ça le cinoche et je filme le cinoche; les techniciens philippins en sueur sous les projecteurs, alors qu'il fait trente-cinq degrés à l'ombre. Je filme aussi les deux coiffeuses qui sont ou étaient deux hommes, des *baclas*. Elles sont terriblement maquillées et outrageusement habillées. Les gays sont très respectés et les meilleures coiffeuses sont des *baclas*. Je filme des regards perdus, des pieds nus sur les palmes et des couturières en tailleur sur des tapis de coco. Le thé fume sur un brasero, je peux? Un sourire et on me tend une tasse en porcelaine chinoise, très fine, que tient une main élégante. Aux Philippines, tous ne sont pas des coupeurs de têtes, madame, loin de là, tout se fait avec grâce et courtoisie. C'est beaucoup plus raffiné que vous ne le pensez. Les scènes se suivent, avec ou sans l'oncle Hô, avec ou sans l'état-major, très réduit l'état-major. Dans un hôpital reconstitué avec de fausses bonnes sœurs, le décorateur a posé de grands tulles sur les lits dans une lumière safran sous laquelle sont étendus les blessés, bandés comme des momies avec abondance d'hémoglobine artificielle. C'est parfaitement réaliste. Le général et moi-même, puisque nous ne faisons qu'un, arpentons la salle des opérés, jambes et bras coupés, ventres ouverts, visages ravagés et larges blessures sanguinolentes, bravo Gilou. Nous saluons quelques soldats et Leclerc me murmure de les féliciter chaleureusement, enfin c'est ce qu'il aurait fait.

Finalement arrêt déjeuner. Philippe de Hauteclocque et moi-même, nous nous restaurons. Quel parcours depuis juin 40, vous êtes fait prisonnier, vous vous échappez et revenez au front. Blessé, vous refusez de ne pas attendre l'ennemi et vous chevauchez une bicyclette jusqu'à Paris. De là en route pour l'Espagne, puis l'Angleterre pour rejoindre De Gaulle qui vous charge de reconquérir l'Afrique française en vous nommant commandant militaire du Tchad. Vous débarquez en pirogue à Douala pour rallier le Cameroun à la France libre et après avoir réuni trois cent cinquante hommes, quatre-vingts camions et un seul canon, vous partez de Fort-Lamy pour attaquer Koufra tenue par les Italiens. C'est une grande victoire pour la France, et c'est à Koufra que vous faites la promesse "de ne déposer les armes que lorsque nos couleurs, nos belles couleurs flotteront sur la cathédrale de Strasbourg". Par la suite, avec vos coloniaux, c'est la conquête du Fezzan, et en 1943 vous atteignez Tripoli pour faire la jonction avec Montgomery. Paris vous attend et le serment de Koufra sera tenu. Vous êtes un héros et De Gaulle en profite pour vous envoyer en Indochine représenter la France lors de la capitulation japonaise. C'est là que je vous remplace. Ma mission est de mettre un peu d'ordre en Cochinchine et sur le territoire annamite. En temps que général, je vais rencontrer Hô Chi Minh et en temps qu'homme de terrain, je vais vite comprendre que la France ne gagnera jamais cette guerre contre le Viêt-minh. Je vais donc fermement m'opposer à De Gaulle, m'engueuler vertement avec d'Argenlieu et demander ma mutation. C'est là que je m'efface et que Leclerc, le vrai, reprend son rôle.

Madame, à l'exemple de mon alter ego, je déjeune très simplement avec la troupe. C'est agréable d'être au milieu de ses hommes, pour les réconforter et écouter sans broncher les plaisanteries de corps de garde. Les gars ont besoin de se défouler, patron. Je sais, je sais. Un petit café et raccord maquillage, puis répétition, moteur, action, coupez. On en refait une autre s'il vous plaît, un peu plus rapide sinon tout le monde va roupiller. Les coiffeurs... -*feuses* philippines veulent absolument s'occuper de moi, arranger mon képi et m'éponger le front. Elles sont très professionnelles. Gilou s'amuse beaucoup. Journée terminée, pas pour nous, démaquillage, feuille de service, à demain.

Rick m'attend, on a encore du boulot. Après une balade cocasse dans Disneyland sur une draisine, j'ai trouvé une petite terrasse assise miraculeusement au bord des rails. Le souffle du monstre balaye les verres vides, c'est pour cela qu'il faut toujours les remplir. Dans les cages, les coqs de combat attendent la gloire, la plume hérissée. Le train qui les frôle les agace souverainement et la colère monte en crête. C'est très salutaire contre l'adversaire. J'ai une grappe d'enfants autour de moi. Je me débrouille comme je peux pour communiquer en attendant Rick. Je suis un drôle de *french american* qui bouffe du riz à la sauce de porc sans porc que quelques os. La grand-mère est heureuse de recevoir un *american*. L'oncle Emilio, lui, est attentif, généreux. Ses enfants vont à l'école, sa femme vend des petits pains sur les rails, tout va bien. Il a un papillon du bonheur sur l'épaule qui vient se poser sur la vôtre quand vous êtes là. Je rejoindrai la nuit avec eux jusqu'au sommeil des enfants.

Mme Ines s'est assise avec son cartable. C'est une fonctionnaire. Elle tente de recenser la population. Bon courage.

Mesdames et messieurs, dernier tour de manège. La ville est un billard électrique. Tout bouge, frénétique. C'est un puzzle brassé par les joueurs de dominos. On s'enfonce dans la nuit, l'autre nuit. Je reviens sur ma planète.

Il faut rentrer, le général Leclerc m'attend bien à plat dans le scénario pour quelques scènes dont il serait souhaitable que j'apprenne les répliques. Il me plaît, ce bonhomme. Pardonnez-moi, Philippe, j'ai beaucoup lu sur vous, mais je n'ai pas votre carrure et je fais sincèrement ce que je peux. Tout ce que je sais de vous me passionne, cher moine soldat, vous me fascinez et j'ai parfois un peu de pudeur à vous emprunter votre uniforme. Je prends tout de même quelques libertés, vous en avez tant pris. Même si le metteur en scène a tout prévu, j'aime vous deviner dans le décor, vous visualiser dans l'espace, observer comment vous marchez avec cette éternelle canne. Je me demande si je dois sourire, être lointain, avoir un ton sec, militaire, ou celui d'un homme calme et réfléchi. Je vous emmène avec moi juché sur la locomotive du *railway*, regardant avec émotion, sans rien laisser paraître, ce long village de papier que nous traversons. Puis nous allons passer les troupes en revue quelque part dans le désert que vous aimez tant, ensuite nous irons boire un thé avant que je vous laisse prendre l'avion dans un vent de sable naissant pour vous abîmer un peu plus tard dans le désert nord-africain. Sous les plumes chacun ses rêves. C'est celui dont je me souviens au matin. Manille m'en proposera un autre, un rêve éveillé, celui d'une Lincoln noire qui sniffe l'asphalte comme un chien de race. Elle frôle les trottoirs de luxe et s'encanaille parfois dans les quartiers populaires. C'est là que nous sommes. Elle est un félin noir au milieu du troupeau. Derrière la vitre teintée dans laquelle se reflètent le haut des immeubles et le ciel sans nuages, je perçois la silhouette d'une femme. Ouvrez cette vitre, madame ou mademoiselle. Mes désirs sont des ordres, la vitre descend lentement en effaçant le ciel sans nuages. Elle est si jolie. Elle est seule. Rick est décidément très intelligent et il vient placer la voiture à hauteur de madame. Je lui souris, un sourire d'*american* un peu imbécile mais sincère. Je ne suis pas Sean Connery, elle s'en rend compte et reste charitable en me faisant un adorable clin d'œil. L'éphémère est le propre des rêves, même éveillés, au carrefour suivant la Lincoln noire s'échappe par la droite. J'ai le temps d'apercevoir une petite main blanche qui sort de la longue boîte noire et qui fait un signe discret au rêveur que je suis.

Manille est la capitale d'un long chapelet d'îles, espagnoles depuis le XVIIᵉ siècle. Le grand Magellan, encore lui, y termina son tour du globe tué par des coupeurs de têtes sur l'îlot de Mactan. Depuis les conquistadors, les héros pour la liberté se sont battus sur cette terre. José Rizal est fusillé en 1896. En 1899, la république est proclamée mais, ironie du sort, les États-Unis sont déjà propriétaires de l'archipel pour vingt millions de dollars. En 1941 le Japon rapplique et s'empare du territoire. Les Huks, front de libération antijaponaise, se battent avec les Américains pour chasser les jaunes, mais en contrepartie de privilèges commerciaux et sous prétexte d'une aide militaire, l'Amérique conserve ses bases pour une durée de quatre-vingt-dix-neuf ans. Acquiert-on jamais une indépendance. Que faire sinon de la résistance. Les Huks créent des écoles, redistribuent aux paysans les terres confisquées aux traîtres et reprennent du service contre les Américains. Le général MacArthur, c'est bien connu, n'aime pas le rouge et il tente de mater les rebelles qui se réfugient dans les montagnes du Nord pour continuer la lutte.

Le peuple philippin n'en a jamais fini, et après les Américains, ils doivent balancer, sans relâche, leurs dictateurs corrompus.

Madame, il faut bien prendre le temps de fouiller l'histoire, vous ne pouvez pas vous cacher éternellement au milieu de l'Hexagone en prenant connaissance du monde à travers la presse et les mensonges de CNN.

Aujourd'hui, je commence plus tard et Rick me guide vers le grand port. J'ai une passion pour les ports, les marins. J'ai marché comme eux, en chaloupant sur les quais. Celui-là est une ville de containers, de docks privés, de gros remorqueurs qui tirent des rouliers vers le large, de grues qui plongent dans les ventres ouverts, à fond de cale, un port quoi! Rick me fait comprendre que ce n'est pas là le plus intéressant, la beauté est ailleurs, là où l'on ressuscite les morts et les agonisants. Ce n'est pas un endroit touristique, il n'y a pas de boutiques, rien à acheter, rien à voir que de la tôle qu'on frappe, gratte et soude. C'est un cimetière et une ville sur l'eau, un autre port. Une grue drague et ce qu'elle rapporte du fond est immonde. L'homme va chercher dans les eaux troubles toujours. Sur les bords de terre battue, détrempée par les pluies, meurent des filets de pêche. Il y a des cabanes dans la boue où vivent des familles, des ouvriers, des marins. Il y a des billards pour parier, des femmes à pesos et de l'alcool pour ceux qui n'ont pas de travail. Cinq cargos peints en bleu, du même bleu, un bleu tout neuf, attendent un port d'attache. Ils sont posés sur l'eau comme des jouets. Elles sont belles les flaques huileuses du cimetière à bateaux, avec les reflets du port à l'envers qui s'enflamment au soleil.

Je loue une barque pour une dérive entre les maisons d'oxyde qui flottent miraculeusement sur les eaux. On repeint sur la rouille un baume illusoire, on remet les tas de ferraille dans la course au large avec du rouge, du jaune et du vert. Il n'y a aucun nom, aucun port d'attache, on les a recouverts d'une peinture épaisse pour effacer l'ancien nom du bateau et en mettre un nouveau. Tout cela baigne dans une sorte de marécage nauséabond, avec un tapis d'ordures qui flottent. Ça vient de la mer, ça vient d'ici, de partout. La mer a bon dos, elle patiente encore.

Il faut aiguiser le regard et fouiller la boue, danser dans l'univers et regarder les petits cerfs-volants que les enfants tentent de faire voler. Les plus légers tournoient, affolés.

La gentillesse dans ce pays est une grimace à l'injustice. Il y a une criée avec des poissons inconnus, des petits voleurs qui chipent dans les paniers leur seul repas de la journée et qui se font tabasser quand ils sont pris. D'autres se baignent entre les bateaux de pêche, dans la merde et l'huile de soute, des enfants en bouquet, en rire aussi, des enfants. *Paalam...*

Le long d'un quai, il y a des restaurants très modestes. Victor s'appelle Sheila. Sa mère en est fière. Lui, sert à déjeuner pendant qu'elle fait la cuisine. Ici personne ne le montre du doigt. Elle est Sheila. Les tabous sont au fond du port. D'une eau à l'autre, sans vague, on glisse un peu plus loin sur la côte vers une vie dans les entrelacs graisseux des maisons mikados posées sur des échasses fragiles. Une autre vie sur l'eau parce que la terre est trop chère. Pourquoi est-ce que vous nous filmez, nous n'avons rien, rien à dire, rien à montrer, pourquoi vous nous filmez?

Nous avons des pages blanches à colorier. Quatre jours sans tourner. J'ai une scène avec Hô Chi Minh, le temps d'une matinée, et je vous emmène vers le volcan Pinatubo. Plein nord. Je veux vous montrer le cratère et le fleuve blanc. Le 15 juin 1991, Mambabaya le créateur suprême, qui équilibre la terre et l'espace, se fâche pour des raisons obscures. Il crache sa colère et sa haine par les entrailles du Pinatubo. La bouche du monstre souffle fumée, cendres et pierres sur les villages alentour. Tout est gris, tout. Un manteau épais, démesuré, recouvre la terre meurtrie. Il ne reste que les toits et les clochers des églises, quelques croix de travers échappées du cimetière et figées dans la danse. Il y a de grands hangars, comme épuisés, genoux pliés, rendus. Pinatubo comme un chant mortel. Je veux remonter la cendre jusqu'aux lèvres du volcan pour rejoindre les oiseaux. C'est ici que je m'envole. Je plane sur le cratère d'émeraude. La paix des eaux est sur une poudrière. Je suis un *anito*, un esprit. Le créateur suprême Mambabaya a éteint son feu et redonné la pluie. De là-haut, je peux voir que la stérilité n'est qu'apparente. Il y a du vert dans le lit du fleuve.

Quand on rencontre la vie dans la cendre, on n'a plus peur de la mort, me disent les *Negritos*, les Aetas, les premiers sur l'île et qui vivaient sur les pentes du Pinatubo. On les a déplacés dans la jungle. C'est eux qui entraînaient les GI pour la guerre du Viêtnam. Ils vénèrent les rochers, les montagnes, les arbres, les rivières. Dix jours avant la colère du volcan, les Aetas savaient que leur dieu allait sortir de sa bulle de lave et enflammer la montagne. Ils l'ont fait savoir à qui de droit, mais qui écoute les Aetas, tout le monde a ri, et pourtant…

Il ne reste ce soir, au-dessus de la mort, que les mirages de lave rouge d'un ciel bienveillant. Je filme les lunes des camions fous.

Il est tard, Je vous emmène à un jet de lave du Pinatubo pour une longue nuit dans le plus grand bordel du monde. La ville d'Angeles clignote avec du bleu, du rouge, comme les maillots des filles et les yeux des ivrognes. La vie nocturne comme une robe espagnole dans un bordel américain. Ici dansent les plus belles filles du monde. Elles ont un rire à effrayer le bonheur. Quel âge as-tu? Treize ans. Elle montre ses doigts dix et trois en tirant la langue qu'elle passe ostensiblement sur de jolies lèvres qui ne sont plus innocentes. Elle est sur les genoux d'un gros Chinois, heureux de sa conquête. Toutes les autres filles ont entre quinze et vingt-cinq ans, toutes aussi belles les unes que les autres. Il semblerait que les plus jolies filles des Philippines travaillent dans ce bordel. Il y en a pour tous les hommes, je veux dire tous les goûts, toutes les perversions, de la vulgarité la plus provocatrice à la simple élégance. On mange mieux pute que domestique. C'est la faute à la vie, monsieur l'*american*. La faute à la vie.

Jamais je n'ai vu autant de filles sur un plateau. Soixante à soixante-dix corps qui dansent la techno et attendent le client. Dans la rue principale d'Angeles, il y a une dizaine de bordels comme celui-là. C'est ici que les Américains, les Chinois, les Australiens, les Russes viennent chercher leur femme. Ça existe vraiment et ça fait vivre. Le sexe en supermarché. Ça rugit de techno, ça s'enivre d'excitation animale. J'ai souvent vu chez les prostituées ce regard absent et cette lassitude, ces sourires de commande. Il y a du plaisir chez certains hommes à regarder les femmes qui s'ennuient, à désirer des sexes machines. C'est la première fois, ici à Angeles, que je vois les filles sourire et s'amuser. Peut-être sont-elles de bonnes actrices. Beaucoup se louent pour une semaine ou un mois dans l'espoir de rester plus tard avec l'homme prisonnier de la douceur et de la soumission d'une jeune et jolie femme. Le marché fonctionne bien et elles pourront nourrir toute la famille qui les respecte et les admire pour ce qu'elles font. C'est une belle abnégation que de remplir la tirelire à deux jambes. Oui, je sais, madame, c'est très laid ce que je viens d'écrire, mais c'est pourtant ce qui est. C'est moche et beau à la fois, totalement troublant, parfaitement irréel sous ces projecteurs bleus et roses, ces volutes de fumée, ces parfums sucrés.

J'ai l'autorisation du propriétaire, le plus grand maquereau du monde, de filmer. Un groupe de militaires américains veut me casser la gueule. Le directeur des lieux les rassure avec un peu d'alcool et deux filles. De toute façon je ne vais pas y passer la nuit, je n'ai aucune intention de me marier.

Je sors de l'étable en abandonnant le troupeau. Pardonnez-moi de vous laisser là sans pouvoir intervenir. Le mot femme, ici, n'a plus de sens. Femme sacrée que j'aime, femme unique, femme de nos fantasmes, de nos souffrances, femme de notre enfance, de nos lâchetés, femmes peintes, sculptées des millions de fois, femmes de nos jours et de nos nuits, femmes esclaves, entravées, meurtries. On achète la beauté, la possession, le jouir. Tout est jouir au masculin, brutalité et mépris. Je vous rends hommage à vous les femmes des ruelles sombres de Calama, de la calle Gijón à Santiago, femmes vendues dès l'enfance, femmes des abattoirs et des trottoirs de Mogador, d'Iquitos et des barges de Hong-Kong, vous les femmes bikinis en bleu phosphorescent des bordels d'Angeles, femmes, femmes, femmes.

Je reviens vers vous, madame, avec un peu de dégoût, de tristesse. Je reviens vers vous sur la page blanche pour me réfugier en vous, mettre ma tête sur votre ventre et sentir battre la vie.

Nous dînons dans un petit campement belge de cinq chambres, tenu par un couple mixte. Elle s'occupe de la bouffe, lui boit de la bière avec des copains belges, mariés eux aussi à des Philippines. Un jour il est venu pour les filles et n'est jamais reparti. Vous vous êtes rencontrés comment ? Elle faisait de la monnaie pour sa famille, elle travaillait à la semaine, je l'ai gardée un mois, c'était le paradis. Je suis reparti en Belgique pour régler mes affaires et au retour je l'ai épousée. Maintenant c'est moi qui nourris sa mère, les frères et les sœurs. C'est un mariage caritatif en somme. Tout le monde se marre. Et c'est toujours le paradis ? Oui, mon pote, ces filles sont formidables, de vraies bosseuses. Il parle de sa femme comme d'une domestique. Elle écoute en souriant, elle sait qu'elle tient les rênes, que sans elle il n'est rien qu'un "Belge *american*".

Tu retournes là-bas ? Tous les ans pour voir ma femme et mes enfants qui sont mariés maintenant. Ils sont venus cette année pour voir leurs petites sœurs, Jeanne et Clémence, et faire connaissance avec Ida. Ils savent comment tu as rencontré Ida ? Tu poses beaucoup de questions, l'acteur, pourquoi j'irais leur dire, c'est fini ce temps-là pour elle, ça fait dix ans. Pourquoi tu es resté à Angeles ? Le business, les clients, je fais venir des Belges, des Français pour la visite des bordels et ils dorment ici. Ida fait la bouffe et moi je touche une commission quand il y a mariage. Tout roule. Pour finir la conversation, nous parlons surtout de rien, on mange un morceau et on va finalement dormir ailleurs, ici il n'y a plus de place.

On reprend la route, des chemins sans issue pour se perdre où le hasard nous emmène. Bistrot, café, posada et casino plein air. Domino domino, une *carinderia*, celle d'Alicia et d'Alberto. J'ai laissé Rick au casino. Il aime le jeu, passionnément. Ils aiment tous le jeu. Bien entendu le casino est simplement une table en bois avec une petite roulette dessus. Je vais prendre un nescafé à côté, le même que dans les *tanganas* sénégalais, ou les comptoirs du Nord, accompagné de lait concentré que l'on mélange savamment au jus noir.

La petite étudiante tape ses cours à la machine, indifférente à la torpeur. Au-dessus d'elle sur des affiches, deux sexe-symboles me regardent, une blonde très pulpeuse dans une pose lascive et une brune à califourchon sur une chaise, les seins sur le dossier. Entre les deux larronnes, il y a un portrait du Christ en rouge, une sanguine synthétique, couronnée de plastique vert qui nous protège de la tentation. Je demande les toilettes, elles sont au fond de la cour. Mon instinct de chasseur m'avait demandé de prendre la caméra et je me régale à filmer l'indescriptible cuvette des chiottes, un monument de l'art conceptuel avec un trou qui semble sans fond au centre d'une cuvette qui fut peut-être en porcelaine et au-dessus de laquelle pend un tuyau d'arrosage bariolé duquel s'égoutte une eau sale. La chasse d'eau passe par la fenêtre en serpentant vers une grande lessiveuse assise sur des tréteaux. En repassant dans la cour j'aperçois à travers une porte ouverte une jeune femme assise sur une chaise. Elle me fait signe de venir voir son bébé qui dort dans le grand lit. Elle est heureuse de partager son bonheur avec moi. Je ne sais pas trop quoi faire, sinon sourire d'admiration et de gratitude pour ce cadeau, un bébé qui dort en paix. Je reprends ma place au bistrot et je gratte consciencieusement la poudre au fond du pot. Un peu d'eau chaude et c'est divin. Je sirote voluptueusement mon café crème artificiel. Je n'ai aucune volonté, je suis hypnotisé par des poussins qui s'agglutinent à mes pieds. Je m'endors, je suis bien.

Plus loin, l'aventure est dans les ruelles adjacentes. Un rassemblement de voitures, des charrettes de sucreries, une cantine, des cris, des grondements de foule nous incitent à l'arrêt. L'arène est chaude. Les hommes le torse nu, en sueur, serrent amoureusement leur coq contre leur poitrine, un corps à corps avec l'animal. Les mains caressent le tissage de plumes et les parieurs plongent leurs yeux dans les couleurs. Couleurs, toujours. Ça va être à vous, les gallinacés. On pose des lames de rasoir sur vos ergots avec un lacet en cuir et c'est parti. Le duo est jeté dans la poussière du coliséum, les paris commencent. Aucun round d'observation, ils sont élevés pour vaincre. Les maîtres restent silencieux, concentrés, agressifs par procuration. C'est rapide, fulgurant pour certains et le sang gicle, la bête se couche, épuisée, blessée, une aile repliée sous le flanc, l'autre qui bat encore pour tenter un redressement. Parfois la tête se pose sur le sol paupières closes et trois soubresauts précèdent la mort. Un grand coq de combat vaut une fortune, c'est une bonne rente ou la ruine soudaine. On peut perdre son salaire dans l'instant. Les propriétaires retirent les guerriers aux premières blessures, vaincus.

Les coqs comme les hommes sont soignés, réparés. Ils repartent au combat sans révolte avec une agressivité redoublée. La mort est sous les plumes dans la légèreté du duvet. *Salamat-Paalam.*

Vers le nord sur la côte ouest, il y a des villes qui vous étonnent, des villes qui n'ont pas l'air d'être d'ici. Vous aimeriez beaucoup Vigan, cité espagnole merveilleusement conservée, un peu touristique mais très belle. J'écoute un blues gai dans la rue principale pour l'enterrement d'un trompette de fanfare. Derrière la vieille Ford qui trimbale le cercueil, il y a une longue chenille de parapluies, d'ombrelles colorées. C'est une ville de la conquête sur la route de la soie.

Votre silhouette franchit le pont Alexandre III, le Grand Palais fait une toilette, l'École militaire est au garde-à-vous mais vous n'avez que faire des honneurs militaires.

Longs travellings au milieu des rizières. C'est la moisson. On déplace les grands drapeaux de couleur avec les heures, la vague d'ombre abrite le faucheur. La faucille est une lune avec une virgule pour rassembler les tiges. Les femmes couchent les bouquets d'épis et piétinent les graines qu'elles passent dans un tamis. Elles plaisantent le gringo qui les filme. Tout finit par le rire et un riz partagé.

C'est quelque part entre Laoag et Pasuquin que l'on tourna des scènes d'*Apocalypse Now.* Tout est paisible, la mort ici est sereine. Les éperviers se déploient sur les eaux tranquilles et les enfants se baignent avec le même bonheur que tous les enfants du monde. On répète la vie. Un homme prie devant un petit autel près du pont, il lève la tête et regarde la rivière, le contre-jour matinal. Il n'a pas appris à méditer, la nature est sa contemplation, une communion. Et puis, un jour, des avions déchirent le ciel et anéantissent ce qu'il contemple. Plus tard, quand l'herbe a repoussé, que les arbres brûlés ont disparu, que les flammes sur les eaux se sont éteintes et que le rouge s'est écoulé vers la mer, des camions de cinéma viennent envahir la forêt, les rizières renaissantes et tout recommence comme un jeu.

Je retourne à Laoag dans le grand hôtel construit par les Marcos pour le mariage de leur fille ou de leur fils, je ne sais plus et je m'en fiche. Sauf que la mégalomanie incommode. Le casino est un vrai casino, un grand casino luxueux interdit à la population et dans lequel viennent par avion privé des Chinois richissimes. Il y a plusieurs centaines de chambres et le tas de briques affiche complet. C'est un hôtel pour nuits de noces et perdre la dot au black-jack.

La plage est grise, mais c'est une plage sur la mer de Chine où le dimanche, jour du Seigneur, la population vient se tremper tout habillée. C'est très étrange et troublant de voir les cotons imprimés ruisselants dessiner parfaitement les formes, les petits seins dressés par la fraîcheur de l'eau, la courbe des reins, le tissu plaqué dans l'entrejambe. Il y a aussi quelques monstres adipeux, des pachydermes moins désirables, et cette gaîté toujours dans le bain sacré, avec les rires dans la vague. Quand le karaoké des plages vient insulter la paix, je m'enfuis pour aller voir le soleil jouer entre les pilotis de l'estuaire. Ici, les pêcheurs se réfugient dans les puits d'ombre de leurs maisons sur échasses plantées dans la vase. Le pêcheur glisse sur le miroir vespéral et allume des fanaux pour un chemin de lumière. Le marin égaré s'y retrouve, les esprits se brûlent à la mèche. Je marche sur les entrelacs de planches graisseuses, les maisons tanguent, je dérange. Un homme tire un filet, lentement, si lentement qu'il hypnotise. Il y a un peu d'argent au fond des mailles. Il ne passe aucun ange parfois.

Vous ai-je dit que l'équipe de tournage vient s'installer ici pour deux semaines et que Gilou nous quitte ? Elle vient de recevoir des résultats d'analyses qui l'obligent à rentrer. Nous parlons beaucoup avant son départ. Il y a tant à dire, à faire, pour accepter le diagnostic, pour ne pas sombrer, pour envisager cette autre vie qui s'annonce. Comment apaiser le cœur et l'esprit, trouver la confiance, la foi en la guérison.

Le film continue.

Et Leclerc? Vous êtes plus souvent en vadrouille qu'en tournage. Détrompez-vous, madame, Leclerc ne me quitte jamais, il m'accompagne partout où je vais, excepté dans les bordels d'Angeles. Pour le reste, il adore ça.

Leclerc sur les cendres du mont Pinatubo, Leclerc dans les rizières, Leclerc dans la campagne indochinoise qui observe et contemple. Leclerc conduit sa jeep pour aller prier dans un temple, se fâche avec d'Argenlieu, écrit à sa femme. Il manque seulement les moyens de nos ambitions. Pas de plainte, je suis traité comme un vrai général, on m'offre un beau voyage et la possibilité de cette esquisse philippine. Pourvu qu'elle soit belle. Elle sera pour vous, madame, si vous daignez venir la voir un jour.

Le plan de travail nous laisse le temps d'aller au bout du bout du nord de l'île pour voir la frontière fictive entre la mer de Chine et celle des Philippines, une mer comme une huile dorée, une lave océane brûlée par le couchant, de l'or que n'ont jamais pris ni l'Espagne ni l'Amérique. Leclerc me suit, bien entendu puisque l'on n'a pas besoin de lui sur le plateau. Nous pénétrons en pays bontoc pour aller vers le sud marcher sur le bord des rizières en terrasses des villages ifugaos au centre de Luzon. J'ai une adresse là-bas dans la vallée, à Batad, du côté de Banauc, une des plus belles adresses du monde. Wana ne sait pas qui je suis mais je sais qu'elle m'attend.

Huit heures de route, quatre cents kilomètres.

Arrivée à Banaue de nuit, Rick nous trouve des chambres sur le bord de la falaise dans une pension. *Magandang gabi*, bonsoir. Tout est en bois, en planche, avec une rambarde en bambou pour ne pas choir dans la rivière.

Nous sommes en montagne et il fait un peu froid. Petite douche chaude, soupe, omelette, riz au poulet, tout ça près d'un petit feu dans la cheminée de pierre. Douce torpeur pour amorcer une nuit sans rêve.

Le matin nous trouve assis devant des œufs durs et un nescafé au lait. Ça me rappelle ma collation préférée quand j'étais petit, un bol de lait tiède avec de la mie de pain fraîche trempée dedans, que je pressais dans ma bouche et qui me dégoulinait sur le menton. Rick me lâche pour aller voir ses cousins. Tu as des cousins ici? Mais oui, des cousins de ma femme. Tu as une femme aussi? Mais oui, bien sûr. Il ne raconte pas sa vie. De toute façon je ne comptais pas l'emmener. Tu m'accompagnes un bout de route jusqu'au chemin? Non, me fait-il avec des signes, la voiture ne passe pas. Il faut y aller en side-car. Après, il y a deux à quatre heures de marche suivant l'allure.

De jour, Banaue se bidonvillise, c'est inéluctable quand le tourisme s'installe.

Je prends place à bord d'un side orange, noir et rouge. La route est défoncée par les pluies, une heure de tapecul dans la machine à laver et j'en sors avec quelques bleus. Rendez-vous dans deux jours au même endroit.

Montagne ifugao. Jungle des coupeurs de têtes, c'est fini tout ça. C'était tout de même leur spécialité aux Kalingas de couper les têtes au *bolo*, le coupe-coupe local. Maintenant ils ont la tronçonneuse et se vengent sur les arbres. Après deux heures de marche je suis au col. Il y a une petite boutique en tôle ondulée pour la pause des marcheurs et les ouvriers du bois. Radio Philippines, *American song*, coups de marteau et tronçonneuse. *Mapud Alaxata*: Bonjour. Malgré mon coup de pompe, je dévale la montagne et retrouve le silence. Monter et descendre, j'ai toujours aimé ça. Je comprends votre sourire, la randonnée vous ennuie mortellement et vous avez horreur de mettre des chaussures de marche. C'est moche, ça n'a aucune élégance. Comme vous voudrez! Pourtant je suis certain que vous êtes une bonne marcheuse, vous dévorez l'asphalte. Il y a un autre vallon, une côte sévère, une marche à flanc de colline puis un dernier col. J'ai soif, je n'ai plus d'eau et j'hésite à boire celle, pourtant très claire, qui s'écoule dans la mousse. Je fais quelques mètres jusqu'à la crête et je reste figé devant la huitième merveille du monde. Mille mètres de dénivelé en terrasse, un immense cirque, avec au fond le petit village de Batad. C'est à vivre, pas à dire, c'est à aimer, pas à écrire. Tous les nuages se reflètent dans les terrasses, c'est un gigantesque écran fragmenté. Je filme les miroirs en puzzle, la lumière, les bords d'ombre, un visage penché, des mains qui plongent les pousses vertes avec une incroyable dextérité. Je filme tout, pour ne rien perdre, rien oublier, pour tout emmener avec moi. Je me pose sur le bord d'une rizière, envahi par un trac étrange devant cet éblouissement. Pas celui du partage théâtral, mais un trac de mort annoncée pour ce que je vois, ce que je suis, un acteur émerveillé, inutile dans ce cirque gigantesque. J'ai le trac que ce moment unique soit justement impartageable. C'est une déchirante solitude, mon amour. Il me semble que rien ne sert d'être ici, seul. Il me faut du temps pour descendre les immenses marches. Il me faudrait des jambes d'acier comme cet homme si maigre qui colmate les murs à la glaise. Que de sacrifices, de vies épuisées, d'abnégation, de volonté depuis des siècles et rien n'a changé. *Batad Pension,* c'est écrit sur le toit de tôles ondulées rouges. Je sais où je vais. J'arrive près des premières maisons, je passe devant une sorte de bistrot avec deux planches, une pour les boissons et une pour les fesses. La patronne visiblement est ivre comme ses deux comparses. Je tente de sortir la caméra et me fais copieusement insulter. Je fais semblant de ne pas comprendre pour piller quelques images mais les menaces se précisent et je dégage pour éviter la cogne ou le coupe-coupe. Connard, touriste, voleur, *american* de merde… A part les cabots que Dieu a créés pour aboyer, merci Dieu, tout est d'un calme impitoyable.

Je passe entre les cabanes ifugaos sur pilotis et leurs petits jardins. Près de l'école en dur, il y a un terrain de foot miniature et presque tous les enfants sont là ; *give me pesos, give me pesos.* Déjà foutu. Je sors deux pièces en demandant Batad Pension. Dans un concert de hurlements tous me montrent deux gros caoutchoucs, portail royal de mon majestueux hôtel. La bâtisse est de bois ajouré avec un étage véranda pour les invités. La salle de bain se trouve au rez-de-chaussée, c'est un robinet qui distribue une eau de source gratuite dans une vasque en pierre. A côté se trouvent les toilettes, un abri en tôle avec une porte assortie. A l'étage les chambres ont un ou deux lits très spartiates avec tout de même une couverture pour les nuits fraîches. La salle à manger est également au premier, sous la véranda, avec une table fragile et quelques chaises. Ne vous en déplaise, madame, le tout a beaucoup de charme. C'est très paisible et mes hôtes sont délicieux. C'est vrai, il n'y a pas de baignoire mais une douche artisanale très sommaire avec pomme de fer-blanc et petits trous au poinçon. Le *room service* n'a pas de carte, et je dîne sur la grande table, de haricots noirs et de riz sauce poulet. Les enfants de la maison font leurs devoirs à la bougie près de moi. Ils sont très doux. La plus petite me regarde manger. Elle dessine des nuages. Que peut-on faire de tout ce temps ? Que sait-on de ces enfants qui vivent où le destin les a posés, et qui rêvent d'un ailleurs que le voyageur propose ? Ils ne connaissent pas la cité mais la paix des montagnes. Ils savent les eaux claires avec lesquelles ils se lavent, boivent et se bénissent. Il y a des frôlements d'ailes, des phalènes étourdies, des guerriers de bois sur un échiquier, Ifugaos contre Bontocs. Ici les rois sont les fous. Les deux filles plient leurs cahiers et reviennent avec un transistor pour écouter Michael Jackson en sourdine. Elles ne connaissent pas encore le karaoké. Pour combien de temps. Quand Michael a terminé, elles chantent ensemble et je suis heureux d'entendre qu'elles savent encore les chants ifugaos. Allez ouste au lit les mômes.

Les chiens s'apaisent, les coqs s'épuisent. Les enfants me saluent et vont se coucher, les parents suivent. J'écris encore un peu avec la dernière lueur.

Comment dormez-vous, frileuse, avec les draps qui ne laissent que la masse brune de vos cheveux. Tiens, j'ai dit brune, ce pourrait être châtain, mais vous n'êtes pas rousse, j'en suis certain, vous n'avez pas les yeux verts, nul n'est parfait. Je dirais noisette, les yeux. Ça me va bien mais vous êtes une noisette difficile à croquer. Vous êtes près de moi, vous avez froid, nous sommes dans les montagnes. Mais je suis une brique réfractaire, mon amour, j'emmagasine la chaleur du jour pour la rendre, la nuit, à la frileuse que vous êtes. Je suis bouillant, comme disait ma grand-mère, une bouillotte, ma petite dame.

Vous vous blottissez si bien que c'est vous qui entrez en moi. Ainsi le désir prend sa place.

Paroles, paroles, des mots, rien que des mots.

Si je n'avais pas sommeil, je pourrais voir la boîte à bijoux dans la Croix du Sud mais je m'écroule sur le king size modèle réduit et je sombre. Nuit divine en pointillé avec un oiseau obsédé et un rat insomniaque. Je ne suis pas le premier levé, il y a ce crétin de coq que je croyais éteint qui a commencé à gueuler bien avant le jour. Re-nescafé au lait, tartine et miel. Allez, on bouge. Le repos à la longue, ça fatigue.

Vallée profonde avec des marches de géant construites par des fourmis. Sur les digues, des Giacometti raccourcis sont plantés dans la glaise.

Les jardins du bout du monde, cultivés depuis deux mille ans. On a commencé par construire des terrasses que l'on donnait aux enfants qui construisaient une terrasse de plus que les enfants léguaient à leurs enfants qui construisaient chaque fois une nouvelle terrasse et cela jusqu'à ce jour. Imaginez, monsieur l'*american*, sur toute la montagne, des milliers de terrasses magnifiques, maçonnées à la glaise, des vies entières à creuser, transporter sur le dos la terre imperméable, planter le riz, moissonner, engranger. Pas d'électricité, pas de frigo. Qui réclame? Pas moi. Eux c'est normal. On voudrait le paradis dans l'enfer des autres, nous les *french american*.

Je ne savais pas si Wana Bollag était encore en vie. J'ai vérifié. Elle habite une maison de poupée noircie par la fumée. Elle vit accroupie. Elle ne se déplie que pour balayer ou monter dans son nid. Elle parle quelques mots d'anglais. *I have been here for many years, I worked a lot.* Wana ne sait plus si elle a soixante ou soixante-cinq ans. C'est environ. Il serait facile de lui en donner quatre-vingt-cinq. Elle a des mains en charbon de bois, pour apaiser les douleurs elle masse doucement, tendrement, avec un onguent qu'elle fabrique elle-même. Elle fume un étrange tabac qu'elle puise dans un petit pot de fer et qu'elle roule dans une feuille végétale. Elle me parle de ses garçons. Où sont-ils? Là-bas! Où ça? Là-bas! Je suis seule. Elle aurait voulu avoir une fille. Les deux fils sont partis un jour pour la grande ville. Depuis, elle ne les a jamais revus. Elle fouille sous sa paillasse et retire un paquet plat enveloppé d'un très vieux papier journal qu'elle déplie soigneusement. Il y a une étoffe rouge brodée de jaune. C'est ma robe de mariée, je l'ai gardée pour mon enterrement, on m'habillera comme le jour où j'étais jeune fille et je pourrai rejoindre mes ancêtres. Elle regarde par la porte de sa cage le rectangle de ciel que je vois dans ses yeux, comme un miroir au-delà duquel l'âme de Wana s'est réfugiée. Peu à peu, elle remue les lèvres pour un murmure, une litanie ifugao, comme un chant inconnu.

Je regarde le feu dans le fond de la case, l'absence de cheminée, la suie qui tapisse le chaume et les planches du sol. Tout est noir, ses poumons aussi. Elle est malade. Son mari a travaillé toute sa vie à maçonner les terrasses. Il est mort de fatigue. Wana se grave dans la nuit permanente de sa case, son visage s'éternise. La lune est pleine. La chauve-souris se ferme au seuil de son nid. Elle épie, elle attend que je m'en aille. Plus tard, quand elle mourra pour rejoindre les esprits, qui posera Wana, assise sous sa case dans sa robe rouge, et qui plus tard récoltera ses os dans les tissages de couleur et fera des offrandes à Kabunyan pour que les esprits soient charitables avec elle. *Paalam*, Wana.

Dans la jungle embaumée des parfums après la pluie il faut trois heures pour aller dans l'autre village. Ici toutes les cases sont sur pilotis, des bois bagués de pierres pour décourager les bestioles, surtout les rats. La chambre est au-dessus, et les réserves de riz dans le toit bien à l'abri des rongeurs. Sous un arbre il y a des visages de vieux Ifugaos avec des peaux parcheminées par le soleil, ravinées par les pluies et le travail, des yeux noirs regardant un autre monde. Ils ont les dents rouges des vampires quand il leur reste des dents et mâchent une sorte de bétel qu'ils recrachent là où ça tombe. Ils doivent avoir plusieurs centaines d'années. Je m'assois un peu à l'écart, non pas pour éviter le jet de bétel mais pour les filmer discrètement et surtout rester dans le silence. Je n'ai rien à leur dire et eux n'ont rien à me raconter. Je n'ai rien à leur donner même, qui puisse être un partage sinon ce silence. Nous sommes étranges l'un pour l'autre, du mot étranger. Il y a des siècles qui nous séparent, que leur importe ma culture, et très honnêtement que m'importe la leur, sinon une simple curiosité et le plaisir d'être ailleurs, hors le monde que je connais.

La nuit me surprend sur la fin du parcours dans cette jungle très sympathique le jour mais très mystérieuse sous la lune, parfois même inquiétante pour être honnête, surtout quand le voyageur ne reconnaît plus la sente qu'il suivait. Il croit apercevoir une lueur qui n'est qu'un reflet sur une feuille, il transpire malgré la fraîcheur soudaine, il fouille son sac pour trouver sa lampe frontale qu'il sait pertinemment avoir laissée dans sa chambre. Bref, les sangliers, les lions, les rhinocéros, les éléphants sont partout. Madame, je suis cerné par les fauves. J'entends des bruits étranges, des cris de singes, des grognements de gorilles en rut, des rugissements et même un effroyable barrissement. Je me demande si je ne vais pas tomber sur Marlon Brando au cœur des ténèbres, devenu fou au milieu de ses guerriers. Je vous effraie n'est-ce pas, chère amoureuse, mais vous êtes si naïve à propos de la jungle. Non, ma très douce amie, il n'y a que le moustique qui attaque, les autres sont dans notre imagination, enfin pas tous. Je retrouve mon sentier, mon col et sous les étoiles les mille miroirs de lune brisée, des reflets de platine sur le verre morcelé des eaux. Je jette mes affaires sur le lit, je me fiche nu devant l'évier en prenant soin qu'il n'y ait aucun regard, ils sont si pudiques. Je m'asperge, me frotte durement avec la serviette et je suis prêt pour le repas qui m'attend. Les enfants eux aussi m'attendent. Je dois leur montrer ce que j'ai filmé d'eux hier soir et ma journée de balade. Ils sont très excités de se voir. J'ai le droit à un autre chant avant l'extinction des feux. C'est ma berceuse.

J'aurais pu rêver d'une jeune femme ifugao, folle amoureuse d'un blanc qu'elle a vu passer dans sa rizière et qu'elle a suivi jusqu'à Batad Pension. Elle aurait posé ses pieds nus sur la véranda, deviné ma porte et se serait glissée dans la chambre. Mais je suis si fourbu qu'aucune demoiselle n'est venue troubler ma nuit, ni le rat insomniaque ni le coq ténor.

Au matin je salue mes hôtes, il y a peu de chance que je revienne. Je passe voir Wana, elle fume assise sur un barreau de son échelle. Elle ne me voit pas. J'ai compris. Après les deux heures de marche pour retrouver la route défoncée, j'attends sur ses bords un side qui ne viendra plus. On n'a pas dû se comprendre sur les horaires. Je sens bien que je vais faire le chemin à pied jusqu'à Banaue et finir d'user le bonhomme sur des kilomètres impossibles. Rick m'attend depuis ce matin, il commençait à être inquiet. Je n'ai pas l'intention de passer la nuit ici, lui non plus, on prend le large. Routes de montagne avec les camions pleins phares. Route de plaine, infinie. Fatigue. Je ne veux pas que Rick voie la dame blanche traverser la route et je le somme de nous trouver un petit nid pour la nuit. On prend le premier qui se présente à la sortie d'un village. C'est sobre, très conceptuel avec les murs bleus, deux champs de fleurs sur les lits jumeaux et une chaise en formica jaune qui sert de table de chevet. Je m'écroule dans la prairie et regarde longuement le plafond d'où pend tristement une lampe morte.

Demain Manille plein sud. L'équipe est déjà là-bas et Leclerc voudrait bien achever la mission.

Aube sur les marais salants, la lagune et les villages sur pilotis déjà vus, la banlieue bidonville, et enfin Makati, où je retrouve mon hôtel. La chambre est impersonnelle, comme j'aime, aucun risque de s'y attacher et de la regretter en partant ni d'être tenter de revenir. Sous la porte, on a glissé une charmante attention, un journal français : grèves, retraites, l'école dans la rue, tiens, pourquoi pas, je n'ai jamais aimé les salles de classe, trop loin de la réalité. J'aime l'école du voyage.

C'est loin la France, madame, un tout petit bout géographique. Mais c'est le morceau le plus important de la terre puisque vous y êtes. Vous ne m'enviez pas d'être aux antipodes, ça m'attriste un peu, je vous aurais emmenée dans une suite du Manila hôtel où l'on marie les riches familles de la capitale. Un orchestre à cordes joue des airs tziganes. Pourquoi des airs tziganes ? Le quatuor a tout de même un accordéon pour des tangos très langoureux. Il aurait accepté pour vous que nous dansions *Les Yeux noirs* dans ce décor 1930, en ombres chinoises derrière les vitraux jaune et rouge. Ils auraient pu voir nos deux visages se rejoindre pour un baiser fiévreux. Le violoncelle nous aurait applaudis et l'alto ne contenant plus son émotion aurait laissé couler de grosses larmes sur le vernis du violon. Plus tard vos chaussures à la main, j'aurais admiré vos pieds sur la marqueterie et les fresques de marbre reflétant vos dessous. Quelle impatience à rejoindre la chambre art déco, à faire couler votre bain, quelle impatience dans nos baisers et quelle nuit impatiente.

Derniers jours de tournage, derniers plans sous la pluie des pompiers, dernière scène délicieuse pour Roger Planchon, alias d'Argenlieu. Il s'envole vers Paris.

Avant de quitter les Philippines, je ne peux m'empêcher de vous emmener dans un endroit qui est l'insupportable même de la vie. Ce n'est pas de la perversité, mon amour, ni du voyeurisme, mais la stupéfiante réalité.

Je suis passé à plusieurs reprises devant cet effroyable paysage sans prendre le temps de m'y arrêter, d'en apprendre un peu plus sur la misère. Je vous emmène vers Navotas sur la Radial Road 10 et Smoky Mountain. Il y a une vie incessante sur le trottoir comme sur l'asphalte. Ce n'est pas le marché du dimanche, c'est permanent, une surpopulation effroyable. On a fait sa niche là où on pouvait, autour des poteaux électriques, dans les cours d'immeubles délabrés, dans d'immenses entrepôts au pied desquels l'eau est courante. On y lave le linge, les corps habillés, les visages, les cheveux longs des femmes. L'eau, la vie, ruissellent sur les corps. On porte les seaux dans les étages. Là-haut c'est deux ou trois mètres carrés par famille, des cages cartonnées collées les unes aux autres. On joue aux dominos, au billard, aux échecs, on parie, on parie sur tout. Il y a des fumées noires qui crachent à la gueule des gens, des souffles qui balaient la poussière et quand il pleut c'est de la boue qu'on vous balance, ça dégouline de merde et dans ce cloaque tout le monde vous sourit et bosse. C'est un exercice difficile que de décrire ce qui doit être vu et rapporté. Ce ne seront que des images de l'épaisseur même de la bande, rien à voir avec la réalité du terrain. Il faut y être, odeurs comprises. Une jeune fille regarde par une lucarne au premier étage d'une baraque. Soudain elle tire son corps hors l'ouverture et se hisse sur la tôle ondulée du toit. Là elle s'assoit seule au monde au milieu du cirque, sa petite robe jaune sur le toit rouge, ses fesses posées sur la rouille. Je suis certain que c'est là son espace, son sanctuaire, c'est de là qu'elle s'envole. Ici est son autel, son lieu de prière et de rêve, un toit isolé de tous. C'est dans ce regard que j'approche et qui ne voit rien que l'on comprend qu'il y a un espoir, que la vie, ailleurs, existe sans douleur et sans suffocation ne serait-ce que le temps de ce regard. Quand elle me voit après de longues minutes, elle me fait un signe timide et un grand sourire. Je filme son visage, qui sait que je le filme. Quels étaient vos rêves mademoiselle. Elle est jolie, photogénique, mais elle n'est pas née où il aurait fallu. Il ne restera d'elle que cette robe jaune sur ce toit rouge et ce regard qui rêve de l'impossible. Moi je crois que c'est possible, une fille comme vous, mademoiselle, qui vient se réfugier sur le toit en prenant chaque fois le risque de tomber, qui se pose comme cela en ne regardant plus rien, en descendra forcément un jour. Elle prendra le bus au carrefour de Lopez Street et Radial Road et ne reviendra pas, le bus pour Angeles peut-être et on n'y pourra rien. Ce sera mieux qu'ici, à pourrir sur pied.

Ça, c'est l'ouverture de l'opéra, madame, la préface. Un peu plus loin, là où ça fume, où ça flambe, cette montagne couverte de flammèches est encore une autre vie. *Smoky Moutain*. Il faut un jour sortir de la nonchalance et revenir irrémédiablement dans la vie des autres, celle du bonheur fragmenté, piétiné, perdu. Entre la mer et cette montagne il y a une grande vallée de merde, un immense chaos de déjections. L'homme ici finit par bouffer ses propres déchets.

Chacun sa tâche et sa spécialité, on bouscule, on trie, on pue. On trouve des trésors minables, on survit, on sourit, on bataille contre les mouches, la putréfaction, les maladies et le reste, tout le reste. L'odeur est suffocante, elle s'imprègne, s'insinue, se fixe et vous renverse dans le cloaque. Aussi étrange que cela puisse paraître, on s'habitue. On s'habitue vraiment.

Je reste là des heures, à prendre pied quelque part, enjamber les pourritures, des lits de jus noir qui coulent comme une rivière et dans lesquels on puise pour je ne sais quel usage du pétrole peut-être. Il y a de tout dans cette vallée d'ordures de la cité, des tentes, des habitats précaires, des petits restaurants. Tout cela vit sur la mouvance des déchets secoués par les vagues d'un bulldozer qui laboure le magma comme une terre à semer. Les camions se succèdent sans interruption et déversent leurs ordures du jour. Des grappes d'hommes et d'enfants se jettent à l'assaut du tas qui coule. Les plus hardis montent sur le camion avant que la benne ne s'ouvre pour récupérer un fil de cuivre, un élastique, un bout de fer-blanc, une gamelle. Les uns c'est le plastique, les autres, les bouts de ficelle, le cuir et ainsi pour chacun, une spécialité imposée par je ne sais qui. Toutes les poubelles de Manille sont ici, celles des quartiers riches de Makati comme les autres. C'est une mine à ciel ouvert avec des centaines d'ouvriers, hommes, femmes, enfants en guenilles, harcelés par les mouches.

Un homme tient une chaussure dans sa main, soudain il se baisse et sort des immondices une autre godasse, la même, le pied gauche ça porte bonheur, la paire, il a la paire. Cendrillon a retrouvé ses chaussures. Heureux bonhomme.

Le rire comme une arme qui désarme. Vous, les humains fossoyeurs, doux charognards chargés de digérer les déchets, hommes de pourriture, nourris au lait noir de la putréfaction et bercés dans l'immonde, vos regards nous obsèdent. Nous sommes à cent soixante-dix millions d'années-lumière de la Nébuleuse de la Tarentule dans le Nuage de Magellan. Magellan, si tu voyais ça.

Il y a des enfants nus, de très jeunes enfants, presque des bébés qui cherchent dans le fumier des fragments de jouets. Ils poussent dans la merde des autres, les pieds dans l'ordure et la tête au soleil. Ça ne fait pas rire. C'est irréparable. On y laisse quelque chose de soi, un morceau arraché. C'est indéfini mais ça taraude sourdement. Il y a un trampoline, sur lequel des petits clowns maculés font des pirouettes. Dans une échoppe de guingois, des gamelles cuisent des pâtes et du riz que l'on mélange avec de la sauce tomate, quelque chose de sanguinolent qui dégouline sur le menton des affamés. Personne n'essaye de chasser les mouches, il y en a trop. Sur des palettes de bois, on a posé un matelas déchiqueté à peine camouflé par un tissu de couleur indéfinie. On a installé une moustiquaire en accrocs sous laquelle repose une femme. On la devine en ombres chinoises, immobile, et quand il y a un peu de vent qui soulève le tulle, on voit ses deux mains posées sur son ventre de femme enceinte. Un homme assis dans un fauteuil de camion défoncé semble garder le temple. En essayant d'aborder la terre ferme une petite fille me dépasse, elle va à l'école. Elle a un cartable vert pomme et un foulard rose sur la tête, avec des papillons blancs. On lui a trouvé des bottes qu'elle enlèvera sûrement avant d'entrer dans la classe. Ce qu'elle ne pourra pas enlever, c'est l'odeur. Elle ne pourra pas accrocher l'odeur au portemanteau, cette odeur qui semble faire partie de vous-même pour la vie. Je suis revenu ici trois jours de suite, dans le dégueulis. Je voulais comprendre l'indécrottable optimisme de ces gens. Je voulais revoir cette dame assise sur une chaise à trois pieds qui fumait des mégots, le regard perdu, un œil qui pleurait dans la fumée. Je voulais filmer la beauté du soleil couchant sur Smoky Mountain, un coup de projecteur des dieux attendris, la lumière sur l'horrible. Ces gens sont la part déshéritée, ignorée de l'humanité.

Cette part, ici ou ailleurs, qui est un morceau du tout, un morceau de nous qui nous blesse, comme un cancer qui lentement nous grignote.

Pour me faire du mal, j'ai vu la maison fantôme du dictateur Marcos et les milliers de godasses de madame. Ridicule.

Lavé, frotté, récuré, baigné, je suis allé ce dimanche au mariage d'une inconnue. Un mariage en blanc, une traîne immense pour l'élue qui passe de table en table avec son pingouin pendant que sur des écrans géants défilent leurs courtes vies, de l'enfance à ce jour.

En regagnant le hall, je tombe sur une beauté élégante, cheveux courts, boucles de perles aux oreilles, qui ressemble fortement à la dame de la Lincoln noire.

Je la suis un instant lorsqu'elle se retourne et me jette un regard aussi noir que sa Lincoln. J'insiste, je la fais rire, elle accepte un thé, une danse, je suis fou d'elle pour la nuit. Vous êtes belle et après ma balade à Smoky Moutain votre parfum m'aide beaucoup à en oublier un autre. Rêve marin.

Il faut reprendre la mer comme toujours, reprendre la terre, ne pas somnoler dans la soie, le voyage continue. Un jour je reviendrai et j'irai vers le sud sur les îles de perles, les volcans assoupis. Je continuerai ce voyage jusqu'au cœur philippin.

J'ai encore quelques scènes avec Leclerc, un compagnonnage qui se termine. Mes respects, mon général.

Merci, Rick. Homme précieux et délicat.

Les retours sont toujours titubants, les pieds hésitent, une partie de vous reste là-bas dans la profondeur des forêts, au bord des fleuves. Il faut du temps pour revenir. L'avion ne vous en laisse aucun. Il vous précipite chez vous, vous noie dans le connu et vous dégueule de trente-cinq degrés à l'ombre à quatorze degrés sans soleil. Vous laissez les regards, les rires, et vous revenez les mains vides des mains tenues.

La navigation au vent avait ce respect du temps à retenir ou à oublier. Alors la séparation était moins cruelle, moins vive, moins violente, et vous pouviez en regardant l'infini de la houle revenir un peu sur les rivages explorés. C'est la mer affectueuse, grande connaisseuse des voyageurs, qui efface peu à peu ce que le cœur a laissé. Elle bouscule la nostalgie et régénère pour d'autres horizons. Il y a comme une balance qui pèse du côté de votre départ et qui peu à peu bascule vers l'arrivée. La mer a ce don de prendre avec ses vagues ce qui doit être laissé à la poupe, dans le sillage, et de vous apporter à la proue ce qui vous attend et vers lequel vous revenez. Il faut du temps pour redessiner votre ville, votre pays, vos amis, votre ombre, laisser le bain révélateur faire son travail.

Je rapporte des histoires, des films, des lettres, et si vous apparaissez ne serait-ce qu'une fois, je vous donnerai tout cela, accumulé jour après jour avec vous dans mes nuits. Serez-vous cette houle qui m'emportera?

Une mauvaise nouvelle assombrit ces jours, Annick nous a quittés. J'ai beaucoup de peine à l'idée de ne plus voir cette douce amie. Je la savais souffrante, mais j'espérais tant la revoir près de moi au montage. Tu me manques.

Je vais faire un autre voyage. Oh! Pas tout de suite, il faut du temps pour préparer un voyage, du soin, de la réflexion, même si l'impromptu a son charme. Le voyage qui vient de m'être proposé demande beaucoup de travail. Où donc allez-vous? quémande votre regard. Dans le Moyen Âge anglais, chez Henri II Plantagenêt. Une sorte d'abus de pouvoir en personne, de cruauté, un homme avec la solitude pour armure depuis l'enfance qu'il traîne comme la poupée de chiffon du dernier acte. Il a si peur de la mort, cet homme-enfant. Il n'est heureux qu'avec Becket. C'est une amitié étroite, un amour égoïste, forcené, et enfin une colère effroyable devant la rédemption de l'autre en cette place où il l'a lui même nommé et qu'il subit comme une trahison.

L'ÉVÊQUE
L'amitié est une belle chose.

BECKET
C'est une bête familière, vivante et tendre. Elle semble n'avoir que deux yeux toujours posés sur vous et qui vous réchauffent. On ne voit pas ses dents. Mais c'est une bête qui a une particularité curieuse, c'est quand elle est morte qu'elle mord.

Il hait ce Dieu qui lui prend le seul homme sur cette terre qu'il ait aimé. Becket, lui, découvre la grandeur de sa tâche, l'Église, Dieu, la prière, la compassion et l'acceptation de l'amour divin. Becket et Henri sont les deux faces d'un même personnage et peut-être faut-il jouer l'un pour mieux jouer l'autre. Quel voyage. Le théâtre élisabéthain revu par Anouilh, *Becket ou l'honneur de Dieu*. Des répliques comme des flèches, pas de fioritures, il faut tirer droit, laisser l'humour, la cruauté, le désespoir et le rire sur l'empennage et viser juste au cœur du spectateur.

A présent que le roi Henri vient habiter chez moi, je ne pense même plus à vous, je me noie dans un siècle inconnu, je vais aimer un homme, ce Thomas, ce Becket, ce traître à qui j'ai tout donné. Un homme en robe de bure, aujourd'hui canonisé et avec lequel j'ai baisé toutes les femmes de mon royaume, un homme qui comprenait si bien les caprices d'un roi qui jouait à être roi, un roi sans enfance, sans amour.

LE ROI
Tu m'aimes, Becket ?

BECKET
Je suis votre serviteur, mon prince.

LE ROI
Tu m'as aimé quand je t'ai fait chancelier ? Je me demande parfois si tu es capable d'amour.

Je suis un roi désespéré, férocement jaloux de Dieu. Je n'ai aucun moyen de tuer Dieu, je tuerai son amant.

Je passe voir Michèle au montage, le matin, parfois entre les répétitions. Elle remplace Annick. Nous finirons le film pendant les représentations, j'aurai plus de temps, Henri me lâchera un peu dans la journée et je n'aspire à être roi que le soir. Il vous faudra accepter d'être une reine quelque peu délaissée, ma mie. J'espère ne pas trop vous faire souffrir. C'est difficile de vivre avec un roi, un acteur cinéaste qui ne sait plus qui il est. Pas tout à fait un autre, et pas tout à fait lui-même. Je ne suis pas certain que vous vous y retrouviez mieux que moi. Tu me manques mon amour et je ne sais pas le dire. Je sais que tu m'attendras un soir et qu'après les larmes versées sur la mort de Thomas Becket, je saurai rire. Tu m'apprends à être avec toi. Où êtes-vous, madame sans adresse ?

Longues répétitions dans le doute, le plaisir parfois et la souffrance souvent. C'est ainsi, on n'y échappe pas avec des personnages comme cela. Ils ne vous laissent aucun repos, ils vous demandent de fouiller loin la désespérance et l'amour. On n'en sort jamais indemne. L'acteur se retrouve démuni, vidé, et il ne sait plus dire je t'aime. Je ne vous l'ai jamais dit d'ailleurs, seulement écrit.

Viendrez-vous me voir ? Laissez passer quelques représentations, soyez charitable. Je sais que vous n'hésiterez pas à me dire vos sentiments. Je sais, je le redoute et l'attends. J'en ai besoin. Je m'entends merveilleusement avec le metteur en scène, les décors sont beaux, les acteurs formidables. Les petits rôles bougent eux-mêmes les arbres et les colonnes, montent et descendent les panneaux, chacun à sa place. Il y a un esprit que j'avais un peu oublié, celui d'une vraie troupe, une vie en commun, un voyage ensemble où chacun est indispensable. Avant d'aborder Paris, nous partons pour une tournée. Rien de plus efficace pour les acteurs que de se retrouver chaque soir dans des villes différentes, des théâtres inconnus avec d'autres dimensions et des acoustiques diverses.

Extinction de la salle, murmures, silence. Sur la scène, un décor vague avec des piliers. Le tombeau de Becket est au centre, proposé par un cercle de lumière. Le roi entre par le fond, nu sous un vaste manteau. Il a sa couronne sur la tête. Il hésite un peu devant la tombe puis, soudain, enlève son manteau et tombe à genoux. Il prie, seul, au milieu de la scène.

LE ROI

Alors, Thomas Becket, tu es content ? Je suis nu sur ta tombe et tes moines vont venir me battre. Quelle fin pour notre histoire ! Toi tu pourris dans ce tombeau, lardé des coups de dagues de mes barons et moi, tout nu, comme un imbécile dans les courants d'air, j'attends que ces brutes viennent me taper dessus. Tu ne crois pas qu'on aurait mieux fait de s'entendre ?

[Soudain, la voix sombre de Becket résonne, douce et aimante :]

BECKET

On ne pouvait pas s'entendre.

Il y a le trou noir de la salle, l'invisible spectateur, et sur la scène la cathédrale du drame, le cercle de lumière et cette voix. Derrière les piliers, dans l'ombre, on devine des présences inquiétantes… Je grelotte, je m'accroche à un éclat de bois sur le sol, une petite marque rouge, je m'hypnotise. Je respire lentement. N'aie pas peur, Henri, c'est du théâtre, c'est l'enfant qui a peur en toi. Voilà, nous y sommes, il me faut tout ce début pour être au plus juste, à ma place. Maintenant il ne reste qu'à être généreux, jouer, jubiler, que ce soit dans la joie ou la souffrance.

Ils sont venus pour ça, Henri, aide-moi.

BECKET

Prie, Henri, au lieu de bavarder.

LE ROI

Tu penses comme j'ai envie de prier…
Il a toujours fait froid dans notre histoire.

Je coproduis la pièce, ce que ne devrait jamais faire un acteur qui joue. Je me sens responsable chaque jour du confort de chacun, de la technique des salles, de l'accueil. Je prends tout en main, trop, je veux tout gérer et jouer. Je ne devrais que jouer. C'est ma folie que celle de me noyer dans l'activité, la frénésie de perfection bien évidemment impossible à atteindre. C'est ma folie de croire que cet impossible est accessible et de vouloir calquer la réalité sur cet idéal qui m'obsède. J'ai une énergie farouche, une vitalité débordante jusqu'à être assommant. Le corps suit avec des fatigues soudaines bien compréhensibles. Je me régale tout de même avec ce roi effrayé qui voudrait faire rire avec ses blagues grossières, sa cruauté imbécile, et qui sait attirer soudain la compassion pour cet amour démesuré envers Becket. Et lui, le prêtre traître, tout à sa tâche rédemptrice, tourne peu à peu le miroir vers Henri qui écrit sa propre chute.

LE ROI

Becket m'attaque et il m'a trahi. Je suis obligé de me battre contre lui et de le briser mais du moins m'a-t-il donné, à pleines mains, tout ce qu'il y a d'un peu bon en moi...

L'écoute de la salle a ceci de précieux qu'elle sait vous dire que tout est inutile hors de vivre le texte, d'être sincèrement là. Je n'ai pas encore trouvé l'évidence du jeu, il faut du temps, et c'est ainsi que le long chemin tortueux, chaotique des joies et des souffrances mène à la simplicité. Il m'arrive souvent après le rideau de rester un instant sur la scène vidé, ordinaire, sans consistance, frappé soudain par le retour du quotidien, un mal étrange, un retrait, comme si je pressentais quelque chose qui m'échappe, une révélation qui tarde à venir.

Il reste qu'on y retourne, pour cette découverte, ce moment suspendu, pour ce parfum indéfinissable des loges, ce mélange des poudres et des crèmes, des laques, cette odeur des cintres, de vieille poussière, l'émotion qui vous frappe au ventre avant d'entrer en scène. Même les lumières ont un parfum. On y retourne pour renifler le velours noir, le rouge des strapontins. On y retourne pour regarder dans le miroir l'autre qui s'installe en vous.

Il y en a qui n'habiteront jamais leur loge, quand ils arrivent elle est nue et restera nue jusqu'à leur départ, c'est une antichambre qu'ils ne fréquentent pas, ou peu, juste le temps d'emprunter une autre identité. La représentation terminée, ils s'enfuient. D'autres l'investissent, en font un sanctuaire, en deviennent propriétaires. J'ai toujours une pensée pour l'acteur ou l'actrice qui m'a précédé, pour cette fébrilité à l'écoute des murmures de la salle dans le haut-parleur, ce trac à l'annonce de la demi-heure, du quart d'heure, des cinq minutes et de l'ultime "en scène".

Avant de rejoindre le plateau, vous laissez dans votre manteau une part de vous qui attend patiemment le rideau de fin et les applaudissements pour reprendre ce qui lui appartient. Il vous entend le bougre, dans la peau de l'autre, et il se réjouit de ne pas y être. La peau de l'autre c'est d'abord le costume que vous voyez en entrant, qui est pendu dans votre loge et qui vous attend. Elle est inutile sans l'acteur. Elle semble vous dire : c'est quand tu veux, moi je suis prêt. Maquillage indispensable, même s'il semble parfois inutile, c'est une manière de peindre le personnage, de mettre le masque, et une fois le costume sur le dos, vous êtes l'autre. Oui, l'habit fait le moine au théâtre, il faut s'en persuader. Ce personnage que l'on cherche en soi, cet autre, en soi, il y est et parfois peu de choses l'occultent. Il suffit d'une paire de bottes et vous n'êtes pas le même que si vous enfiliez des charentaises. Vous attaquez le sol du talon, vous ne traînez pas les pieds. Un smoking strict, des cheveux courts et vous avez une autre allure que ce type en jogging et baskets. Une moustache, une cicatrice vous transforment. Tous ces petits miracles vous aident. A la première répétition en costume, tout s'éclaire, et le lendemain, si vous la faites sans lui, il vous manque. J'aime me déguiser. Le déguisement me guide. Un lourd manteau, une couronne et je suis roi. Il m'importe à moi de me faire une autre tête, une silhouette, de me dessiner un visage, d'y poser l'empreinte d'un caractère et enfin de boire à la santé de celui que j'investis avec un rouge à fort tanin, qui vous chauffe la gorge, la dilate pour laisser la voix faire son boulot.

Il m'arrive parfois de laisser une lettre ouverte avec une pierre bleue posée dessus pour chasser le mauvais œil. J'ai eu longtemps un mala tibétain et la plume d'un chef yanomami. Mais bien évidemment, le plus important, madame, est votre portrait. Il n'est jamais le même, parfaitement invisible pour l'indiscret. Si vous n'étiez pas là, avec qui partager cette solitude.

Paris, nous voilà! Est-ce se vanter que de dire son bonheur devant une salle pleine, de savoir qu'il en sera ainsi jusqu'à Noël. C'est bon une salle comble, quelle chaleur! Mais n'ayez crainte je suis vigilant, il faut l'être. Le succès fragilise et l'échec endurcit. J'en ai eu quelques-uns, savez-vous, bien heureusement. Je n'ai aucun mauvais souvenir des échecs, ils me furent salutaires, chargés de points d'interrogation. Rien n'est acquis. La souffrance d'un échec n'est qu'une blessure à l'amour-propre.

J'ai de très grandes douleurs dans le dos qui m'handicapent beaucoup pour jouer. Personne ne sait vraiment ce qui se passe alors je me fais des piqûres dans la cuisse avant l'ouverture du rideau.

Henri ne me laisse aucun répit et il me faut aller jusqu'au bout chaque soir. Mais chacun sait que l'étrange au théâtre est qu'on peut jouer en oubliant son mal. C'est une forme de fantastique hypnose, un détournement de la conscience au profit du jeu et des spectateurs. Je m'appuie alors sur l'articulation des mots, des consonnes, l'articulation intérieure, celle du sens. L'acteur est un manipulateur et un provocateur. Sur scène il est un flibustier, sans dieu ni maître, il se doit d'être l'un et l'autre. Jouer c'est agir.

LE ROI
Becket, un misérable qui a mangé mon pain! Un homme que j'ai tiré du néant de sa race! Que j'ai aimé! [Il crie, comme un fou.] *Je l'ai aimé! Oui, je l'ai aimé! Et je crois bien que je l'aime encore. Assez, mon Dieu! Assez! Arrêtez, mon Dieu, j'en ai assez!* [Il se jette par terre, misérable, ridicule.]

Ce n'est donc pas pendant la représentation qu'il est difficile de supporter la douleur, mais les heures en dehors de la scène et surtout celles qui suivent la fermeture du rideau.

Échographie, analyses, on me somme d'arrêter. Refus, grosse masse sombre sur le rein gauche, je finis par rester à l'hôpital le jour pour jouer le soir avec une perfusion dans le bras. Noël approche et pour des examens urgents on me contraint d'en finir avec Henri. J'arrête donc la pièce le soir du 31 décembre, salle comble. Pour tordre le cou à tout ça, je commande un plat de rognons et je file fêter la nouvelle année dans mon lit d'hôpital. Je ne suis pas certain d'avoir fait rire les infirmières.

Le fard s'est épaissi sur ma joue et moi-même
A peine je connais mon visage...

J'étais heureux de jouer, de recréer la vie, mais je n'ai jamais été déchiré d'arrêter un rôle, soulagé, peut-être. C'est ainsi que je l'accepte avec calme, sans regret, sans amertume, comme la dernière image d'un film.

Cela fait maintenant plusieurs jours qu'ils cherchent, qu'ils tournent en rond et que je leur dis ce que j'ai. Mais non. Mais si. Pourquoi le sais-je ? Ce matin ils sont venus s'asseoir au pied de mon lit pour me dire que j'avais un cancer du rein gauche et qu'il fallait opérer rapidement. Un acteur sait qu'il est mortel, disait Bouquet. Je crois bien. Il meurt à chaque rideau. Il en a tant joué des morts qu'il ne peut plus douter. Les hommes ont si peur d'abandonner leur vie au destin qu'ils veulent, au prix même de la mort, être maîtres de tout. J'ai laissé le manteau de Becket, je suis vraiment nu.

Je vous épargne la suite, douce madame T., pour revenir à des choses plus réjouissantes. Me voilà avec un rein en moins, un rein ce n'est rien, l'autre suffit amplement. Oubliez tout cela, mon petit vieux, c'est déjà du passé. Je sais bien, moi, que rien ne sera plus tout à fait pareil et que mon regard se modifie déjà. C'est une sentence, un message que je tente de comprendre. Mais la vie, elle, me réclame autre chose, alors très vite je reprends les tournages et ces petits voyages que j'aime tant. Comment suis-je fait pour qu'il n'apparaisse plus rien de cette profonde blessure ? Je fais semblant comme toujours, mais je n'oublie pas ce qui est en moins dans mon corps et qui devrait être le plus de ma vie. Les petites disciplines que j'entreprends régulièrement le matin au réveil, parfois dans la journée, même dix minutes, pour prendre ce temps qui est le mien, ma sagesse alimentaire, l'exploration de chemins divers avec beaucoup de voies sans issue restent parties secrètes. Je devine sourdement que tout cela est très insuffisant, que les pauses fragmentées sont un leurre, que le message envoyé est une réelle sommation, mais la fuite est éperdue. Comment apprendre pour parvenir à soi-même, faire le tri, nettoyer les broussailles, retrouver un chemin dégagé ?

La frénésie du changement serait aussi néfaste que la surdité et la cécité qui nous occultent ce que nous sommes.

Nous parlerons de tout ça quand nous nous verrons et que nous prendrons le temps de partager le reste de notre vie, je veux dire le reste de ma vie et un bout de la vôtre. La spirale reprend, c'est une force irrésistible à laquelle je m'abandonne et je me jette à corps perdu, si je puis dire, dans le voyage extérieur. Comme tout semble aller très bien, quatre mois après, je me retrouve à Marseille pour tourner dans *Les Marins perdus*. Je ne me rends pas compte évidemment de la symbolique du titre et malgré la délicieuse présence de Marie Trintignant, je retrouve mes impatiences et mes colères. J'aime le cinéma, avec si peu de satisfaction sur l'instant, et ce trouble sentiment de ratage après chaque expérience. Le perfectionnisme tue. J'ai chaque fois l'impression d'être passé à côté du merveilleux, de l'indicible, et pourtant je m'emplis comme un ballon, d'énergie, de force créatrice. Je voudrais éclater, libérer tout ce qui m'oppresse jusqu'à la douleur.

L'homme que je suis devrait sans doute explorer d'autres îles que celles du jeu et surtout revisiter cet étrange continent du Je.

Vous parlerai-je, mon absente, de cette reprise délicieuse de Becket, de ce tournage avec Raoul Ruiz. Cet homme est un fou magistral, je veux dire qu'il est un homme à part, surprenant, cultivé, chassant la banalité et le convenu, le quotidien et l'anecdote pour vous dire par cœur, dans le texte, *Don Quichotte* ou quelques vers de Shakespeare. Il est en perpétuelle créativité, une sorte de chercheur en cinématographie. Il est intelligent et me fait croire que je le suis, j'adore ça. Il invente perpétuellement, moi aussi. Il a probablement deviné le psychopathe que je suis et je comprends pour quelles raisons il m'a donné dans *Ce jour-là* un personnage aussi décalé de la réalité, aussi dérangé, fou, un schizophrène, un visionnaire, un tueur à enfermer. Je me régale. Je me demande si Elsa Zylberstein n'est pas aussi givrée que moi. Notre compagnonnage est idéal et notre plaisir à la hauteur des facéties de Raoul.

J'enchaîne pour jouer au Théâtre Édouard VII avec Charlotte Rampling une pièce d'Éric-Emmanuel Schmitt, mise en scène par Bernard Murat. J'ai du bonheur à travailler près de Charlotte, même si je pense que la pièce n'est pas totalement réussie. La vie est surprenante, après avoir vu *Portier de nuit*, j'avais toujours rêvé qu'un jour je serais près d'elle au cinéma. C'est au théâtre que cela se produit. Elle qui n'a pas connu les planches depuis sa jeunesse est un peu effrayée à l'idée de remonter sur scène. Mais il y a beaucoup d'amour et d'affection dans le trio que nous formons avec Bernard. Charlotte et ses deux Bernard. J'ai beaucoup de chance d'être auprès d'elle. J'ai toujours été bercé par la chance et frappé par la violence des épreuves imposées comme si je me punissais d'aimer la vie, comme si cette chance n'était pas méritée. Le chemin est ainsi.

Madame, il faut vous dire que je n'ai pas été content de moi encore une fois. Je ne suis jamais content, me direz-vous, c'est vrai, mais dans la dernière scène, j'ai employé le subterfuge de l'émotion, de l'acteur bouleversé et non du personnage qui n'avait pas besoin de tout ça. Pourtant le public sait nous renvoyer le piège dans lequel nous tombons parfois, par excès ou par trop de confiance en nous. Il devine quand nous sommes justes et sincères ou que nous cherchons à séduire au-delà du texte. Je ne l'ai pas entendu. Ce n'est pas la première fois que je cherche à émouvoir par un visage détruit et des larmes en attente. Je sais bien que je palliais un manque, une impuissance à affirmer cette scène ultime, à lui donner un sens que je croyais par magie faire passer dans l'émotion. Peut-être le public a-t-il été dupe, pas moi. Bon, copie à revoir, il y a du boulot sur les planches.

Nous jouons cent fois et le fleuve tumultueux sur lequel je n'ai jamais cessé d'être m'embarque, sans escale, vers le cinéma, la télévision, quelques voyages éclairs, l'écriture, un scénario, des projets, que sais-je encore. En votre absence, je me noie ou plutôt je me cache parfois dans de mornes soirées à refaire l'inutile, à chercher un regard pour finir la nuit, à ne pas vous trouver, à regretter d'être venu, de ne pas être ailleurs, tout simplement ailleurs. Je sais trop que vous êtes rare, c'est un euphémisme me direz-vous, mais je saurai vous reconnaître. Je n'ai pas grandi ou j'ai grandi trop vite à écumer le monde. Mais où devrais-je être ? Je me fourvoie et pourtant j'y vais, pour paraître, briller peut-être. En suis-je encore là ? C'est si terne parfois mais je me dis qu'il pourrait arriver qu'une perle se soit égarée pour que l'espoir renaisse, vous peut-être cher amour.

Je vous aime pour ce regard attentif, cette main sur la mienne, cette présence discrète, cet amour non dit, cette compréhension chaleureuse tout en vous démenant dans l'invisible pour me sortir de cette impasse. Merci doux fantôme de mes nuits et de mes jours, femme au chevet de mes incertitudes. Je vous aime, sans doute, mais comment le savoir. Amour, reflet de mon impuissance, de mon ignorance, qu'est-ce que je sais de toi ? Que sais-je de cet inaccessible ? J'ai confiance, vous êtes quelque part et j'aime déjà ce qui sommeille en vous car je crois beaucoup plus en ce qui nous échappe qu'en ce que nous croyons saisir.

Quelqu'un parfois me demande comment je vais – Je vais très bien – C'est formidable ! Oui, et je reviens sur ce rein manquant, ce message pour l'heure indéchiffrable. Pour cela il faudrait descendre du manège. Mais il tourne.

Didier Long me propose de jouer *Richard III*. Nous parlons du décor, d'un bateau à l'envers, une structure de bois, de pont-levis, d'acier, de chaînes, une charpente de cathédrale renversée. Costumes, perruques, maquillages, tout est si réjouissant. Soudain j'oublie tout, le coup dans les reins, les blessures, les cicatrices, les premières peurs. Je suis encore capable de créer un personnage comme celui-là, avec sa folie, sa cruauté, sa démence et sa mort annoncée. Shakespeare sait parfaitement que tous ces grands rôles sont enfouis en chacun de nous. Comment pourrait-on jouer ces caractères sans en avoir une part en empreinte ? Mais il faut fouiller et beaucoup de temps pour les retrouver, pour travailler le sens, le fond avant la forme, tant d'heures de répétition, de questions, de choix. Quelle étrange similitude avec Henri hors le fait que Richard est au-delà de toute humanité, puisque imperméable à l'amour.

Il me faudra tout ce temps, presque deux années pour comprendre, deviner, mâcher le texte, les mots, apprendre tout simplement vers après vers ce grand rôle du répertoire.

Malgré la tâche annoncée, la difficulté, le doute, avoir cet espace est un confort sans précédent pour moi. Je vais pouvoir dire, susurrer, cracher la haine et la rouerie dans toutes les situations qui vont se présenter, exprimer la cruauté, la rage, la jalousie, l'abus de pouvoir, la traîtrise, le mensonge et la lâcheté avec l'humeur générée par l'instant.

RICHARD

Je taillerai ma route à coups de hache
Tant qu'au plus haut sommet de ma difformité
Ne soit déposée la couronne étincelante.

Il y aura cette intelligence éclatée, sans amour, sans conscience, dont seront témoins les arbres de la forêt, les sentiers de montagne, les bords de mer, les chambres d'hôtel. Je laisserai reposer les vers dans une mémoire que j'espère encore fidèle pour les murmurer plus tard au fond d'une église, dans les ruines d'une abbaye moyenâgeuse ou dans la salle d'attente de l'hôpital avant le scanner.

Apprenez-moi à vivre comme on n'apprend pas à être un enfant. Apprenez-moi la mort comme l'autre vie, le chant du silence.

Brille, beau soleil, le temps d'acheter un miroir,
Que je puisse en chemin danser avec mon ombre.

Madame, je suis un imposteur, savez-vous. Pour être un acteur, posséder son art, il faudrait avoir joué tous les auteurs, de Sophocle à Ionesco, connaître chaque style, chaque mouvement de l'histoire, parfaire la connaissance des hommes et de nos extrêmes en nous. Signifiez-moi que je dis des bêtises.

Vous ai-je annoncé que je venais d'être nommé écrivain de marine? C'est une étrange promotion pour un ex-quartier-maître mécanicien, je deviens capitaine de frégate. Assimilé, s'entend. J'ai la possibilité de naviguer, selon disponibilité, sur un navire de la marine nationale. J'ai une petite fierté que vous comprendrez même si elle peut paraître enfantine. Cela correspond bien à votre idée de l'homme qui n'a pas grandi. Je vais donc embarquer sur un navire avec lequel j'ai déjà fait deux fois le tour du monde. Il y a une place à bord pour moi entre Tunis et Djibouti. Ne sachant où passer Noël et le nouvel an, il me semble original que cela soit en mer. Je ne suis pas fâché de quitter Paris. Ce mois d'hiver a laissé de longues cicatrices. Je vous soupçonne d'être quelque part au soleil avec des amis pour ces fêtes traditionnellement froides. Je ne veux pas savoir qui est avec vous et le nom de cet imbécile qui vous accompagne. Je visualise fortement un Oriental richissime, beau parleur mais ennuyeux. Je jubile devant votre lassitude et je me réjouis de votre regard perdu, quelque peu nostalgique, sur notre rendez-vous manqué. Je ne vous vois pas à la neige les pieds dans des raquettes ou sur des spatules instables.

Je viens de récupérer mon ordre de mission, mon uniforme, et je fourre dans mes bagages ce diable de Richard III. Je ne pars pas très longtemps, chère amie, douze jours avec des prolongations sur Djibouti qui est un peu le but de ce voyage. Je vous écrirai bien évidemment.

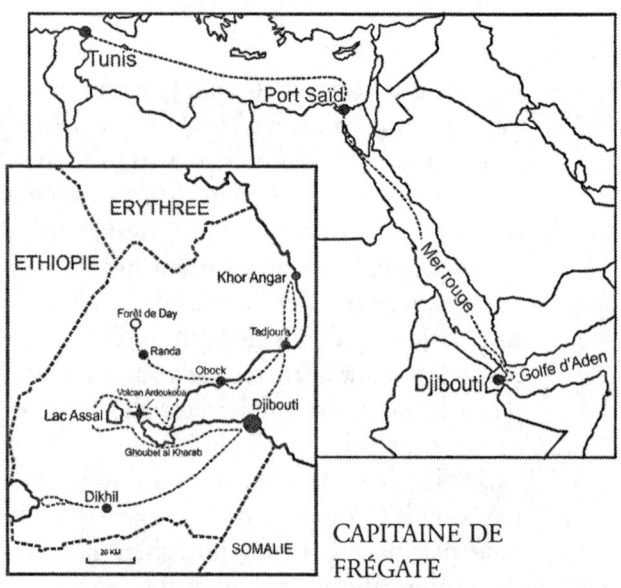

CAPITAINE DE
FRÉGATE

Paris-Tunis dans les nuages avec des rêves en flash-back. Après la douane un élève-officier accueille l'ancien quartier-maître mécanicien que j'étais. Un matelot breveté m'ouvre la portière et c'est parti jusqu'au port de la Goulette. Il fait un temps d'Atlantique Nord. Je ne verrai pas Tunis. On sème quelques phrases pour la courtoisie et le silence raconte l'essentiel. Étrange impression. Ce n'est pas de la nostalgie imbécile, mais une appréhension délicieuse à aborder tout à l'heure la coupée solitaire, le temps aura peut-être assassiné les souvenirs jusqu'à regretter cette bouffée marine. Des lumières anémiques s'étiolent dans la nuit. J'aperçois la silhouette de la *Jeanne*, là-bas, appuyée contre un quai, silhouette reconnue après quarante années loin du poste 8 et de la machine arrière, loin des odeurs de fuel et de peinture fraîche. Drôle d'histoire, deux campagnes, 1964-1965, 1965-1966, deux tours du monde avec la jeune femme qu'elle était. Je suis parti par ambition avec un sac plein de rêves et des voyages mal digérés, des images tendres, puissantes, des heures violentes, âpres, qui ont agressé ma jeunesse et marqué ma vie d'homme. Ce fut une adolescence inachevée. Ma valise s'est alourdie depuis. Qu'est-ce que je viens faire là ? Te voilà avec ta gueule unique. Salut, je reviens, j'ai vieilli, toi aussi. J'ai écrit un peu de notre histoire à tous les deux du côté de Veracruz, San Francisco, Diego Suarez. J'ai morflé parfois. Deux tours de la terre par la mer. Après il y a eu tant de lettres de mer, tant d'heures de quart en civil à rêver de la houle sous le ciel incendié. Je reviens. Tu es mon passé, ma jeunesse turbulente. Qu'est-ce que je viens chercher sous tes robes, quels fragments brumeux pourraient aujourd'hui nourrir l'autre versant de ma vie ? Je viens juste faire un bout de route avec toi, comme deux vieux amants qui se tiennent le bras en silence. C'est ça, nous allons glisser sur quelques vagues ensemble. Noces d'or en mer Rouge. Je regarde cette longue coupée dans la nuit sur le pavé désert. Pas facile de venir jusqu'à toi, on ne t'enjambe pas comme ça. Le lieutenant tient à porter ma valise qui pèse un âne mort, non pas mort, il y a des livres, un uniforme, ma caméra et surtout les cinq actes de *Richard III*. Ça va vivre. Bonsoir, ma vieille. L'officier de quart me salue. Tu n'imaginais pas que ton ex plus jeune quartier-maître soit salué par trois galons or. Tu sais recevoir, tu as toujours su. En escale on se battait pour venir chez toi. Tu étais le salon envié, celui où il fallait être. On te courtisait pour cela. Un salon d'envol où les femmes rêvaient aux bras des officiers.

Cette fois je ne descends pas au poste 8. On m'accompagne là-haut, près du Pacha, je veux dire le commandant. Quel privilège. Écrivain de marine, officier supérieur, pas si mal, madame. Capitaine de frégate littéraire, mais tout de même. Le jeune lieutenant est épuisé, il hisse mon bagage en se demandant si, dedans, je n'ai pas foutu une ancre avec chaîne et guindeau. C'est Shakespeare, lieutenant, du vers élisabéthain, des vers de sang et de gloire, des vers puissants où chaque mot pèse dans l'histoire, celle du théâtre et celle des hommes. Mille cinq cents vers, forcément c'est lourd. Le Pacha dîne en ville, il me prie de bien vouloir lui pardonner de n'être pas là pour m'accueillir. Vous l'êtes commandant. On m'ouvre la chambre de veille amiral ; un bureau, un lit confortable. Je comprends que l'on veuille prendre du galon. La passerelle est au-dessus, mystérieuse. Mon rêve de mécano. A l'époque je n'étais pas autorisé à y venir. C'est pourtant là que j'aurais voulu être, à la navigation, à l'écoute des ordres, du cap, des échos, reconnaître les mouvements de la barre et voir celui dont je n'entendais que la voix, en bas, au PC de la machine arrière. Je plongeais au fond du trou, dans ton ventre, et je n'avais de cesse que de remonter vers la lumière. Je venais griller la clope sur les passavants avec un regard d'envie vers l'invisible interdit, j'aurais pris tous les quarts de nuit de zéro à quatre heures, sans clope, pour voir la mer de là-haut, être dans ton regard. Maintenant ils vont m'y voir à la passerelle.

Madame, je ne suis pas certain que ce voyage vous enthousiasme, c'est un voyage d'homme, une assemblée virile, une rétrospective. Laissez-moi jouer encore un peu et aller dans le sanctuaire. Pont supérieur, trois petites marches et j'ouvre doucement la porte. Personne. J'explore le Saint des Saints, siège du commandant, compas, anémomètre, radars, table à cartes, jumelles, je me recueille en silence. Je suis dans tes yeux, Jeanne. Après l'action de grâces, je redescends pour flairer quelques coursives, me noyer dans tes dessous. Il est tard. Je tombe dans le lit de l'amiral avec un plaisir de sale gosse. Noir !

Branle-bas à sept heures quinze. Je m'habille comme un acteur, ou un enfant immature, à voir. J'ai mis mon uniforme avec épaulettes et insigne des écrivains de marine, une plume posée sur une ancre, très élégant. C'est petit, une chambre de veille amiral, mais j'y suis seul. Il y a quarante ans, dans le poste 8, on était soixante. Après le clairon, ça gueulait debout là-dedans, ça puait la sueur de nuit et le linge pas frais. Matins glauques avec la nudité des corps sous les couvertures, les bruits suspects, les plaisanteries grasses en ouvrant les caissons. Il y avait là les photos de la mère, de la femme, de la fiancée qui posait en maillot de bain sur la plage. Certains se levaient en faisant déjà la gueule, d'autres avec le slip au garde-à-vous ou la tige en berne. Tout dépendait des rêves ou de l'envie de pisser. On s'habitue à tout, même au luxe, alors au lieu de me traîner à la cantine-équipage je vais aller petit-déjeuner chez le commandant. Présentations. C'est un homme affable, mince, presque frêle, mais énergique. Le plaisir de la conversation est vite écourté par les nécessités de l'appareillage, on le demande à la passerelle. Exit le Pacha. Je reste un peu, histoire de savourer ce moment, de réaliser où je suis et de prolonger ma tasse de thé, à l'écoute du navire sans qu'aucun ordre ne m'oblige à lever le cul de ce siège. Délectation. Je vais pouvoir errer à ma guise sur l'acier gris. Je n'ai pas de programme si ce n'est l'exploration du territoire matriciel dans lequel j'ai vécu quand j'avais dix-sept ans. Je vais filmer les visages, bien entendu.

Les machines sont en chauffe depuis quatre heures. Tu as le feu au ventre, ma Jeanne, c'est chaud, ça ronronne. Tu frémis à l'annonce du large. Dans les coursives je fouille la mémoire, je lis les empreintes, je renifle comme un chien à reconnaître les odeurs. Je te caresse de la paume, tu roucoules. Pour moi, c'est *back to the sixties*. L'indéfinissable est toujours le même, parfum unique attaché au navire, odeur reconnue qui bouleverse le mataf, qui donnerait la nausée à n'importe quel bleu. Il sécurise et enveloppe. On le retrouve après les fugues, les escales mouvementées, les coups de blues quand on traîne dans des rues étrangères au bras d'une fille et que le cœur est là-bas de l'autre côté du monde. On boit quelques canettes de trop avant de retourner au rafiot comme à la maison pour reprendre ses repères et se remettre au narguilé du bord. C'est une odeur qui saute sur les gueules de bois et qui retourne l'estomac comme un mal de terre. Elle vous surprend les yeux encore clos au sortir des rêves et se mélange au pâté en conserve et à la mortadelle du casse-croûte. Pourquoi tu pleures ?

L'appareillage est proche, je ne peux pas manquer ça, c'est la première fois que je vais vivre cette manœuvre de là-haut. Il y a des siècles, j'étais de quart au trou, aveugle sans savoir si on avait décollé du quai ou non. Au mieux, j'étais de service, au garde-à-vous sur les passavants.

Comment est-ce que je retrouve la passerelle ? Rue de la Paix, trois ponts, place Royale, coursive commandant, un pont, ma chambre de veille amiral, chambre des cartes, encore un pont, trois marches et c'est le paradis.

Sauvé. Beaucoup de monde. Bonjours en chapelet. Effervescence du départ. Sur le quai, les lamaneurs s'affairent. On gueule les ordres de la plage avant. Vous vous y perdez, mon amour, avec tous ces noms barbares. Je vous donnerai un petit dictionnaire pratique du vocabulaire marin. Lamaniers : hommes qui capellent et décapellent les aussières, je veux dire qui attachent ou détachent les cordages, quelle horreur, pardonnez-moi saint patron des boscos d'employer ce vocabulaire d'ignorants. Plage avant et plage arrière sont des parties de pont dégagées à l'avant jusqu'à la proue et à l'arrière jusqu'à la poupe, sur lesquelles s'effectuent les manœuvres d'appareillage et d'accostage. Voilà qui est dit, retenez bien cela, nous n'y reviendrons pas.

C'est largué. Les remorqueurs éloignent notre berceau du quai, la Goulette reste derrière nous. Les officiers élèves sont alignés sur le pont d'envol pour saluer un quai vide. J'ai connu des quais déserts, mais il y avait toujours une fille près d'un container, un reflet dans les flaques noires. A Tunis, on a laissé les femmes à leurs secrets derrière les voiles, ou dans les ruelles admises. Les adieux ont dû se faire en chambre close ou sur le siège arrière d'un vieux taxi Mercedes.

1965 : huit heures du matin. J'ai réussi à me faire remplacer à la machine pour être face aux docks et tenter de voir la jeune fille que j'ai connue pendant l'escale. Au bas de la coupée il y a des officiels, un attaché militaire, un consul et une classe complète d'élèves qui chahutent une de leurs camarades qui est ma conquête. J'ai dix-sept ans, elle seize. Elle cherche avec discrétion le marin français qui avait promis d'être en grande tenue pour lui dire adieu. En revanche, il n'était pas prévu qu'elle vienne avec son école. Je ne tente aucun signe, bien évidemment, par peur du regard des autres. Elle finit par m'apercevoir et lève timidement la main en souriant. Je suis heureux et à la fois pétrifié à l'idée d'être la cible d'un équipage. Je tente désespérément de n'être pas là, mais toute la classe se tourne dans la direction de son regard et crie : *Which one ? Which one ?* Elle compte alors les uniformes à ma droite et une chose effroyable se passe. Toutes les filles, auxquelles s'ajoutent les marins, reprennent dans un ensemble parfait, les chiffres qui me précèdent : *six, seven, eight, nine and so*, interminablement jusqu'à moi. Ne retenez que minablement. J'essaie bien de me faire tout petit, d'être le plus discret possible, d'invoquer le saint des mécanos pour retourner à la machine, mais trois cents bonhommes au garde-à-vous me regardent. Toute l'école hurle, trépigne et saute sur place. Je finis par faire un signe, rouge de honte, et j'attends les rires. Étrangement il y en a peu. Lola me sourit, la classe entière me sourit, toute l'Australie me sourit. Je suis gêné mais fier. Ce furent les adieux les plus gais de la marine française. C'était dans l'hémisphère sud, un port australien.

Cette fois, personne pour me dire au revoir, vous n'êtes pas là mon amour.

Le chenal, bouée rouge, bouée verte, jusqu'à l'horizon libre. Mer belle, 12 nœuds. Je redescends place Royale, trois ponts, place de la Liberté, puis coursive Juliette 0120. Flash, je reconnais la sortie sur les passavants bâbords, la descente du poste 8. Je plonge dans le passé. Rien n'a changé, TV en plus. Salut, je suis venu rassembler quelques souvenirs et je remonte. C'est un trou, une tanière, une intimité qui n'est plus la mienne et que je viole. Drôle de pèlerinage. Je dormais là, à droite dans la première travée, sur la bannette supérieure. J'ai du mal à y croire.

A quatorze heures je retrouve le chef mécanicien pour une immersion machine. L'amoureux me parle de ses amours. Recueillement près du turboalternateur, mon dernier poste. Des heures à mélanger la sueur avec les flaques de graisse, à regarder les lampes se refléter dans l'eau stagnante balancée par la houle, à surveiller les brûleurs. Il y avait des dessins jaune et bleu sous les godillots. Rien n'a changé, la machine baigne toujours dans un bouillon d'eau salée et d'huile sombre. C'est bon, je ne vais pas moisir dans le passé. Un peu ivre je remonte au-dessus du niveau de la mer et je file sur la passerelle de veille amiral toujours déserte puisqu'il n'y en a pas à bord. Maintenant, c'est moi l'amiral. Je regarde la ligne de partage entre le ciel et l'eau, une ligne qui n'appartient qu'au regard. La houle est en berceuse avec des broderies blanches sur les vagues.

A la fin du jour il y a un ciel de carbone et des lueurs soufflées sous les pales des gazelles. Le bleu nuit du pont d'envol s'efface dans la mer. Appontage à l'aveugle. Lucioles au bout des bras. Les chiens jaunes sont aux aguets.

Passerelle nuit. Le film continue avec des murmures, des échos, 12 nœuds affichés, cap 110.

Sommeil. Je lis quelques pages avant de sombrer dans l'invisible. Mais tout résonne à bord d'un navire de guerre, les coups, les chaînes, les toux, les frottements. Il faut s'habituer au quotidien des autres. Quelqu'un vient de me marcher sur la gueule. Tu es chez l'amiral, ne te plains pas. Il ne devait pas beaucoup dormir, le vieux. Bang, bang, ils sautent de la passerelle dans la chambre à cartes direct et à pieds joints, ce doit être un jeu.

Clairon du matin, chagrin du marin. Douche brûlante. Bonjour, Jeanne. Je vais rendre visite à l'équipage. A part le quartier-maître major et son assistant qui m'ont invité, tout le monde se fout de l'écrivain de marine. Certains sortent du quart, ils sont crevés, j'étais de ceux-là, un jeune homme qui voulait conquérir les territoires de la connaissance comme une reconnaissance de soi. Ce furent des années bousculées par la découverte d'autres terres, une jeunesse frappée sur l'enclume avec un mélange de fascination pour la beauté du monde et la violence des hommes, un apprentissage pendant lequel l'amour avait les ailes coupées. Il fallait une féroce envie d'aimer la vie pour ne pas être définitivement blessé.

Ils se demandent qui je suis mais ils s'en battent les c... Je n'ai plus rien à trouver ici, rien, qu'un môme qui se demandait déjà pourquoi il était là. Il voulait voir le monde. Qu'est-ce que c'est que cette fouille un peu trouble. Je finis ma tartine et je m'esquive.

Un homme commet parfois, sans finesse, des erreurs
Dont il cherche une occasion de se repentir.

Onze heures, petites foulées sur le pont d'envol, divin. Il faut juste compenser le roulis. Tu roules ma Jeanne, même vieille tu continues de montrer tes hanches. Vélo dans la salle de sport. Quelques consciencieux de l'hygiène musculaire s'entraînent. Il y en a un qui travaille la fonte assis ; quand il se lève, il a le haut d'un athlète et le bas d'une ablette. Il faudra travailler l'ablette, mon pote. Je m'essouffle vite dans la sueur des autres et la mienne, j'ai besoin d'air, je ne suis pas venu au large pour mijoter dans une caisse.

J'ai omis une observation d'importance, et vous me pardonnerez, madame, il y a des femmes à bord. Il y a quarante ans il n'y en avait pas, je m'en souviendrais! Elles ne sont pas très nombreuses, Jeanne un peu jalouse ça se comprend, mais ça aide à retrouver un peu de courtoisie, d'attention. Peut-être que cette féminité propose une surveillance de soi moins distraite et oublieuse, en laissant une part de la rusticité dans les caissons. Pas toujours, paraît-il.

175

Le plus que vous puissiez déceler chez un homme
C'est ce qu'il accepte de montrer, et Dieu le sait
Rarement, voire jamais son cœur est en accord.

Boum! C'est la guerre des "roses" entre York et Lancastre. *No, my Lord, just an exercise.* On arraisonne un navire suspect avec tirs de dissuasion, abordage et manœuvres hélicos… simulation. Ça ne me regarde pas, chacun son boulot.

Le maître d'hôtel repasse loin de la rumeur belliqueuse, une oreille compatissante sur ma mémoire défaillante. Il est ravi d'entendre Shakespeare.

Mer belle, nuit belle et belle la *Jeanne*. Brise de sud-ouest à 6 nœuds pour une rêverie solitaire sur la plage avant. C'est là que j'étais venu me réfugier en approchant Tahiti, une terre inconnue pour moi, inventée, imaginée. A l'aube ce fut un miracle, un trait hésitant sur l'horizon, un bleu indéfini, une esquisse. C'est une émotion impartageable que d'approcher une côte par la mer, un enchantement inoubliable. Il en est ainsi en bordant les rives des fleuves mystérieux. La frange d'eau entre soi et la terre contient tous les possibles. Je connaissais une petite rivière sombre dans un marais des Charentes. La barque glissait sous les frondaisons entre les bois morts, s'enfonçait dans la jungle des ronciers et des lianes de chèvrefeuille. C'était ma première navigation, mon premier bateau, sur lequel se mêlaient la frayeur et la sensualité des parfums.

La fin de jour est paisible, le maître d'hôtel prépare le dîner. Douze couverts. Le commandant reçoit. Tenue 26 bis, pantalon blanc, chemisette blanche, chaussures blanches. A tout de suite.

La soirée est très élégante. Un jeune lieutenant de vaisseau joue du piano, les convives caressent les verres du bout des lèvres, les dames sont en jupes blanches. J'aurais bien aimé la robe longue. Je vais en faire la demande. Nous sommes au bord de valser. C'est délicieux, merci commandant. J'ai un petit regret, Rita Hayworth n'est pas amoureuse du jeune lieutenant, elle ne jettera pas sa veste de tailleur sur le pont et ne chantera pas *Put the blame on mame* en déroulant lentement ses gants pour se mettre à nu. Elle n'échangera pas de furieux baisers sur la plage arrière. Le scénario est à écrire.

Je m'endors avec ça.

A l'approche de l'aube règne un silence inhabituel, pas de lumière à bord. Tout est étrangement calme. J'attends l'aurore à la passerelle où j'ai la confirmation d'un incident machine, les choufs sont en alerte.

Le Pacha est préoccupé mais calme. Le chef vient nous rejoindre. Il reste en retrait, debout, la poitrine creusée comme s'il voulait entrer en lui-même, légèrement penché comme un début de parenthèse. On ne sait si physiquement il avance ou il recule. Il semble prêt à plonger, bras croisés. Il a un souci sur un arbre. L'arbre est un tronc d'acier qui tourne sur patins d'huile et qui va de la machine à l'hélice. Il y en a deux, deux jambes si vous préférez. C'est l'âge, ma Jeanne. Une sorte d'arthrose. Le chef nous rassure, c'est un bon médecin. Il a des mains très fines, belles, presque féminines, un musicien, la mécanique est un chant, il en parle comme d'un hymne, fermez la parenthèse.

Pas de soleil, le petit jour a du mal à se décider. Vitesse 8 nœuds, vent faible, cap 120. Qu'est-ce que ça peut me faire le cap puisqu'on y va. Laisse faire, c'est bon. Rien à décider, juste vivre et observer.

On me propose de tirer sur une cible traînée dans le sillage et qui saute sur l'écume pour éviter mes balles. Aucun talent, mais j'ai des excuses, je ne suis pas un vrai capitaine de frégate et au cinéma j'ai toujours fait semblant. A l'écran, les héros ne sont que des images, des mots écrits, des élucubrations de l'imaginaire. Pardonnez-nous l'imposture.

J'ai une invitation, un bristol des officiers mariniers supérieurs pour ce soir. Tous ont plusieurs campagnes sous la coque, les souvenirs s'accumulent. J'inaugure un hippodrome à mon nom pour le tiercé du dimanche. Beaucoup de monde pour cet événement d'importance. Les joueurs parient avec les tickets de bar. Les chevaux en plastique sont au départ pour une course d'obstacles avec haies en carton et rivières peintes, un chef-d'œuvre. Je coupe le ruban, applaudissements, et c'est parti. Ils hurlent à chaque coup de dés. Ils ont huit ans. Moi, je fatigue un peu, je dois vieillir.

Je me glisse discrètement dans le centre opérationnel, le cerveau de Jeanne. L'obscurité est de rigueur, silence et secret-défense. Aveugle, j'écrase quelques pieds et bouscule des sardines. Je suis dans un temple où se recueillent avec ferveur les adeptes d'une société secrète. J'ai le sentiment d'être au centre d'un jeu vidéo géant. Je suis fasciné par la danse des étoiles dans les quadrillages de verre, les sillons rouges et bleus dans les ciels noirs, les éclats verts dans les yeux des joueurs. Il semble, ici, que le pouvoir se murmure, que l'on est aux commandes de l'univers. Jeu de guerre en tant de paix. *War game on the ocean,* je n'attends pas la fin du film.

J'achève la soirée sur le toit, à la vigie, largement audessus des eaux, juste sous les étoiles pour regarder le transfert de carburant avec la frégate *Georges Leygues*. Même allure des deux navires, feux éteints, ligne jetée pour amener le cordon ombilical et rester ainsi jumelés le temps de nourrir l'autre. Il y a des braises d'eau dans la phosphorescence de l'écume, des lucioles égarées entre les coques. J'ai appuyé ma tête sur le fût d'un canon, le ciel danse. Peut-être êtes-vous dans une autre galaxie.

Un jour je vous cueillerai et nous valserons. En attendant nous traversons les nuits.

La scène du théâtre de Paris me semble une autre planète et Richard de Gloucester à des années-lumière.

Voici l'orage qui menaçait notre maison
Évanoui dans le sein profond de l'océan...

Laisse-moi tranquille, bossu.

Chaque jour, je m'exile sur ma plage, mon solarium, mon petit territoire près du poste de veille au pied de la cheminée. Là-haut, pas un seul matelot, que des ordres dispersés par le vent, je suis seul au balcon du navire devant une mer bleu marine à cols blancs, des cols blancs à l'infini. Le cul sur la tôle, *Richard III* sur les genoux, sans la moindre velléité de l'ouvrir, je suis l'homme le plus heureux de la terre. Le vrai Richard III, s'il avait connu cette mer avec la promesse d'une terre inconnue au lieu du soleil anémique d'York et les brumes du comté d'Hereford, aurait probablement négligé la couronne étincelante pour des rêves moins sanglants.

On fête un galon chez les officiers. Champagne. La nourriture est la même pour tout l'équipage, démocratie oblige. Excepté chez le commandant. Nous feuilletons quelques dossiers, le plus délicat étant celui des dames. Sujet inévitable sur un navire puisqu'elles sont pour beaucoup nos rêves et notre terra éternellement incognita. Jeanne adore que l'on parle d'amour, de liaisons volcaniques, de mariages douloureux, de visages aimés, oubliés, d'escales troublantes. Un port, c'est féminin. Et un port d'attache ? me demande une voix. C'est du féminin qui dure, une liaison, un lit partagé.

La manœuvre la plus délicate de ce jour fut de descendre le piano du commandant dans le hangar pour la soirée de Noël. Il y eut une messe à laquelle je n'ai pas assisté, l'arrivée du père Noël, une crèche vivante, des mots perdus, des chants et des verres bus. J'ai retrouvé il y a quelque temps une photo édifiante d'un Noël en mer sur laquelle je porte un pagne maori, une perruque blonde en étoupe, les lèvres bordées d'un rouge agressif et du charbon sur les paupières. Succès garanti. J'ai oublié le scénario, mais en travelo je n'aurais pas fait carrière. Un moment d'égarement, commandant. Il y eut des mains sur le clavier, un orchestre, un buffet froid délicieux, des blagues de potache et des cœurs en France. Instants privilégiés pendant lesquels les inhibés lâchent les boulons et la hiérarchie s'étiole. Noël au sud de la Crête avec l'émouvant désarroi des plus jeunes. C'est la rencontre avec l'infini, l'insaisissable qui vous fait douter. Il faut les cartes pour se raccrocher à la terre, à la moindre île sur votre cap, il faut les échos sur l'écran, les voix anonymes, les ordres. On se réfugie alors dans l'acceptation de la discipline, des règles, comme garde-fou pour ne pas basculer. Au-dessus du bastingage, la fuite de l'eau fascine, envoûte. La vague caresse la coque, puis vous abandonne.

Joyeux Noël, mon amour.

Que faites-vous en cette soirée de petits cadeaux, avec qui dansez-vous ? Bavardons, la nuit va être difficile sans vous. Vous êtes mon absente, l'espace entre le quai et le navire qui s'éloigne, une morsure, une alerte. L'absence est ce bord de table où tu avais posé ta main. Reviens dans la lumière et le vide n'aura plus de sens.

Dans *L'Africain*, Le Clézio dit qu'il n'aura jamais vu dans le regard de son père la lumière changer sur le visage de la femme qu'il aime. Je pense que c'est cela l'amour, regarder la lumière changer sur le visage de l'autre.

Je m'endors dans votre main ouverte. Pas pour long-temps, une horde vient piétiner ce bonheur. Je ne peux tout de même pas me plaindre au Pacha que la chambre de veille amiral est une salle de torture sur laquelle, en des-cendant de la passerelle, tout le bord s'acharne avec une conscience toute professionnelle et militaire. Tout le monde saute avec l'agilité de la jeunesse les trois marches qui mènent à la coursive pour me retomber directement sur la gueule. Le chef d'état-major qui a bien connu cette chambre doit compatir. Merci. Oui, je comprends bien que l'on ne va pas refaire l'insonorisation des bâtiments de guerre pour un vieux marin insomniaque. La *Jeanne* est à l'âge de la retraite et lui aussi. L'état-major devrait tout de même y penser, *à bonne nuit, idées claires*. Je vous imagine très bien, amiral, les étoiles en désordre, les yeux cernés, hagards, regardant, morne, une étrave arrogante dans le matin éblouissant. Je vais mettre un casque de canonnier, oui, c'est une bonne idée, amiral. C'est ce que vous faisiez ? Sur les conseils de l'amiral précédent ? C'est une tradition, en somme.

Vous riez, ce n'est pas charitable, mon amour. Merci d'être restée jusqu'au jour. Soleil, dessine son ombre sur l'acier, son visage sur le pavillon en flammes. J'ai du attraper froid, j'ai un peu de fièvre, je tousse.

Ceux qui auront vu le roi soleil éparpiller une escadrille de nuages roses dans du vert pâle sont bénis des dieux et chargés de dynamite pour la journée. Une fois le maître levé, bleu sur bleu. Oserai-je vous imaginer au bout d'une jetée au bord de l'Atlantique, attendant fermement mon retour sous un ciel de tourmente, noyé d'anthracite, d'ardoise brisée que le soleil impatient souffle avec des langues de feu. J'arracherai de mes mains ces lourds nuages et je glisserai mon cœur jusqu'à vous.

Il y eut des jours de navigation sans aspérité, un navire dans le désert avec le quotidien des heures. Cela sans ennui, puisque vous êtes en toutes choses.

De plus, l'exercice de la mémoire est une longue patience. Richard est exigeant, il prend beaucoup de place. Il se niche en mon sein et je m'en nourris. Il m'ordonne d'être le mal absolu contre l'absurdité du monde, d'ouvrir mon chemin dans le crime, de séduire, de fasciner par l'horreur et de conquérir inexorablement le pouvoir.

Sur ma vie je tiendrai le monde pour l'enfer
Tant qu'au plus haut sommet de ma difformité
Ne soit déposée la couronne étincelante…

Voilà, c'est dit. Il me reste du pain sur la planche.

Je vais bénir le diable et réveiller la cruauté qui sommeille en moi. Je vais jouir de cette noirceur, nourrir la haine, polir la flatterie pour mieux poignarder. Quelle souffrance, seigneur, que ma difformité, quelle douleur que l'absence d'amour. Faites que je n'aie plus jamais aucune pitié. Faites de moi un loup, un rampant venimeux. Faites que je sois un monstre misérable, que les peurs resurgissent. Je serai la face hideuse du mal, je baignerai de sang les lits de mes conquêtes et je me vautrerai dans l'abject. Cœurs sincères, je vous trancherai.

Il est grand temps que je m'occupe de Lady Anne sur mon territoire au soleil. J'ai tué son mari et son père et je serai l'un et l'autre. J'ai fait d'elle une veuve sur un lit de souffrance. Je vais la prendre alors que son cœur déborde de haine. Je tiendrai son visage noyé de larmes entre mes mains. Tout un monde contre rien. Couvrez-moi d'injures et je vous conquiers. Moi qui suis boiteux, totalement de guingois, je vous séduirai, mais pas pour vous garder très longtemps.

Vos yeux ont tiré des miens des larmes amères,
Les ont meurtris par des pleurs d'enfants.

C'est à vous que je m'adresse, madame.

Existe-t-il une femme courtisée de la sorte?

Nous rejoignons les premiers porte-conteneurs, les cargos, les grands routiers qui vont faire la queue pour passer Suez. Rendez-vous à l'embouchure.

La première Gazelle dégage sur un ciel incendié, les chiens jaunes, attentifs, s'irisent sur une dentelle de lave. Deuxième Gazelle dans la fournaise. Dernières valses avant la mer rouge. Fin de jour. Appontage. Les chiens jaunes se ruent sur les machines. Repliez les ailes et à la niche. Nuit. Il y a des dizaines de fanaux qui dansent sur l'eau noire, des flottilles de pêche à l'entrée de Suez. Défense de mouiller, on tourne en rond en attendant la formation du convoi. Surveillance accrue.

Une heure trente. Le convoi s'ébranle. Écrivain de marine à poste. Port-Saïd, à droite. On embouque Suez. Nuit calme. Demain j'ai l'autorisation de monter au sommet du mât, cinquante-huit mètres, pour voir de la hune la *Jeanne* glisser sur le canal entre les deux rives. J'ai le souffle déchiré par une toux, toujours un peu de fièvre. Antibiotiques inefficaces.

J'attends avec la caméra l'apparition du jour. Je devine, sous le ciel des pharaons, une bande lunaire. J'hallucine des pyramides et des sphinx émergeant des sables. Les premières lueurs travaillent à leur anéantissement. Sur les dunes l'ombre du navire se plie aux caprices du terrain. L'or s'écoule peu à peu sur le sable. Il y a des rouges flammes sur les carcasses des chars, derniers témoins de la guerre des Six Jours. Tout est silencieux. Des brumes s'attardent sur les palmeraies, une mosquée règne sur la paix, illusion. Nous glissons vers la mer Rouge promise. La frégate *Georges Leygues* suit, fidèle.

Six heures trente, le maître d'hôtel me tend un café; sept heures, je m'équipe pour grimper en haut du mât avec ma caméra. Vertigineux. C'est le plus long travelling avant de ma carrière, avec une grue de cinquante-huit mètres et un décor fabuleux. Il y a un vent léger qui souffle avec indulgence. Le Khamsin, qui peut devenir féroce, a aujourd'hui des caresses invisibles, la fraîcheur et la douceur d'un souffle de jeune fille. Il y a de loin en loin, sur les crêtes de sable, des petits bonshommes, des soldats solitaires sous un minuscule toit de palme. Ils surveillent les rives et regardent passer les navires avec des désirs impossibles. Ils sont debout, sous le cagna, les godasses plombées dans la silice, avec un pavillon qui tente une fierté un peu molle devant le défilé sans fin des navires de l'international. Beau film mais un peu long pour le biffin qui doit halluciner d'autres horizons. Braves et inutiles petits soldats de plomb qui rêvent d'improbables voyages.

Je redescends, stupeur. Apocalypse en Indonésie après le passage d'un tsunami. Une vague énorme vient de noyer la vie. Le drame passe en boucle pour nous repaître d'une jouissance morbide. Je regarde les images sans y croire tout à fait. Richard III est resté dans ses pages. Il m'attend avec l'impatience du pouvoir et une inhumaine cruauté.

Les heures s'évanouissent à 12 nœuds. Le reflet des ondes repeint les coques. Gris bleu sur bleu marine, ocre et coq de roche. Il y a deux petits remorqueurs rouges, le vert sombre d'un Américain non identifié, et loin là-bas des navires aux formes étranges, qui suivent, dociles, comme de grands monuments.

L'océan Indien et les milliers de morts du tsunami ne sont que des rumeurs. Ces jeunes gens assis sur le pont et qui regardent les roses de la terre semblent en paix, mais l'inconnu les taraude. L'éloignement des repères fragilise, laisse leur imaginaire à la dérive. L'horizon est trop indéfini et il leur faut un cap. Après celui de la *Jeanne*, chacun le sien. Pour certains c'est l'ivresse des pages blanches, mais pour les autres, le désert de pierres comme la mer ouvrent des pages vierges qui leur donnent le vertige et sur lesquelles une encre sympathique a déjà raconté leur histoire. Comment deviner la sienne dans l'immensité proposée? Ils baignent dans un songe apparemment infini mais ils savent qu'il faut déjà choisir, s'inscrire dans le grand livre du monde, inexorablement. Je voudrais être un instant à la place suprême, être le témoin visionnaire de ces destins, de ces confessions bouleversantes. Je voudrais partager leurs rires, ici et maintenant. Maria est si jeune encore, avec un visage tendre, vulnérable, comme celui de ma fille. Il suffit d'un changement de cap pour qu'une ombre apparaisse, un voile léger comme une inquiétude. Le soleil s'éteint doucement et son visage s'absente, échappe à mon inquisition. Je voudrais faire le tour du monde, éternellement. Rideau.

Sept heures quinze, branle-bas équipage avec Dutronc, *Il est cinq heures, Paris s'éveille*, c'est mieux que le clairon. Journée molle, rien à dire. Stade étanchéité 3, alerte stade 3. Un homme à la mer, exercice. Routine. Six cent cinquante hommes sont au boulot pendant que je savoure une solitude amiral. C'est bon de respirer le soleil, de le boire doucement comme un lait d'or. Il devait y avoir un ciel comme celui-là sur les côtes indonésiennes, la nuit précédant la vague mortelle. Elle venait des abysses, sourde, aveugle, après un frémissement de la terre, un battement de cils d'une violence inouïe.

Le commandant s'adresse à l'équipage pour annoncer que nous devons rallier Djibouti au plus vite, embarquer vivres, matériel, hommes, sanitaire, et porter secours aux victimes du tsunami. Je file à la machine avant pour filmer les visages en sueur, attentifs à la nouvelle transmise par leurs camarades au changement de quart. Il y a un soulagement après l'impatience de ces dernières heures. C'est là-bas qu'ils devraient être et non pas faire des ronds dans l'eau. Leur mission autour du globe va avoir un sens. Le marin est un découvreur, un curieux, un amoureux. On ne fait pas le tour du monde sur un bateau par désœuvrement. Ils vont s'échapper du virtuel et du jeu de la guerre pour aider des hommes et des femmes en détresse. Je passe d'un visage à l'autre, d'un sourire à l'autre, ballet silencieux dans le vacarme. Je me suis assis sur un tabouret graisseux, je vais devoir rentrer.

Est-ce vous, madame, que j'aperçois derrière les manomètres ? Vous n'avez pas à venir ici. Vous non plus. Là n'est pas la question, ce n'est pas votre place, ce n'est pas la place d'une femme même s'il y a de bons matelots femelles. Mais je ne vous en veux pas de venir me harceler. Pourquoi est-ce que je filme à ce point les visages ? Parce que je ne sais pas les décrire. Quand j'essaie de peindre un visage avec des mots, il m'échappe toujours quelque chose. Ce n'est pas ce pli au coin de la bouche, la petite tache sur la tempe, ce front haut, ce sourcil étonnamment clair. C'est ce qui se dégage de ce visage qui le rend si attachant ou indifférent, ce qui éclate, lumineux en lui, ou bien cette blessure. Comment pourrais-je faire votre portrait, je ne sais rien de vous, mon invisible, je n'ai rien, pas une photo, rien de ce qui se dessine de vous en moi. Vous êtes différente chaque fois mais vous avez toujours un visage timide, qui a gardé précieusement son innocence et sa volonté séductrice de petite fille. Laissez vos cheveux défaits, mon amour, laissez-les vivre avec le vent et accompagner vos mouvements de tête, votre démarche. Voilà pourquoi je filme pour ne pas faire de portraits écrits. Je tourne les pages de votre album photos vierge et je vous imagine. Je vous ai rêvée souris aux yeux gris effrayés par un chat aventurier plutôt aimable avec les jolies souris, un drôle de chat en somme.

Je vous écris ces mots pour que les maux s'évanouissent. Ma main vous caresse et s'encre parfois. Faites que je puisse accoster un jour en laissant l'amarre comme une écharpe, un adieu. Je vis dans une bourrasque, balayant toute musique pour des micas éphémères éparpillés dans l'infini des miroirs. J'espère que vous n'êtes pas un concept pour éviter la solitude.

Nous sommes au large de l'Érythrée, à quatorze nœuds vers Djibouti. Le ciel se balance, la *Jeanne* sera à quai demain matin. Je vais te quitter, ma vieille. J'aurais voulu continuer vers l'apocalypse, être utile, va savoir. Aujourd'hui, la mer Rouge est en deuil. Le vent se lève et tu roules tes hanches. Il n'y a pas d'arrogance chez toi, seulement une tranquille assurance, quelque chose de la démarche un peu lourde des femmes africaines. Nous croisons des boutres, silhouettes noires sur lesquelles Monfreid se cache probablement. Il y a des visages hors les voiles et les tissus, des jeunes filles debout contre les lisses et les mâts. Nos regards les accompagnent. Rêve matelot. Le vent a forci, il balaie l'écume des crêtes, la lame attaque par bâbord, je tente tout de même une sortie pour cracher quelques vers par-dessus bord aussitôt emportés par les rafales.

Nous sommes le dernier jour de l'année, quelle année? Tous mes vœux. Le vent est tombé, il y a des reflets d'aluminium, la vieille dame glisse sur un chemin de lune. Bonne nuit. Bon quart.

Je vais dormir comme un chien fatigué sur la moleskine amiral.

Quelle émouvante surprise, dans mon nid une silhouette reconnue regarde le large invisible. Une robe de soirée, des épaules nues, vous n'avez aucun bijou que deux perles en boucles d'oreilles. Vous ne bougez pas, vous m'attendiez. Bonsoir, chère inconnue. Après une aussi longue absence, il n'y a rien à dire. Je m'approche, je ne sais pas si je vous prends la main après avoir frôlé votre cou avec ma bouche, si je caresse lentement votre corps, si je mordille vos perles en laissant mon souffle sur votre peau. Tout cela probablement. Quel délicieux baiser sur la moleskine, mon amour, le premier de l'année. Comment faites-vous pour apparaître dès que je ferme les paupières.

Vous n'êtes pas restée longtemps, à six heures le soleil montre son dos pour fêter 2005. J'ai beaucoup de vœux, mademoiselle 2005, de la paix à vous demander, du bonheur, des choses simples quoi! C'est un peu naïf, puéril, mais cela me paraît plein de bon sens, alors si vous pouviez faire quelque chose, n'hésitez pas, vos nombreuses collègues qui vous ont précédée n'ont pas fait de miracle. On compte sur vous. J'ai également le projet de rencontrer une dame et de m'en occuper. Ce n'est pas une mince affaire, je le concède.

Nous venons de passer le détroit de Bab El-Mandeb, la porte des Larmes, bonjour le golfe d'Aden. Au loin Djibouti, des grues, de grands réservoirs, des montagnes pastel. Quarante ans après, c'est l'inconnu. Rien ne se ressemble. Rimbaud et Monfreid ont écumé ce golfe et les lèvres du désert. Fièvre. J'attends mon tour pour aller voir les laves noires et le sel éblouissant, je vais marcher sur la blancheur des cristaux, retrouver des traces inutiles, voir où tu créchais, Arthur, et contempler ceux que tu as cloués aux poteaux de couleur. *La tempête a béni mes éveils maritimes, plus léger qu'un bouchon j'ai dansé sur les flots.*

Manœuvres d'accostage. C'est la même émotion toujours, devant les gueules qui attendent, qui cherchent un visage, l'agitation ordonnée des quais, les ordres, les cris, les odeurs et, au-delà des containers, l'église et la mosquée. Je m'y retrouve. Salut, Djibouti.

Petite balade en pèlerinage dans l'ancien comptoir des Somalies. Le plateau du Serpent, la jetée du Gouverneur, la place du 27-Juin. Nez en l'air jusqu'au marché, la place Mahmoud Harbi, ex-Rimbaud, le minaret avec sa gueule bien à lui, simple, bien assis, comme un sage. Rue Treize, baraques du quartier 4, rue Mouche, le café de Paris. Je ne retrouve pas le palmier en zinc, effacé de la ville depuis quelques années, mais pas de l'histoire. Qui se souvient qu'il n'y avait aucune végétation à Djibouti et que la France avait fait venir de faux palmiers en métal pour les clouer sur les pierres de la rue ? Je me souviens d'une pute dans un petit bordel sordide avec une cour en terre battue. Il y avait beaucoup de prostituées à cette époque à Djibouti, mais je me souviens de celle-là, peut-être parce que ma jeunesse encore vierge ou presque était fascinée par la dépravation. Je ne sais pas si c'était le vice ou l'avilissement qui m'attirait. Mais aussi étrange que cela puisse paraître, mon amour, ce regard porté sur le sexe ne m'a jamais amené à mépriser les femmes. Ce que j'ai vécu à cette époque dans l'excitation animale, le voyeurisme et la perversion n'avait rien à voir avec l'amour. Il y a des cases dans le cerveau pour toutes choses. Vous riez, mais vous voulez savoir.

La pute de Djibouti avait la spécialité de s'asseoir sur des bouteilles de bière et de les faire disparaître comme un illusionniste de talent. Elle soulevait son kimono en découvrant d'énormes fesses qu'elle posait sur la bouteille en équilibre. Mon sexe est de verre, disait-elle, la voix déchirée par l'alcool et la fumée. Elle se relevait comme une chanteuse d'opéra en tournée dans les bordels d'Afrique. La bouteille avait disparu. On applaudissait la femme éléphant qui recommençait l'opération pour des billets. Une fanfare sur microsillon accompagnait l'artiste.

Dernière nuit à bord.

La *Jeanne* est impatiente de repartir. L'effervescence et l'agitation me rejettent hors du cercle. Je me sens terriblement encombrant, maladroit même, et franchement inutile. Chacun sa tâche, je ne suis pas en croisière. Des officiers mariniers m'attendent à la coupée. Tu reviens quand? Point d'interrogation. Sourires. Bonne campagne. Sifflet, je dévale la coupée pour une autre histoire, celle du désert, des Afars et des Issas, des pierres noires bordées de sel, des îles de la mer Rouge. Je vais arrêter le temps, boire l'eau précieuse au creux de la paume, caresser les vagues de flamants roses sur le lac Abhé.

Je me retourne en saluant *Jeanne*. Bon courage, ma vieille.

Je n'aimerais pas trop que tu finisses tes jours comme ta mère, à la casse, au fond d'un aber. Je te verrais bien à l'ancre, quelque part, comme une île, les coursives et les passavants envahis d'enfants qui mêleraient leurs cris à ceux des mouettes, des piaillements de vie en requiem. Tu aurais des colliers de gamin. Tu deviendrais *Jeannedarcland*, bateau de pirates et caverne au trésor. Tout ça en mer, battu par les flots et les vents d'ouest.

Je m'engouffre dans la voiture du commandant des forces marines de Djibouti. Maintenant, c'est la feuille blanche.

Le lendemain, Emo m'attend devant la résidence, il est de ceux qu'une jeunesse curieuse a conduits ici et qui, tombés amoureux du pays, y sont restés. Racines fragiles qui avaient trouvé dans le sable apparemment stérile des Somalies de quoi faire pousser une autre vie. Emo a beaucoup d'histoires à raconter. Ce Français italo-grec connaît les plis du désert mieux qu'un Afar ceux du *chalma* des femmes. Il parle d'histoire, de géologie, d'un certain commandant Cousteau qu'il n'a pas trop apprécié, des gens d'ici, de cette terre qu'il aime et de cette beauté âpre qui le fascine toujours.

Djibouti, ce n'est pas Los Angeles, on en est vite sorti et c'est tout de suite Grand Bara, le désert comme une plage à marée basse. Piste cahoteuse qui se perd dans les dunes, oueds asséchés, antilopes comme la lumière, vives, émouvantes, les *digs digs*. Il n'y a plus de traces, rien. Emo n'a que de rares hésitations pour prendre le cap. Il rejoint des villages échoués sur des îlots sans rive. On ne retrouvera pas la tombe de la momie dérobée. Ma caméra dérange, je range. Regarde et souviens-toi. Il y a des traces de chats sauvages. Un chacal solitaire traîne une carcasse. Bivouac dans un campement entre les aloès. De l'eau pour les visages et les tourterelles qui s'ébrouent dans leurs reflets. Cris de babouins, là-bas dans les acacias. Dîner dans le silence sur une nappe de sable. Ciel visible jusqu'à l'infini, sans déchirure. Sommeil céleste.

Debout avant l'aube pour se baigner près du lac dans la lumière des premiers faisceaux. A cent kilomètres d'ici on a exhumé Lucy. Chère australopithèque! Lueurs en écharpe, comme la brume, et les fumerolles dans la brise. Accumulations séculaires de calcaire, tumulus, tombeaux de lave sur la fournaise somalienne. Fantômes du petit jour, sculptures. L'eau bouillonne sous la semelle. Elle grogne entre les herbiers miraculeux jusqu'aux ibis en nuages. Il y a des vagues de pélicans dans le ralenti des lointains. *Abhé* signifie pourri. C'est vrai pour l'odeur, mais la pourriture fertilise et génère d'autres vies. Entre les pierres noires des collines et les eaux du lac, il y a des prairies. Des troupeaux de moutons et de chèvres viennent de très loin pour boire. Ils repartent vers le désert sous les cris des femmes qui retiennent leurs jupons qu'un vent facétieux soulève. Mais le lac recule, la rivière Awash ne suffit plus. On prend son eau en amont pour irriguer les cultures.

Non loin des rives, arrêt casse-croûte à l'ombre d'un acacia. Soudain deux dromadaires surgissent, ahuris, avec quelques chèvres suivies par un berger issa qui court, léger, sur les pierres. Il est élégant, vif, très beau, souriant, et parle bien le français. Il demande si nous pouvons prendre sa femme enceinte pour la conduire dans leur village à quelques heures d'ici. Oui, où est-elle? Il repart vers la montagne comme un cabri et crie son nom. D'une fracture de lave noire, comme une source vive, naît une flamme de tissus rouge et or, une femme, très jeune, belle, qui se redresse comme un roseau. Elle pose ses pieds nus sur la roche avec la délicatesse d'un chat. Le couple est harmonieux, en rythme avec le désert et les chemins de lumière. Ils sont la vie. Elle est troublante et d'une simplicité désarmante, elle monte et nous reprenons la route, différents. Rien n'est dit pendant le voyage. Je voudrais connaître des mots à elle pour en savoir plus ou lire dans son regard. La jeune femme semble si loin, avec cette autre vie en elle. Je n'ose pas lui parler, ce serait comme chiffonner la grâce. Je me retourne parfois, brisant l'interdit. Derrière les dunes, des cases et une école. Elle nous laisse avec un sourire en réajustant son *chalma*. Un petit signe et elle disparaît au milieu des enfants, silhouette gracile entre les murs de terre. Elle retourne avec les siens dans son village de sable pour faire naître l'enfant de l'autre, là-bas, qui pousse ses bêtes vers les prairies de sel. Un vieux nous parle de la guerre et de la politique, nous sommes déjà partis. Quelques fragments de somnolence plus tard, nous retrouvons Djibouti.

Demain je naviguerai vers le nord.

Je ne sais plus quel jour nous sommes, mon amour. Après une matinée de mer, je frôle les îles Mascali pour rejoindre Obock à l'entrée du golfe, port d'attache de Monfreid. Je suis dans un petit campement sur les rochers, avec cases rudimentaires, lits de camp, douche commune au centre et terrasses naturelles sur la mer, ça me va. Le lendemain, Abdou est là avec son 4×4 qui semble avoir fait toutes les guerres. L'habitacle est un antre de chiffonnier, la porte tient en priant mais le moteur tourne rond, que demander d'autre. C'est parti pour Ras Syan par le désert du bord de côte, avec, sur tribord, le bleu intense de la mer. Poste militaire. Il faut une autorisation pour continuer. Abdou fait la gueule. Palabres sans suite, le soldat est incorruptible! Le chef de poste, un lieutenant, se pointe au-dessus de la mêlée, il jette un regard sur Abdou, ça passe. Soulagement. Alors? Le lieutenant est afar comme moi, les autres sont issas. Je croyais que c'était fini, vos histoires... Sur le chemin, une mangrove soudaine. Près d'une cabane, sur le sable, des pêcheurs autour d'un feu de racines nous offrent du crabe grillé. Petit moment de fraternité dans l'éternité. C'est naïf, je sais, mais ne me dites pas, mon amour, qu'ils trichent, qu'ils me font croire que cette paix est possible. Naturellement il faudrait qu'il n'y ait pas de faim, pas de jalousie, de pouvoir, il faudrait qu'il n'y ait pas d'agressivité, d'impuissance, de sexe.

Au bout du monde, Ras Syan à marée basse est un trésor. Strates à l'infini des couleurs. Le cap est une montagne de lames rouges. Il faut filmer comme un peintre avec cette liberté-là, rester dans l'élégance sauvage, à la fois barbare et sophistiquée. Ici, aucun visage, rien que le minéral dans la mer.

Au large, à quelques heures de boutre, les montagnes de brume du Yémen. La passe Bab El-Mandeb, la porte des Larmes, est très fréquentée, porte-conteneurs, cargos, navires de contrebande, caboteurs. Monfreid a beaucoup navigué dans le coin, il a mouillé ici, à l'abri, et il doit y avoir quelque part une plaque de verre photographique qui en témoigne. Je suis assis à l'ombre d'une petite falaise, face aux secrets enfouis de la mer Rouge et de l'Indien. Abdou m'a préparé un pique-nique colonial avec table, chaises et couverts pour me faire regretter de partir un jour d'ici. Réchaud, ragoût, coquillages, riz à l'ananas, thé, café. Béatitude. Merci. Marche un peu, tu ne vas pas roupiller devant le miracle. La marée remonte en couvrant les couleurs. Elle adopte un vert turquoise sur bleu acier. Un impitoyable soleil finit par poncer les contrastes et mélanger la palette. Film, photos, j'emporte ce que je peux, inquiet de perdre la mémoire, bien que l'essentiel soit finalement insaisissable.

Au retour, nous passons par le village de Khor Angar, étrange agglomération de baraques disséminées dans le désert avec vent de sable pour faire claquer les tissus. Il y a des rires à n'en plus finir. Ils sont tous beaux, mais les femmes refusent que je les pille en images. Dommage. Non, c'est mieux comme ça. Est-ce que dans le Limousin, je pourrais ainsi filmer les gens et leur intimité sans vergogne? Salut la belle, là-bas une fille fait un petit signe timide en retenant ses *foutas* contre les attaques du vent. Suite poussière jusqu'à Obock. Fin de journée douce sur le sable avec la caresse des lumières et cette mer qui s'ennuie de la contrebande. C'est là que Monfreid construisit ses bateaux, que ses enfants vinrent se mêler aux petits Somaliens. C'est sur cette plage que sa femme Armgart attendait ses retours.

Visite du cimetière marin, des noms comme des signatures de vie, des pages oubliées, des dates mortes, 1913, 1919, 1921, 1917. C'est étrange que ce désert de lave, de sel et de sable soit la vaste terre d'attache des poètes et des aventuriers. Quelque chose de fascinant vous enveloppe comme la fumée d'une pipe d'opium et s'empreint en vous. C'est une terre violente et sensuelle, où l'innocente beauté n'est que l'ombre de la mort. Aventures et paresse parmi les plus belles femmes du monde. Les secrets se révèlent avec le temps. Je feuillette un album de photos qui exclut le drame et préserve le romanesque. On peut s'attarder sur un cliché, reconnaître des signes, des attitudes, surprendre des regards. Il y a une photo du mariage de Monfreid et d'Armgart. Ils regardent tous les deux l'objectif. Elle a un sourire à peine dessiné, des yeux doux qui promettent l'amour, lui, dans la même direction, regarde un ailleurs dont avant même sa découverte il semble nostalgique. Tout est dit dans ces deux regards. Bien évidemment c'est la photo d'une soirée chez un certain Gardia que je préfère, comme un tableau orientaliste. Fathouma, la femme somalienne de Monfreid, est la seule indigène au milieu des blancs, elle est au centre du cadre et se tourne de profil pour regarder Henri, un coude appuyé élégamment sur le bras du fauteuil, la main abandonnée dans l'espace. Elle a des bracelets d'or et d'argent. Elle porte sur la tête un *chalma* joliment arrangé, de magnifiques boucles d'oreilles. Elle est sublime de beauté, on ne voit qu'elle. Fathouma, si belle, sensuelle, que la grâce enveloppait où qu'elle fût et qu'un boy maladroit tua d'une balle de revolver. Il restera toujours son ombre sur les murs chaulés de la chambre. C'était un bel amour que celui de Fathouma pour l'esclave du vivant, le musulman Abd el-Haï, Monfreid le sans-gêne, l'égoïste sculpté dans le granit. Il recevait dans le même temps de magnifiques lettres d'amour d'Armgart, celle qui regarde l'objectif avec douceur pendant que lui est déjà en mer. Homme béni et ingrat sur lequel se posent les yeux des femmes.

A Obock, Henri décide de mettre en chantier l'*Ibn el Bahar* qu'il perd deux ans plus tard au sud d'Assab. C'est à Obock, toujours, qu'il construit l'*Altaïr*. Un Grec lui vole sa cargaison de haschich, sept cent cinquante kilos, et file jusqu'aux Seychelles avec un ancien garde-côte chinois, le

Kaïpan. Monfreid le poursuit sans relâche, entre dans le port de Mahé avec sa goélette, un petit canon sur le pont et l'équipage armé jusqu'aux dents. Les pirates récupèrent la marchandise et reviennent sur Djibouti. Revanche en 1923, il vend douze tonnes d'herbe à la barbe des Anglais. Parmi les ombres, car il y en eut, celle où il tue Heibou en 1926 pour le meurtre d'une jeune fille et plus certainement pour trahison. Trois hommes dans un bateau, Heibou, Henri et un homme d'équipage, Abdi. Trois coups de feu, Heibou s'écroule et réussit à se jeter à la mer en hurlant le nom de Monfreid. Abdi plonge et entraîne Heibou sous l'eau. Abdi remonte, c'est fini, les requins feront le reste. Pendant ce temps, Armgart, l'épouse, n'en pouvant plus de cette séparation, le rejoint à Obock pour trois longues années. C'est là que naîtront Amélie et Daniel. Si vous voyez Obock aujourd'hui, madame, imaginez cela dans les années 20. Que de tracas, que d'attente, des mois et des mois de solitude sous le soleil impitoyable de Somalie, l'aridité affective, celle du terrain, l'absence d'Européens, à part le chef de poste, la peur et le chagrin. Tout cela aurait pu décourager n'importe quel homme, pas cette femme. On parle tant de lui et si peu de vous, Armgart. Henri ne fut que parce que vous étiez vous ce corps, cette âme, ce phare d'attache dont aucun aventurier, marin, découvreur, ne peut se passer pour exister. Femme amoureuse, que n'at-elle supporté pour cet homme, cette remontée avec sa fille et Monfreid pour Massaoua avec arrêt de deux mois sur la côte déserte dans une cabane pour ramasser un stock de coquillages et tenter de le fourguer au premier bateau qui passerait, cette fausse couche à Addis-Abeba, puis le retour vers l'Europe, l'Allemagne, Berlin où elle se sent étrangère. Elle couvre Henri de lettres d'amour… *Tu es ma vie, Henri… Et mes mains passent dans le sable et mes yeux regardent dans les tiens.* C'est elle qui souffre terriblement. Toute la solitude, la poussière et le vent du désert valent mille fois mieux que cet exil allemand. Son âme et son cœur sont là-bas, au pied des montagnes violettes de Djibouti. Elle n'aura de cesse de revenir et reviendra. Un monde sans femmes n'aurait pas de marins, elles sont une raison de leur fuite, de leurs conquêtes, une raison pour ne penser qu'à elles. Armgart revenue, suit une vie fragmentée de bonheurs inouïs, de tourmentes, de peurs sans lendemain avec, bien sûr, des déceptions, mais elle aime tellement cet homme, ce corps sec et noueux, ce regard fiévreux. Quelle exception que cet amour. Plus tard, beaucoup plus tard vient la lassitude, celle des longues absences, celle de l'Afrique avec la sécheresse des jours. De retour en France, c'est un lent voyage jusqu'à la mort. Il y eut sur le parcours les embûches de la séduction, les femmes d'Henri, les autres. Il y aura Fathouma et cette dernière passion d'Henri qui ne peut que la déchirer. Elle pardonne. La tuberculose l'emporte. Elle ne veut pas que l'on prévienne Abd el Haï, l'esclave du vivant qu'elle a aimé sans faille. Elle sait qu'elle part. Elle écrit : *Adieu, Henri, qui a été pour moi tout dans la vie. Veille sur nos enfants le jour où il faudra que je m'en aille. Ne les quitte pas pour fuir dans la solitude. Les petits, surtout, ont encore tant besoin de toi. Un soir, écris pour nos enfants un petit livre intime, celui de notre vie à nous deux. Ils nous comprendront mieux et nous aimeront davantage. Ceci est mon testament.* Cette femme est le pardon et l'apologie de Monfreid. Elle s'éteint sans lui à ses côtés. C'est étrange qu'après avoir fréquenté les livres de Monfreid et ceux que l'on a écrits sur lui, c'est elle que je retiens.

Armgart avait appris l'arabe, le danakil, comme Mme Godin apprit le quechua, Inés de Suárez le mapuche…

Je passe devant la maison du gouverneur, Abdou me propose d'entrer. Le commissaire qui l'habite me reçoit dans une grande pièce avec quelques notables. Ils ne bougent pas de leur tapis et regardent un feuilleton anglais, costumes XIXe avec sous-titres français, la télévision est le seul mobilier du lieu. C'est la pièce où l'on broute le kat, feuille à mâcher comme la coca. Ils sont tous "katés", drogués mais lucides, me dit-on. A Djibouti, dès le milieu de l'après-midi, tout le monde "kate". On m'offre un jus de gingembre. On échange des silences, mais entre eux ils parlent fort comme si le kat assourdissait l'audition. La télé ronronne en couleur. Une jeune femme en crinoline blanche court, éperdue, dans le parc d'un château, tandis que deux gentlemen se battent en duel sur le perron devant des domestiques affolés. C'est en anglais, les images semblent passionner nos hôtes, mais pas le son. Cela leur permet d'avoir une interprétation différente de ce qui est proposé et de continuer la conversation, qui, je suppose, doit porter principalement sur l'héroïne, je veux dire la jeune femme en crinoline. Nullement, me dit mon guide, ils parlent des deux duellistes et parient sur le vainqueur possible.

Merci pour le jus, salut. La rue principale est à la fois âpre et tendre dans les lumières fauves de cette fin de jour. Les maisons sont en dur, au plus sobre, avec extension en carton et bois de caisse. La tôle ondulée qui est l'un des matériaux les plus à la mode en Afrique achève l'unité architecturale. Obock est une ville chaos, tournée vers la mer, en déchets avec des petits miracles, des fenêtres sur le golfe, un mur de bougainvillier, un enfant qui tète le sein de sa mère, comme l'agneau la brebis. Je contemple un instant une jeune fille qui dort sous un figuier, son *chalma* a glissé sur des cheveux échappés. Elle a des mains très fines abandonnées sur la pierre et porte une bague rouge. Un voile bleu nuit frémit sur ses chevilles. Quelqu'un crie son nom. Elle s'éveille, un peu honteuse d'avoir été surprise dans son rêve. Quel rêve, mademoiselle ? Fathouma, la femme de Monfreid, devait être ainsi, douce et rêveuse, amoureuse de cet homme aux yeux clairs qui aurait pu passer pour l'un des siens avec sa peau sombre et son chèche danakil. Un chat longe le mur, c'est un signe, un hasard bien évidemment, un chat comme les aimait Henri.

L'indépendance et la souplesse avec un bon coup de griffe quand on ne s'y attend pas.

Au campement, dans les roses des derniers feux sur la mer, un adolescent berce un cabri. Douche, bougie, je vous écris avant de manger le cabri aperçu tout à l'heure. Je me sens barbare, mais je goûterai quand même au cabri.

Six heures. Il fait encore sombre. Thé brûlant et crêpes djiboutiennes, des *louh louh*. Des doigts divins écartent le voile de nuages et c'est une orgie de couleurs, c'est presque une overdose, mais je ne me lasse pas de cette came. Embarquement pour Tadjoura sous un ciel de traîne mauve. Sous le sublime, le carnage. Des oiseaux s'affolent sur des bouillonnements, c'est la curée. Une chasse impitoyable. Les dauphins se régalent de sardines et les mouettes s'engueulent pour le partage. Les prédateurs de la mer sont au boulot. Je n'en ai jamais vu autant. Ils sautent dans le rougeoiement des vagues, traversent les arceaux de lumière, un instant suspendus, et retombent dans le blanc de l'écume, c'est presque insupportable de bonheur. Tadjoura la blanche en vue. Pas beaucoup d'intérêt, m'a-t-on dit, c'est possible. Parfois on est aveugle, il suffirait de lire l'invisible mémoire pour que tout change. Rimbaud a débarqué là. *L'éternité, c'est la mer mêlée au soleil*, disait-il. Il est venu ici pour cela peut-être. C'est comme sur la photo, un front de mer bordé de commerces aux façades décrépies et rendu à l'Afrique de l'Est, à l'aridité du désert. Je ne suis pas déçu, je la reconnais bien cette Afrique qui n'aime pas l'Amérique et qui la vénère en l'affichant dans ses bistrots, avec la musique des transistors à fond. Coca-Cola et Marlboro. Haine et fascination. Tous les blancs sont américains. Le "vidéoclub" du coin est indescriptible, avec une musique anglo-saxonne qui pousse sur les basses. Il y a un baby-foot et quand les joueurs ont fini la partie, ils vont taper la balle sur le terrain d'à côté. Au marché je tente une photo, je récolte l'insulte. L'objet du conflit retourne dans le sac. Dans le Sud nous avons essuyé quelques jets de pierres, un droit de passage exigé pour les étrangers. Quelle que soit la voiture, les blancs à l'intérieur sont des étrangers. Ici, trois jeunes me feraient bien la peau. Ils ne sont pas encore "katés", mais la bière les aide à patienter. On décroche. Pas de traces d'Arthur, rien, une masure sans preuve et pourtant il a vécu ici, le poète, reconverti dans le commerce et la contrebande. Peut-être avait-il médité sur ce que disait Flaubert, *que la célébrité la plus complète ne vous assouvit point et que l'on meurt presque toujours dans l'incertitude de son propre nom à moins d'être un sot.* Épictète fut sa dernière lecture : *Si tu cherches à plaire te voilà déchu.*

Jolis visages sous les *chalmas.* Le vent joue avec les *déreh* et les *foutas* des femmes quand elles marchent, élégantes, félines, parfois coquettes quand elles sentent un regard dans les reins. Une femme voilée d'un tulle transparent ondule avec précaution. Elle se montre impudique sous le voile et l'on devine ses yeux noirs, des traits fins, une beauté qui attend le geste de l'homme. Un geste qui ne viendra pas et qui la rend encore plus provocante. Elle ne détourne pas le regard. C'est une étrange perversité pour celle-ci, mariée, prise, qui s'offre aux fantasmes. Sur le tulle est brodé un papillon qui repose sur sa joue et tremble avec la brise. Ici les lois de l'Islam s'effritent d'elles-mêmes sous le voile illusoire. L'ironie des dogmes religieux est de cacher l'impuissance par la forme en ignorant par force la liberté du monde intérieur. Qui a remarqué le sourire de Fatou assise sur un banc, sous un toit de tôle. Elle a une fleur à la ceinture. Tout à l'heure dans l'ombre elle ira sous le tissu chercher un plaisir solitaire. Dans le port, des barques reviennent du Yémen avec des fûts d'essence. Ils les revendent ici en faisant quatre fois la culbute. Trafic toujours, comme une tradition.

Au seul café de Tadjoura, on attend le kat. Il réduit la faim, le sommeil. Livraison officielle à quatorze heures.

Arthur Rimbaud est parti vers les hauts plateaux d'Éthiopie sur la piste des esclaves avec deux cents chameaux, deux mille fusils belges réformés, soixante mille cartouches et du haschich destinés au roi du Choa, Ménélik II. Il parle la langue du pays, porte huit kilos d'or à la ceinture et n'étreint que des ombres dans un morne désert.

Je suis troublé de le voir revenir prendre un petit crème au bord de l'eau. Il écrit avec un crayon sur du papier. *A quoi servent ces allées et venues, ces aventures, ces fatigues chez les races étranges, avec ces peines sans nom, si vous ne devez pas un jour vous trouver une famille et avoir au moins un fils pour l'élever à votre idée?*

Je lis par-dessus son épaule. *Je suis condamné, dès toujours, pour jamais.*

Arthur, le Rimbaud éclaté, ivre du bateau des drogues, écrit des mots hallucinés.

Pointe d'un fin poison trempée
Je te prends. Sois-moi préparée
Aux heures des désirs de mort.

Depuis qu'il a laissé la poésie et l'Europe pour fuir en Éthiopie il ne cesse de m'envoyer des lettres dans lesquelles il me raconte dans le détail sa vie et les anecdotes du jour. Où sont les couleurs des mots et des voyelles?

Arthur, je vous enverrai ce que vous demandez: le *Guide du voyageur ou Manuel théorique et pratique de l'explorateur.* Vous avez la fièvre? Qui s'étonnerait. Votre travail vous répugne, vous avez le pays en horreur, vous êtes fatigué, tout est laid. Pourquoi cette punition. On se punit toujours de quelque chose. Est-ce qu'il y a une arme spéciale pour chasser l'éléphant et des munitions explosives ou empoisonnées? Je ne sais que vous répondre. Vous souhaitez obtenir: *Traité complet de chemin de fer. Traité de l'école de mécanique de Chalon.* C'est étrange, j'ai commencé par la mécanique et je souhaiterais vivement finir par la poésie.

Vous souvenez-vous seulement de ce que vous aviez écrit :

J'ai rêvé la nuit verte aux neiges éblouies,
Baiser montant aux yeux des mers avec lenteur,
La circulation des sèves inouïes,
Et l'éveil jaune et bleu des phosphores chanteurs !

Merci pour la photo un peu blanche de vous. Je peux ainsi me rappeler votre figure. Non, je ne connais pas ce M. Saccouli qui se tient si mal, ne respecte rien. Il a été tué lors d'une expédition en Ogadine. Il a bravé des peuples belligérants en contrariant les coutumes et les droits des indigènes. Il habillait ses gens en chrétiens et mangeait du cochon. Qui s'étonne de son assassinat. Vous cherchez quatre baudets étalons en pleine vigueur. Je peux vous répondre que vous en trouverez du côté de Damas.

Vos battements de cœur vous épuisent et je dois vous considérer comme un nouveau Jérémie avec vos lamentations perpétuelles ? Votre correspondance m'ennuie terriblement, Arthur. Je vous prierai de ne me faire parvenir que quelques brefs messages sur votre santé et votre jambe perpétuellement bandée, vos varices me préoccupent.

Votre message du Caire m'inquiète : j'apprends que des nègres porteurs vous ont transporté sur une civière de Harar au port de Zeilah après avoir liquidé vos affaires.

Je suis très fatigué et sans emploi, j'ai mal au genou, à la cuisse, au rein.

Vous êtes condamné à la vie errante, la fatigue, les privations avec l'unique perspective de mourir de la peine.

Dernier télégramme de vous :

Venez Marseille lundi matin on m'ampute la jambe. Danger de mort. Affaire sérieuse à régler. Arthur. Hôpital Conception.

Votre sœur est près de vous et vous acceptez le prêtre. Vous désirez ardemment la communion et les sacrements.

Vous ne blasphémez plus et appelez le Christ. Vous délirez, vous dites des choses étranges que votre sœur entend et que les médecins ne comprennent pas. C'est ainsi que Rimbaud est revenu en vous, celui que vous êtes et qui se meurt. Rimbaud qui pleure parce que Arthur l'avait abandonné. Alors parfois Arthur reprend sa place et murmure à la sœur son expédition nouvelle, le désert, les caravanes, l'or, les tribus d'Ogadine, sa jambe articulée et les beaux mulets harnachés, mais c'est Rimbaud qui raconte et c'est bouleversant. Vos yeux, vos beaux yeux ne regardent plus rien. Arthur s'éteint, restent les illuminations de Rimbaud.

Nouveau 4×4 pour Randa. On attaque les collines avec l'arrogance d'un véhicule qui connaît son potentiel. Ahmed conduit. A l'arrière, Momo, le guide, Ali et Fathouma la cuisinière. C'est une expédition coloniale. Les arbres se font moins rares, gorges, petites fermes et habitations rappellent que cette route était surtout fréquentée par les blancs qui venaient se mettre au frais dans les hauteurs. Randa, station balnéaire endormie. Déjeuner préparé par Fathouma dans une maison ouverte pour la circonstance. Sous le figuier, petit moment décalqué sur le passé. J'écris en écoutant une très répétitive musique afar sur le vieux Panasonic poussiéreux d'Ali qui crachote comme il peut les aigus de la rengaine. Balade dans les hauts, ruelles et figuiers de Barbarie, beaucoup d'enfants. Une photo, des bonbons, une photo, des bonbons. Je n'aime pas trop les photos bonbons. On apporte des pompes, des médicaments et on leur pourrit les dents avec du mauvais sucre. On leur bousille le sourire, ils sont si beaux. Momo a apporté Coca, Fanta, barres de chocolat fourrées, tout ce qu'il faut pour édenter. J'en parle à Momo. Oui, je sais bien, on ne devrait pas mais ils aiment ça et c'est une façon de remercier. Tu les gâtes… et ils se gâtent comme les fruits. Ça vient de là, gâter? Oui, abîmer quoi! On fait comment pour les photos et les images? Je reste perplexe, sachant que nous sommes bien accueillis et qu'ils risquent d'être déçus. Bon, je suis lâche et ça ne m'amuse pas. Je prends un cliché d'une très jolie jeune fille avec sa petite sœur. Pas de bonbons, elle n'a rien demandé, c'est elle qui m'a offert son sourire. Je regarde Momo qui semble soulagé que la corruption ne soit pas une tradition. Nous allons boire à la source de Randa. Une centaine de moutons s'abreuvent, brouettes et bidons jaunes. Le ficus sur la place est une cathédrale avec des feuilles en vitraux et des épées de lumière. C'est la paix à l'ombre des grands arbres.

Retour vers la maison, la voix délicieuse de Fathouma s'envole par une fenêtre, elle chante. Elle est un peu ronde pour une Somalienne mais ça lui va bien. Elle est douce et quand elle ne chante pas, elle rit, désarmante.

Vers Dikilou, c'est la forêt primaire de Day, région d'eau, étrange oasis comme un grand jardin suspendu au-dessus du désert. La piste qui traverse l'éternel chaos des oueds aux lits déchirés, déchiquetés, ne laisse que deux banquises de terre stérile et des arbres aux racines nues. Les crues soudaines sont démoniaques, meurtrières. Après le passage des eaux, les fleurs s'épanouissent, miraculeuses graines échappées de l'apocalypse qui fleurissent le temps d'un regard ou d'un geste amoureux. Au loin, les montagnes se partagent des mauves, entre lesquelles s'irisent des lèvres humides. C'est là que nous allons, vers ces lèvres. Deux roches noires gardent l'entrée d'une gorge. Treize kilomètres en une heure trente, le paradis se mérite. Dikilou se rapproche, virages en éboulis orangés. Il y a des taches d'émeraude sur la terre rouge, des ombres bleues sous les sycomores, des figuiers dont les fruits régalent les petits singes, des oliviers sauvages, des dattiers terminalia, des ginsengs. J'ai vu une sorte de figuier constrictor, un boa végétal qui étouffe les grands arbres. La graine de l'étrangleur ne germe que dans l'estomac d'un oiseau qui l'ingère et le restitue au hasard de ses vols. Le prédateur s'empresse alors de vampiriser la première écorce à sa portée. Les genévriers se meurent d'un parasite. Le camp de Dikilou est au bout de la patience avec de beaux jardins, des manguiers et de l'eau qui vient de la montagne en filets fragiles. Nous avons pris un peu d'altitude et il fait miraculeusement frais. Il y a un potager, de maigres cultures. Il faut du courage pour trouver de la terre entre les pierres, gratter, creuser un puits, irriguer.

Ma chambre est une case sommaire avec lit de nomade afar en tresses de palmier dattier et une moustiquaire à trous qui adopte le principe de la nasse, une fois à l'intérieur le moustique reste prisonnier et se venge. Dans une pièce nue, Fathouma cuisine avec deux autres jeunes femmes. L'obscurité ne cache pas la beauté. Le feu est à terre, elles sont accroupies et bavardent en riant. Fathouma semble heureuse. Je ne sais pas si elle l'est vraiment mais elle est lumineuse. Momo me dit que demain elle chantera au camp nomade. Dans la voiture, il avait traduit sa bluette préférée. *Tu es beau, je te suivrai partout, attends-moi, réponds-moi, est-ce que tu viendras m'embrasser.* Elle se voilait les yeux pour ne pas rencontrer nos regards. Les femmes ont ici une indifférence trompeuse qui s'efface derrière les rires et des yeux pétillants. S'il vous plaît, ne mettez pas de voiles sur vos visages.

Un oiseau chante sur deux notes comme un sifflet de coupée, on l'appelle le boubou africain. Dans une case en rondins baptisée mosquée, trois hommes prient, tandis qu'Amin met allègrement le couvert en chantant un amour déçu. A propos de mosquée, les Saoudiens en construisent beaucoup, parfois ils y ajoutent une école, ça aide à se faire aimer. Ils paient aussi certaines femmes quelques dollars pour se voiler, ça nous rassure sur leur sincérité. Je vais prendre une douche. Elle est bonne, très fraîche à cette altitude. Et vous, compagnons? Oh non, trop froid! Pas d'ablutions, rien? Non, rien, trop froid. Bon, personne? Non. La nuit s'est glissée, soudaine, il reste encore une traîne de jour qui hésite à se retirer. Je retourne aux cuisines d'où s'échappent des rires. Les jeunes femmes ont été rejointes par deux hommes et la conversation est édifiante. Ils improvisent sur le mariage, la dot, l'amour, avec multiples variantes et d'étranges suggestions. Des paris, des prix, des remarques sur les caractères, et Momo me traduit que c'est décidé, l'une est d'accord pour que je l'emmène en France. Rires facétieux. Personne ne craint les regards dans l'ombre. Les dernières lueurs achèvent de danser sur les jupons qui frôlent, dans l'innocence de la nuit, les corps des hommes assis. Les femmes s'éloignent furtivement. Celle que je dois marier fictivement se cache la bouche avec sa main et fait sonner ses bracelets. Plus loin elle reprend un chant dont je ne connaîtrai jamais l'histoire. Je devine, ma belle.

Les femmes ici ne craignent pas l'Islam? De quel Islam tu parles? Elles ne craignent que les hommes. Je ris, eux aussi. Il est question de circoncision, de mariage, de l'excision. J'épargne les détails, le clitoris tranché au couteau, lèvres cousues avec des épines et saupoudrées de gomme, minuscule ouverture pour pisser et plus tard lors du mariage opération inverse, décousues par le mari puis amour chirurgical. Pour les hommes c'est mieux, on tire le prépuce, on tranche et on cicatrise avec du piment broyé pendant que les femmes font youyou et que les hommes conjurent les jeunes garçons d'être braves.

Mon amour, il n'est que huit heures. Le ciel est un livre d'astronomie. Où êtes-vous? Je tousse encore un peu avec des petites douleurs aux épaules. Posez votre main sur ma poitrine, cela m'apaise.

Bonne nuit.

Je vous ai vue derrière une lune de papier huilé avant de disparaître à la naissance du jour.

Dikilou, forêt de Day, six heures. Le jour est paresseux, le ciel est dans le duvet. Mes guides aussi apparemment. Le petit-déjeuner traîne, eux aussi. Départ sept heures au lieu de… et on s'en fout, bonhomme, de ton énergie, de ta vaillance et de ta ponctualité, ne vis pas en avance, en anticipant continuellement. Tu vis ce qui pourrait être et non ce qui est. Je comprends bien mais c'est une question de lumière sur le lac Assal. Tu l'auras, ta lumière. Les voilà. On entasse le véhicule et, portes fermées, je trouve que ça sent la chèvre. Le soleil ne devrait pas arranger ça. Je repense aux dénégations à propos de la douche. Le vent du lac Assal balaiera le malaise. Après les treize kilomètres de piste difficile c'est le macadam et bientôt la banquise de sel ourlée de vert. Il y des bandes de lave noires, un chaos de déchirures, un chantier gigantesque, guerre atomique, cendres, laves effritées, blocs en éboulis sombres, terre âpre, cristaux acérés de sel et de quartz, de mica et de schiste. Le lac est un œil grand ouvert, une immense pupille bleu marine, bordée d'un liseré émeraude et d'une paupière de neige, dans une orbite de cristaux enfoncée à cent cinquante mètres au-dessous du niveau de la mer. Étrangement beau et désolant. Impressions de crainte et d'éternité.

Je filme une famille avec dromadaire et mulet, bagages et marmaille. Curieusement l'homme ne dit rien, mais madame, m'apercevant soudain, se met à hurler comme si j'avais tenté de l'égorger. Cinq cents dollars djib, tout se calme et j'ai mes images. Tout s'achète, même les âmes, je devrais le savoir. Je devrais être capable d'écrire ce que je vois et ce que je sens en évitant l'humiliation d'un maigre billet.

Goubbet al-Kharab, le gouffre des démons où Cousteau, décidément, n'a pas laissé de merveilleux souvenirs. Au campement une gazelle apprivoisée se balade comme une reine fragile. La chasse est interdite. Il vaut mieux être gazelle que cabri en ce pays. Plus loin, deux geckos me regardent pendant que, dos tourné au camp, j'irrigue la terre aride.

Piste difficile dans les croûtes effondrées. La pioche d'un géant fou a défoncé le sol pour un sublime spectacle, un autre monde. Le volcan Ardoukoba domine à la fois le lac Assal et la mer. L'inimaginable est dans cet acacia et l'herbe au creux de la lave, cette gazelle fauve qui se sauve dans le contre-jour avec une poussière de cendre sous les sabots. Il y a des vapeurs au-dessus des failles, une haleine brûlante. Avant la fin du jour je rejoins un peuple nomade qui se sédentarise. Autre vallée, autres lumières sur les montagnes. Une grande tente contre un mur de pierre est prête à m'accueillir. Je serai comme un prince afar. Presque tout le village est là. On porte les plus beaux tissus, on allume un grand feu et j'observe attendri un cabri dans les bras d'une petite fille. J'ai peur pour lui. Ma venue est un acte touristique, je ne m'y trompe pas. Nous apportons riz, boissons, pain, fromages, etc. Ils voudraient un dispensaire, une école, quatre murs avec une toile dessus. Chacun réclame sa photo. Le numérique est béni. La lumière joue avec les visages. Les derniers arrivants sont en rouge et orangé avec poignard à la ceinture. Dans l'abri, on a couché les plus petits et les vieux se sont installés le long du mur. Ils vont tous dormir là, dans "ma tente". Je sors pour prendre l'air. Le cabri est sur le feu. Tu sens bon, petit animal. On murmure autour de moi, c'est la paix vespérale. Un chant dans l'ombre, c'est Fathouma. La fête commence, elle est à son affaire, une vraie meneuse de revue. Il y en a pour des heures. Je vais danser, courtoisie oblige. Je suis un peu perplexe sur l'avenir de la tribu qui va maintenant vivre du tourisme. C'est ainsi, je ne vais pas souhaiter le retour au Moyen Âge. Danse et tais-toi. Les chants se répètent à l'infini sans lassitude jamais. Ça n'en finit plus. Je tombe de sommeil. Je remarque tout de même deux femmes d'une exceptionnelle beauté avec des *chalmas* rouge et noir. Elles sont troublantes. Que fait ce blanc ici? Célibataire? Et vous, promises?

A l'intérieur deux gosses toussent une mauvaise bronchite, un autre ronfle. Ça jacasse, les chèvres miaulent et les chats bêlent. Je sors avec ma frontale pour explorer une possible couche, mais ce ne sont que des corps à même le sol, des chèvres et des épineux, les bonnes places sont prises. Le vent s'est levé, force 4 à 5, et gonfle toiles et boubous, je retourne au paradis. Je regarde par une fente ouverte le ciel peint et quelques braises qui finissent la nuit près des étoiles. Fathouma a apporté des brandons et des parfums doux qui dissipent quelques odeurs de biquette fatiguées. Peut-être a-t-elle ajouté un filtre. Je m'endors très vite. Nuit en pointillé.

Ici, il n'y a pas si longtemps les guerriers devaient prouver leur courage et leur virilité en émasculant un ennemi ou autre petite gâterie. Ils portaient alors un bracelet de cuir au bras, avec des couilles séchées comme une décoration. C'était charmant. Tout se perd.

Au petit matin, ça bouge. Lumière froide en lames aux premiers rayons. Les feux s'allument. Petit-déjeuner. Crêpes de sarrasin. Fais-moi une photo. Celui qui parle anglais ne restera pas ici visiblement, il en sait trop sur le monde. L'alouette est déjà piégée. Départ, salut, merci. Une école? Oui, on demandera et un dispensaire et un docteur. Oui.

Menteur, tu ne peux rien faire et d'autres tâches te feront oublier celle-là. Momo balance des bonbons aux enfants comme des graines aux poulets. Ce n'est pas bien, Momo. Mais si, regarde comme ils s'amusent, comme ils rient. De quoi je me mêle, on lance bien des dragées à l'église. On distribue aussi le Coca, merci l'Amérique. Il faudra un dentiste et des prothèses dentaires livrés avec le dispensaire.

Grues de Djibouti et retour à la case départ.

Qui a dit "Il ne faut jamais finir un voyage, seulement l'interrompre"? Je reviens.

J'ai à peine le temps de poser mon sac avant de me retrouver dans les sous-sols du théâtre de Paris pour auditionner des acteurs avec le metteur en scène. Bien sûr les rôles principaux sont distribués mais il y a tous les autres personnages qui doivent être choisis avec beaucoup de soin. On complète rarement une distribution si longtemps à l'avance, neuf six mois, c'est peu pour la démesure de cette pièce. Je teste Richard et ma mémoire. D'un vers à l'autre je tente un par cœur présomptueux pour me rassurer. Je suis loin de cette limpidité souhaitée qui me permettrait d'oublier les mots pour le sens. Patience, creuse, creuse lentement sans t'épuiser. Je pourrais rester tranquille à Paris pour ancrer ce rôle en moi tout en continuant à vous chercher. Je pourrais ne me préoccuper que de Shakespeare, de mon futur royaume.

Il n'est pas de royaume ici-bas pour Richard ?
Couronne, si loin que tu sois je te décrocherai.

Je pourrais polir et repolir cette fameuse scène avec Lady Anne pour la séduire.

Il faudra que je fasse la dépense d'un miroir
Pour étudier les manières d'embellir mon corps.

Il faudrait couper la tête au frère de la reine, cet imbécile de Rivers, celle également de ce crétin de Hastings, soudoyer des tueurs pour qu'ils assassinent mon frère Clarence. Quel boulot. Tyrell sera l'exécuteur des hautes œuvres, je peux compter sur lui. Je veux être sourd aux sortilèges et impitoyable toujours.

Voyons, je sais sourire et tuer dans un sourire
Composer mon faciès en toutes circonstances.
Laisser une rivière de larmes noyer mon visage…

Je pourrais en effet ne rien faire d'autre que de me consacrer à cette tâche, mais il est encore trop tôt et je ne sais pas rester en ville, que voulez-vous, je suis un homme de la brousse, des terres noires de Charente, du bush africain, des vallées perdues. Il y a un film à tourner au Cambodge et je veux partir, ça me démange. Je saurai utiliser cette fuite pour sculpter Richard. Voyez comme le hasard m'est d'une aide précieuse, mon fidèle Tyrell est du voyage.

Je piétine à l'idée de partir pour cet *Empire du tigre*, une histoire indochinoise, tournée près de la frontière vietnamienne. Étrange, cette insistance qu'a le hasard de me ramener dans cette Indochine des années 50. Je pars sans vous dire au revoir, c'est mieux ainsi, j'aurai moins de peine. Je vous écris très vite de là-bas.

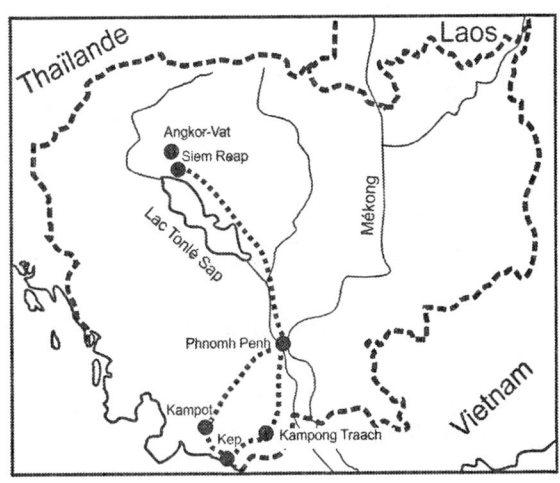

LE SANGUINAIRE

Je suis dans la perméabilité souhaitée pour aborder une nouvelle terre totalement inconnue de moi, excepté Angkor visité lors d'un tournage en Thaïlande. Comme vous, madame, je sais l'histoire de ce peuple, les facéties cinématographiques du roi Sihanouk, la guerre terrible de 1975, les milliers de martyrs, S21 et les charniers de Choeung Ek, mais j'ai de la joie à venir vivre au milieu des rizières.

Nous avons commencé par le Sud, du côté de Kampot sur le golfe de Thaïlande, le domaine indochinois sur terre khmère de Pierre, mon personnage encore à l'horizontale sur le papier et à qui il va falloir donner une identité charnelle. Cela m'amuse toujours d'imaginer cet autre dans une réalité qu'il faut réinventer. Un certain cinéma exige, et c'est notre plaisir, que le destin de ceux que nous choisissons pour l'image soit exceptionnel, enveloppé de romanesque, de violence, faire que l'amour et le pouvoir, objets de toutes les guerres, n'excluent pas la haine et la vengeance et qu'enfin la fiction proposée dépasse la réalité. Si, de plus, on choisit un contexte historique et géographique déterminant, capable d'influencer pour beaucoup l'histoire du film, alors il ne restera plus au metteur en scène que d'avoir du talent.

Dans *Une journée particulière*, Scola met en scène une femme simple amoureuse d'un homosexuel, ce qui n'est pas tout à fait banal, mais il situe le film pendant le fascisme et l'intolérance, ce qui rend les situations autrement plus étonnantes. Imaginez, madame, notre première scène d'amour, notre premier baiser effleuré dans un charmant petit salon de thé au milieu des pâtisseries et des vapeurs de chocolat chaud et revoyez la chose au bord de l'océan avec des nuages qui grognent, une mer turquoise démontée, un vent qui nous déshabille, des embruns qui brûlent nos lèvres de sel et soudain l'orage avec une pluie chaude ruisselante sur nos corps. Un amour dans la tourmente. Eh bien! Je ne suis pas certain que le salon de thé avec les regards indiscrets ne soit pas plus éloquent et subtil que la plage des Robinson. Avec les mêmes mots, les mêmes regards. C'est le contexte qui décide.

Ici, sur cet *Empire du tigre* que je vais chevaucher avec bonheur, il y a le colonialisme condescendant, un peu exacerbé, raciste, les restes dramatiques d'une Première Guerre mondiale éclatée jusqu'en Asie où sourdent déjà les prémices de la Seconde. C'est un tissage de vengeance, de haine, de jalousie, d'avidité pour des richesses déjà violées, où fort heureusement, chère inconnue, l'amour triomphe. Il y a aussi les prémices de ce que sera la guérilla, la naissance du Viêt-minh, la résistance vietnamienne. Vous n'aurez qu'un fragment historique du puzzle indochinois emprunté à la réalité cambodgienne.

Je vais occuper les heures de veille à ne pas paresser, je ne sais toujours pas le faire. Il y aura Richard III, au XIIᵉ siècle, Pierre, dans la première moitié du XXᵉ, et ce pays qui patauge dans un siècle mal défini et qui ne sait comment aborder le suivant. Aurai-je assez de temps pour m'occuper de vous que j'emporte toujours avec moi et qui prenez une grande place? Je me contenterai d'un petit journal de la semaine. Je ne tiens pas à vous épuiser avec mes histoires. Le village dans lequel nous séjournons était une petite bourgade balnéaire des temps coloniaux. Il n'y a rien à dire sur Kep dévasté, sur les maisons de pêcheurs, la côte oubliée, les terrains minés. Il n'y a que des visages posés là dans les souvenirs de la guerre, rien que des enfants qui ne savent pas, ou pas encore, des hommes et des femmes qui doutent de ce qu'était l'autre, le cousin, l'ami, le voisin pendant la dictature de Pol Pot. On a éliminé les intellos, les prêtres, les artistes, et ce pays survit maintenant dans les lèvres d'une immense blessure, exsangue, où mettre un pied devant l'autre est déjà s'exposer à faire sauter une mine. Ce que je vous écrirai sera bien modeste au regard de la souffrance de ce pays.

Samedi
Cinq heures du matin. Déjà sur la route avec bonheur. La nuit efface la laideur inévitable et gomme les aspérités blessantes mais la lumière est prometteuse. Elle irise, esquisse et caresse les formes. Elle noie de rose les lointains brumeux. Il fait jour. Bientôt il y aura les verts passés, des chaumes roux, des visages en sueur. La misère sera plein soleil. Il mord, le bougre, sans discernement. Il brûle, étouffe, endort. C'est un grand feu qui éteint toute velléité, tout courage d'entreprendre. Vitre ouverte, il me reste encore les parfums. Ceux des racines brûlées, des cuisines de brousse, des plantes aromatiques des fleurs enfouies dans les jungles humides.

Nous évitons une "mobylette trois-corps". Le petit dernier est niché entre le père et la mère, une cage à poules, le fagot de bois et deux sacs de mangues vertes. Équilibre précaire. J'ai vu également des mobylettes quatre-corps mixtes et hier, sur cette même route, une cinq-corps sans échappement. Il y avait un petit enfant sur le guidon dos à la route, le père collé à lui s'accrochait aux manettes et, derrière, la mère imposante avait un môme sur chaque genou. Un cheval efflanqué, ivre, arrache une carriole antédiluvienne et nous bloque un instant la route, le chauffeur klaxonne mais rien n'y fait. Un char à bœufs sans maître déboule d'une rizière et s'égare sur la chaussée, ça passe à un grain de riz entre les ridelles. Andy connaît bien son pays et cette route, il patiente un peu, avec un calme asiatique qui n'est qu'une apparence, puis me jette un regard qui veut dire : allez, on double ?... J'acquiesce et nous voilà avec deux roues dans la poussière sur le bas-côté, on passe à droite, on redresse, Andy mord la terre à gauche, oblige le bœuf à retourner dans sa rizière, puis passe au centre en évitant un trois-corps qui fait un demi-tour sans prévenir. Tout le monde sourit. Pas de règles sur la route. Ici on vire, traverse, croise sans prévenir. C'est comme ça. Il faut s'y faire et jouer le jeu. Finalement ça a l'air d'amuser tout le monde, mais c'est tout de même le pays qui bat le record des accidents de la route. Pas de casques, pas de sécurité. Quand un cinq-corps, poussière dans les yeux, se ramasse sous un camion, il n'y a aucun pardon. Lui, tire une remorque avec un deux-roues mono-corps bricolé. Ils sont vingt-trois à l'intérieur entassés sur la paille de riz. Soixante-dix kilomètres-heure. Il y a des écharpes rouges qui claquent avec des rires. C'est beau, murmure le Français qui ne pense pas assez que ces scènes délicieusement cinématographiques pour lui sont la réalité quotidienne de ces gens. Il somnole encore dans son 4×4 Jeep tout confort. Il filme parfois. Ça lui plaît de filmer la vie des autres. Oui, ça me plaît. Nous croisons un deux-corps. Une femme à l'arrière tient un bambou avec une perfusion comme un fanion. Ils vont au dispensaire de Kampot. Quarante bornes. Des cochons vivants ficelés en saucissons sur un porte-bagages couinent à faire pleurer Brigitte. Il n'y a pas trop d'apitoiement sur les animaux ici, ce n'est pas de la cruauté, c'est comme ça, une férocité inconsciente. Excepté pour le chien, animal supérieur. Nous traversons Kampong Tralach à vingt kilomètres de la frontière viet. C'est l'heure vive du marché, des échoppes, des visages penchés sur les bols de soupe. A droite et trente kilomètres sur le dos des digues à travers les rizières. Au bout de la piste, le tournage. On cahote entre deux rangées de maisons bleues sur pilotis avec chaume. Ils n'ont pas les moyens de la tôle ondulée. Ça sauve l'esthétique. Il y a une école, c'est un bistrot avec des sièges en plastique bleu. On aime le bleu, ici, probablement un stock de peinture égaré. Les enfants du village se calent dans les déchets, les coudes sur les miettes et la soupe froide. Ils regardent l'écran couleur d'une télé, leur maître à penser, l'école posée sur une planche poussière. "Kalachnikov et amours cloches." La bouche ouverte, ils boivent les paroles des évangiles selon Asia-Movie, *made in* Hong Kong, Bangkok ou TV Manilla. Derrière eux, la vache tire sur sa corde et les cochons pataugent. Le soleil se lève sur la roche veinée de rose. Les oiseaux déchirent les dernières brumes. L'étang des rizières attend les jeux, des cris, des corps nus. Tout à l'heure l'or des eaux aura fondu et les enfants perdront leur trésor.

Après le lac, quelques roches sombres camouflent un petit village et une voie ferrée. Sur le bord du chemin, sous les cases pilotis, il y a des billards, des joueurs et des parieurs. Pas de femmes penchées sur le tapis vert, elles ont du boulot. Petits signes, cela fait plus de trois mois qu'ils voient des blancs passer dans leurs rizières pour tourner un foutu film de blanc. Heureusement, tout ce que nous avons construit sera pour eux, enfin pour le chef de village. Hommes, femmes, enfants font de la figuration, ça remplit la marmite. L'arrivée sur le décor est toujours très impressionnante, ma maison est une grande demeure de planteur avec un étage et des vérandas tout autour. Ils ont fait un jardin, construit des hangars, des magasins, un petit village pour les ouvriers et une sorte de dispensaire. Il y a des véhicules des années 30, de faux gendarmes français et des soldats du Viêt-công, le tout dans une vallée paradisiaque entourée de pains de sucre. Comment ne pourrais-je pas être heureux? Je le suis, ça peut arriver, je le dis. Les loges sont à part, à l'écart du tournage, et quand je suis sur ma propriété j'ai vraiment l'impression d'y être, dans cette Indochine coloniale que je ne connais pas, j'y crois à ce morceau de fiction et c'est ce qui fait toute la magie de ce métier. Je suis habillé comme Indiana Jones, un peu plus rustique, plus agricole disons.

J'ai une scène aujourd'hui avec un petit cheval craintif qui n'a jamais fait de cinéma. On s'apprivoise. Ça marche bien entre nous. Hier, nous avons tenté une petite balade sur le chemin des rizières. Il y avait encore des lambeaux de brume sur les collines.

Je pense à toi, madame, mon amour. Je voudrais que tu voies ces monolithes de granit mauves : deux cents, trois cents mètres de haut, peuplés de singes. Ils ont été vendus aux Chinois pour faire du béton. Il n'y aura plus de montagnes dans dix ans. J'avais très envie de faire l'enfant, de laisser mon ami attaché à un arbre et de grimper sur les rochers. Je ne l'ai pas fait, bien sûr, je suis en tournage. Je deviens raisonnable, cela doit vous faire sourire.

Ça fait des mois que je mâche les vers de Richard III, à bord d'un bateau, dans le désert, dans une chambre d'hôtel, dans la voiture, pendant les pauses ou en me démaquillant.
Dans trois mois, je serai sur scène. Richard ta bosse, ton pied bot, ta cruauté me hantent. Il m'obsède, le sanguinaire, le sanglier, le venimeux. Il laisse juste un peu de place à l'autre, Pierre, ce planteur des années coloniales au cœur de l'Indochine. Cambodge, Viêtnam, le cinéma européen s'accommode et les Cambodgiens ne posent aucune question. Aussi minable que soit le cachet de figurant, c'est beaucoup pour une famille khmère. Quelle conscience a-t-on après tant de souffrances ?
Les armes pour conscience, hurle Richard. Il n'y a pas si longtemps, dans ce pays, les hommes n'avaient que les armes et la torture pour conscience.

216

A côté du maquillage et du coiffeur j'ai un minibus-loge pour mettre mon chapeau et mes chaussures de brousse. En selle. Salut toi, petit cheval craintif. A nous. Moteur. C'est parti. Plein soleil.

A demain.

Dimanche

Repos. Levé tôt. C'est une habitude heureuse. Déjà chaud. Petit tour dans la montagne de Kep pour combattre la léthargie proposée. Une bonne marche avec petites foulées à suivre. Deux heures.

Je crache quelques vers, c'est bon pour le souffle, l'articulation et la mémoire. J'en piétine certains sans trop leur faire de mal.

Sur ma vie je tiendrai le monde pour l'enfer
Je sais sourire et tuer dans un sourire.

Difficile dans ce Cambodge khmer de ne pas penser à Pol Pot. Monsieur Shakespeare, rien n'a changé, vous le voyez bien. Le Cambodgien continue à courber le dos, à attendre les coups. Il affiche une résignation désespérante derrière un sourire trompe-la-mort. Je me réjouis de courir dans la solitude verte et bleue du petit matin de Kep sur le golfe de Thaïlande. Il y a ici de gentils boas, un vindicatif et mortel cobra royal, la vipère de Russel. Des papillons me précèdent en hésitant. Des geckos m'épient sous les feuilles sèches. Il y a des froissements sous mes pas. La jungle est belle, encore humide de la nuit odorante, des effluves nocturnes non dissipés, échappés des jasmins et des frangipaniers.

Il y a un chemin un peu raide qui perce la forêt jusqu'au sommet. Là-haut est assis un petit temple près d'une maison. Une vieille à la bouche souillée de bétel m'accueille avec un sourire noir. Son chien fauve aboie, rayé. Changez le disque. Le temple qu'elle garde s'ennuie entre deux fromagers. J'ai marché en écrasant des fruits mûrs.

C'était l'heure chaude, trop chaude. J'avais envie de faire l'amour. Je t'ai imaginée, mon inconnue. Tu n'as pas voulu goûter au gingembre séché ni aux algues poivriers. Je t'ai raconté une histoire et tu t'es endormie.

Au retour je passe devant la pagode, avec des petits moines orange qui pouffent de rire en me saluant. Deux reviennent avec la nourriture mendiée. Ils ont une ombrelle de la couleur de leur robe. Coquets, les moines. On dit que les couleurs sont des notes de musique, des vibrations. Ils sont jeunes. Les vieux sont rares. Richard III, je veux dire Pol Pot, a assassiné tous les bonzes et détruit plus de trois mille temples. Il n'avait pas eu connaissance des huit voies.

La bonne compréhension.

Le bon état d'esprit.

Le bon discours.

La bonne conduite corporelle.

Les bons moyens d'existence.

Le bon effort.

La bonne attention.

La bonne concentration.

Sur ce dernier point, j'ai du boulot. Ça monte. Je ralentis la foulée. Richard III s'essouffle. Dans une courbe entre les hautes herbes et quelques palmiers sucrés, j'aperçois des îles sombres posées sur la mer. Le trait, là-bas sur l'horizon, c'est le Viêtnam. La beauté de ce pays est bouleversante mais les gens près de moi me semblent à une distance inatteignable… Je suis perdu devant l'inquiétante quiétude.

Nous avons acheté deux vaches à une famille d'orphelins élevés par le frère aîné. Il a quinze ans et casse des cailloux sur le bord de la piste. Méfiance des voisins, jalousie, trop beau le cadeau. On a dû faire admettre au chef de village que nous prêtions les vaches pour le lait, en échange d'un peu de figuration pour ses frères et sœurs.

A l'entrée de Kep, il y a un troupeau de motocyclettes bon marché montées par des filles. Elles attendent les rares voitures et les minibus de Phnom Penh avec leurs chargements d'endimanchés. Les filles se disputent le client pour une visite minable. Il n'y a rien à voir que la plage grise et le marché aux crabes. Petite mafia féminine, vulgaire, sans grâce. Je te serre dans mes bras, mon amour. Je te fais centre du monde.

Brille beau soleil, le temps d'acheter un miroir
Que je puisse en chemin danser avec mon ombre.

Le premier acte s'ancre peu à peu. Je cours avec mon ombre sans bosse, Richard est dans mon sac avec un jus de gingembre.

Lundi
Les deux frangipaniers de la terrasse sont en fleur. C'est une belle maison illusoire, au cœur de la forêt cambodgienne, une maison de cinéma au pied d'une montagne de calcaire vert pâle et mauve.

Il y a des pluies nocturnes. La latérite se gorge de rouge et d'orange avec de miraculeuses veinules noires. Les rizières attendent encore un peu. Je te vois. Je te sens. Tu dors sur mon ventre, épuisée par la chaleur.

Il y a au loin de mauvais haut-parleurs qui hurlent une musique lancinante. C'est la saison des mariages, le cinquième depuis le début de la semaine. *Weeding season, sir!* Les dates sont déterminées par les bonzes.

Il y a quelques jours je suis allé au mariage d'un employé de la maison où nous logeons. Il prenait femme. J'ai eu l'impression en les voyant que c'était elle qui prenait homme. J'y suis allé par courtoisie et curiosité. Je n'ai pas tourné, je veux dire que je n'avais pas ma caméra, je n'avais pas le courage de cette impolitesse. Il n'y avait de lumières que les feux de brousse disséminés et quelques lampions anémiques. Un piteux orchestre tapait sur des notes. Il était émouvant, ce jeune marié à qui j'apportais dans la nuit quelques dollars offerts par l'équipe absente. J'ai aimé cette ambassade. J'étais le seul Européen, animal étrange dans cette faune cambodgienne.

Il y avait beaucoup de demoiselles, sucrées de rose, de vert et de jaune, des bonbons pour accompagner la mariée qui relevait sa jupe dans la poussière pour aller de table en table, comme un forgeron de ménage. Je ne sais pas trop ce que j'ai mangé. C'était bon, généreux. Il n'y avait que des visages heureux. Une fête quoi. Une fête pour fêter, une fête pour oublier, se soûler et dire des vérités, une fête pour s'unir et chercher à s'unir, faire des couples pour cultiver la terre, engendrer, suivre les bœufs, tuer les cochons, plumer les poulets, enfoncer un doigt dans le limon des rizières et y planter les jeunes pousses.

Cela n'exclut pas l'amour, le désir, la jalousie, l'envie, l'ennui. Difficile de croire qu'il y a peu l'horreur était quotidienne. C'était juste avant la naissance du jeune marié. Il doit avoir vingt-cinq ans. Dans cette fête il y avait les victimes du génocide et leurs bourreaux, des souffrances vives, des blessures. En partant, toute une marmaille à rire clair, dépouillée du passé, nu-pieds, libre, était rassemblée près des motos sans corps entassées contre les troncs de palmier. Ils n'avaient pas peur.

Je me souviens des enfants de Beng Melea près d'Angkor. Ils m'attendaient, perchés sur les gigantesques racines qui emprisonnaient la pierre des temples. Elles avaient la patience du temps et sa puissance. Mangeuses de pierres. Les petits rois silencieux me faisaient des signes pour que je les suive dans cette cathédrale engloutie. Je suis certain de t'avoir vu assise dans les serres d'un oiseau végétal. Tu souriais, heureuse, devant la beauté féroce. C'est à moi que tu souriais. Dis que c'est à moi, mon amour. Quelle chance nous avons.

Les enfants de Beng Melea ressemblaient aux enfants de Kampong Tralach. C'est leur mystère qui me fait croire que tout sera possible un jour.

Je suis rentré, aveugle. J'ai roulé sur une route noire blessée parfois par les feux des motos multicorps. Stéphane, le Tyrell de Richard, m'attend pour les vespérales répétitions en l'honneur de Shakespeare. Nous déroulons un acte chaque jour, il me donne la réplique de tous les personnages, c'est un miraculeux répétiteur. Le dîner est au bord de l'eau avec le bruit des vagues sur les galets, celui des voix, des douces conversations et du vent dans les moustiquaires. Parfois je suis agacé par les cris dans la piscine car il y a une piscine et je n'aime pas les piscines. En fin de journée tout le monde se retrouve à la flotte, moi compris. La mer est impraticable pour cause de vase. Le village déverse en permanence ses déchets, ses jus de cuisine et ceux des chiottes. Dans ma chambre sanctuaire, sous le voile de tulle, j'écoute ta voix, celle d'une soprano de Vivaldi dans les vêpres pour l'ascension de la Vierge Marie. Tu es dans le cœur d'une basse continue de Bach, sous les doigts de Glenn Gould. Aux mornes heures – il y en a parfois – tu es *allegro*, très *vivace*, remettant ainsi notre bonheur à sa place, à la première, devant, au front, laissant le reste du monde aux arrières. Je sais que tu vas croiser ma route, ne tarde pas.

Mardi
Il y a eu de l'orage cette nuit. Il est cinq heures trente. Les odeurs sont folles. Débordement des canaux. Traits de terre rouge sur la route. Il fait gris. Aujourd'hui j'ai une scène avec des acteurs, une autre avec le cheval et une autre avec moi-même. *L'Empire du tigre*. Je suis le tigre, enfin son frère. Vous comprendrez en regardant le film, je n'ai pas le courage de vous raconter l'histoire.

Je regarde ce peuple si incompréhensible. C'est toujours difficile à croire et pourtant c'est l'infâme réalité. Pol Pot "le Professeur", le médiocre, réfugié dans la jouissance du pouvoir, n'a pas pu à lui seul tuer autant de gens, à lui seul inculquer le plaisir de la torture, imaginer tant de férocité. Dans ces maisons, il y a des Khmers rouges qui se cachent. Tout le monde se méfie de tout le monde, personne ne se plaint, ne se révolte, tous se plient jusqu'à terre, mains jointes, jusqu'à boire l'eau des rizières et se noyer. Le Cambodgien est comme une grenouille écorchée vive qui n'attend plus que le boa. Le peuple est blessé, j'espère que ce n'est pas à mort. Les enfants me rassurent. Sur le tournage, aujourd'hui, au bord du chemin, un homme qui devait en avoir ras le bol de nous voir passer et repasser pour des plans successifs avec les véhicules des années 50 a fini par sortir un revolver afin que nous décampions, ce que nous avons fait. Imaginons la même scène dans une campagne française, un camion militaire frôlant vingt fois de suite les maisons du village sans demander l'autorisation aux riverains, en soulevant une abondante poussière parce que c'est plus joli dans le cadre et obligeant les habitants, surtout les enfants, à ne pas se trouver au milieu du chemin. Dégagez, s'il vous plaît, personne dans le cadre, on vous voit, vous, là-bas, à la porte, rentrez chez vous. Qu'est-ce qu'ils foutent au milieu du chemin, renvoyez-les chez eux, on ne va pas y passer des heures, merde. Il va finir par l'enlever, sa mobylette ? Non, monsieur, on ne passe pas. Qu'est-ce qu'il dit ? Il aimerait bien rentrer chez lui. Qu'il attende, on n'en a pas pour longtemps. Sincèrement, je les trouve adorables, ces Cambodgiens, moi j'aurais foutu le feu au tournage. Démaquillage, déshabillage de Pierre et habillage de moi-même.

Il y a une affiche d'Angkor, déchirée et jaunie, sur le mur d'une maison en ruine. L'une des merveilles du monde en lambeaux sur un crépi criblé de balles.

J'avais découvert ce trésor dans les années 1850, en octobre 1859 plus exactement. J'ai retrouvé mes carnets écrits pendant une expédition au Laos, au royaume de Siam et du Cambodge. Ce sont des pages que je vous remettrai quand nous nous verrons.

Nous avancions avec beaucoup de difficultés, coupant les lianes au passage, écartant les bambous, les broussailles enchevêtrées. L'ami que j'accompagnais était un missionnaire curieux de l'histoire des civilisations. Il avait trouvé dans les archives d'un temple une page qu'il avait reproduite et qui précisait un lieu dont les noms avaient changé au cours des siècles mais qui semblait fort être celui où nous pataugions. Nous étions épuisés par des jours de marche, mais un homme au village avait affirmé avoir vu ce que nous voulions voir. Je l'avais cru sincère à la manière qu'il avait eue de raconter sa découverte sans se soucier des moqueries des femmes, avec des gestes qui dessinaient dans l'espace et sur la terre des traits rectilignes, des verticalités, des orbes qu'il brisait en se jetant au sol. Parfois il joignait les mains, fermait les yeux et restait ainsi silencieux le temps d'un souffle, puis avec son bras donnait l'illusion d'un serpent qui enserrait, enveloppait son autre bras droit comme un linteau. Il s'était ensuite ingénié à placer deux hommes l'un derrière l'autre avec les bras à différentes hauteurs pour représenter Vishnou. Les acteurs riaient de bon cœur. Il avait terminé le spectacle en se couchant dans des hautes herbes, raide comme une statue. Ce qu'il nous avait raconté était peut-être imaginaire, ou bien cet homme était un fou du roi et se moquait de nous. Pourtant si son rôle était de faire rire le village, il ne pouvait inventer cela. Au moment du départ, il refusa de venir avec nous, faisant de nouveau le pitre en tremblant de tous ses membres pour signifier la peur. Cette attitude ne contribua pas à me rassurer mais nous n'avions que ce témoignage et le plan de mon ami. Cela lui suffisait pour être convaincu. Charles-Émile me dit que ce lieu étant sacré, tabou, il était impensable qu'un villageois ose nous accompagner. Je faisais confiance à sa grande connaissance de la civilisation khmère et je le suivis, trop avide d'une découverte et de secrets enfouis. Nous étions lourdement chargés, aucun porteur n'avait accepté de vendre son âme.

Nous marchions l'un devant l'autre, chacun prenant la tête à son tour. La nuit allait bientôt tomber et nous nous demandions tout de même si nous n'étions pas perdus, prêts à être dévorés nous aussi. Nous n'apercevions aucun refuge possible, seul un point d'eau marécageux laissait un terrain à découvert, mais nous savions l'un et l'autre qu'il était bien trop dangereux d'y passer la nuit. Que de moustiques, mon Dieu, nos mains étaient en sang. Nous avions mis des foulards de coton sur le visage mais les bestioles arrivaient tout de même à s'infiltrer sous le tissu. Je ruisselais et n'avais plus rien de sec. Je donnais des coups de machette rageurs pour tenter de trouver une issue, une trouée dans la verdure avec un peu de ce qui restait de lumière. Mon compagnon et moi ne parlions que pour jurer contre le mauvais sort et la malédiction. Je pestais contre les insectes qui bouffaient ma peau de blanc écorchée et je me demandais maintenant si le type du village n'était pas réellement fou et si le dessin de Charles-Émile décrivait une réalité. J'avais accepté cette aventure par amitié et secrètement aveuglé par d'hypothétiques trésors. Je voulais être le premier, mais la forêt reine dévorait tout, rien ne restait.

Soudain, je sentis le sol se dérober sous mes pieds et je disparus aux yeux de mon compagnon sans avoir le temps de crier. Charles-Émile se précipita et je l'aperçus au-dessus de moi sur une immense porte de pierres sculptées retenues par un tissage de racines. Je n'avais rien, que le souffle coupé et un grand sourire que mon ami me rendit. C'était là, nous avions enfin trouvé le site dont nous rêvions, un temple khmer, une merveille enfouie depuis des siècles et bien au secret dans la jungle cambodgienne. Nous nous embrassâmes mon compagnon et moi avec beaucoup d'émotion, nous allions pouvoir révéler au monde la grandeur d'une civilisation perdue. Nous étions en 1859 et seuls des Portugais au XVI siècle avaient rapporté d'étranges histoires de cette partie du Cambodge et du Laos. Personne, depuis, n'avait confirmé ces rêves de voyageurs, hormis peut-être un pèlerin japonais qui avait dessiné le plan d'une cité dont personne ne crut réellement à l'existence tant elle semblait monumentale. Ce n'est qu'un temple parmi beaucoup d'autres, m'affirma Charles-Émile, nous sommes à l'aube de grandes découvertes, mon ami. Il y avait un bouddha effondré à mes pieds, je me souvenais de la position qu'avait prise le villageois. Ce devait être ce bouddha qu'il nous avait montré. Plus loin je distinguais les débuts d'une immense fresque sur laquelle était sculptée une parade d'éléphants. Sous le feuillage qu'un rayon tardif traversait, j'aperçus un lion. Ce fut la dernière merveille que nous pûmes voir. Le jour en s'éteignant avait effacé ce que le matin nous révélerait, mais ce fut notre plus belle nuit blanche. Qui aurait dormi avec un cœur battant à cette vitesse ? Charles-Émile m'invita à prier, mais j'avais l'esprit chahuté, j'étais bouleversé. Les flammes de notre feu faisaient danser les éléphants et sourire Bouddha à côté duquel nous nous tenions. Depuis quand étais tu là ? Mon compagnon pensait au XIIe siècle, au roi Suryavarman qui vainquit les Chams. Nous entendîmes nettement des tigres, sans les voir fort heureusement. Le matin laissa passer des rideaux de lumière dans la grande cathédrale. L'autel s'éclairait et dans la nef nous n'étions que deux. Sur l'écorce des grands arbres poussaient des orchidées, des grappes de fruits rouges pendaient jusqu'au sol et des nuées de fleurs blanches s'accrochaient à des colonnes de pierre. Dans un bassin d'eau croupie s'ouvraient des fleurs de lotus bleu. Sur les bords étaient sculptés des serpents à têtes de dragon. En dégageant de grandes fougères, je découvris les deux villageois l'un derrière l'autre avec leurs bras multiples, Vishnou avait beaucoup souffert. Notre bonheur dura peu car un couple de tigres nous rendit visite, nous étions sur leur territoire. Nous avions nos fusils chargés et nous tirâmes en l'air pour les chasser. Ils grognèrent, hésitèrent à sauter sur leurs proies totalement effrayées, puis repartirent avec une certaine nonchalance. Nous restâmes tout le jour à explorer cet incroyable entrelacs de racines et de pierres. La végétation avait créé une nouvelle architecture tout à fait mystérieuse et fait de cette cité perdue un chaos grandiose. La nuit suivante, alors que nous bavardions autour du feu, les yeux encore pétillants de ce que nous avions vu, nous entendîmes un cri humain, très proche. Un homme hurlait comme possédé, nous étions pétrifiés. Puis il y eut un grognement, un feulement et des râles. Nous ne bougions plus, tentant désespérément de n'être rien de plus qu'un morceau de bois. Il n'était pas question d'aller voir ce qui s'était passé mais nous le devinions aisément. Nous passâmes le reste de la nuit à alimenter le feu comme si nous voulions embraser la jungle. Ce n'est qu'au matin, le fusil à la main, prêts à toute éventualité que nous explorâmes l'endroit du supposé crime. Charles-Émile trouva un bracelet que je reconnus, c'était celui de notre villageois. Pour ma part je trouvai les restes de son pagne ensanglanté. Le fou du roi avait transgressé les lois, bravé le tabou, et les dieux venaient de le punir. Assis sur un linteau, j'écris ces lignes, tremblant, un peu amer après cet incident. Charles-Émile, dont la ferveur est grande, prie pour le défunt.

Madame, je voulais partager avec vous cette émouvante découverte. Elle fut sans égale, mais à quel prix.

Charles-Émile Bouillevaux, que vous ne connaissez pas, mon amie, découvrit donc Angkor et publia le récit de notre voyage dont personne ne se soucia. Il resta pratiquement ignoré. On attribua très injustement la découverte des temples à Henri Mouhot avec son *Voyage dans les royaumes de Siam, de Cambodge et du Laos* et on a oublié ce brave Charles-Émile. Imaginez quelles furent notre surprise et notre émotion devant ces monuments engloutis. J'aurais voulu être avec ce missionnaire pour partager les bivouacs et les silences, j'aurais dormi dans les bras de

Shiva, sous l'œil indulgent de Vishnou incarné en tortue. Plus tard je serais revenu faire des clichés avec John Thomson. Aujourd'hui, des lignes d'avion directes mènent les troupeaux de touristes au pied du site, des colonnes de bipèdes s'agglutinent devant les ruines d'Angkor Vat. Les guides vous expliquent le sens de la visite, les heures pour éviter la foule, comment profiter du soleil couchant et du soleil levant, on vous mâche le boulot, vous n'avez plus rien à faire que d'obéir et de regarder, vous n'avez rien mérité. Ça m'emmerde.

Je n'ai pas aimé Siem Reap. Des dizaines d'hôtels se construisent en des temps record pour être les premiers à avaler le fric qui dégueule des avions. On trouve nombre d'agences pour visites guidées, des petits lodges pour routards, des chambres d'hôtes chez l'habitant qui est tout sauf cambodgien, des hôtels modestes et chers, des pensions pas chères sans bonne chère et des établissements luxueux, très chers. Il est difficile de ne pas penser après un bon repas que l'on vient de dépenser un mois de salaire cambodgien et que certaines chambres, par nuit, équivalent à une année. Nous avons vécu quelques jours dans la suite japonaise d'un hôtel français et nous regardions le peuple ramasser les miettes. Nous étions gais et amoureux, j'en suis certain, insouciants et aveugles. Nous sommes allés voir avec beaucoup d'ennui les danses du pays khmer lors d'un repas organisé compris dans la demi-pension. Rien de tout cela n'existait vraiment, une sorte de théâtre à consommer comme tel.

Il y a un hôpital où le médecin gagne vingt dollars par mois et le guide de l'agence du coin quarante ou soixante, on vole les médicaments que l'on retrouve en vente dans les échoppes alentour, les victimes des mines font la manche, les ONG travaillent. De bonnes gens sans relâche déminent le terrain, des militaires, des civils, et pourtant des enfants continuent à sauter sur ces pièges. Pendant ce temps d'autres ramassent les œufs d'or. La poule cambodgienne couve sur le nid d'Angkor. Des mafieux prennent des concessions, font payer des droits de passage.

Arrêtez de nettoyer chaque morceau de temple, d'amuser les archéologues comme des enfants, à reconstituer les puzzles éclatés de ces monuments, laissez les grands boas racines dévorer les pierres, les lianes descendre dans les puits de lumière. Il ne restera que des coquilles vides.

A Angkor Vat, j'ai vu les démons et les dieux baratter la mer de lait, fouetter les eaux pour en retirer l'élixir d'immortalité, ce que je n'ai pas encore réalisé pour vous, car le temps, inexorablement, passe. Je parcours le monde et vous restez invisible. Je ne veux pas que nous vieillissions sans être l'un à l'autre. Je ne veux qu'une goutte de cet élixir, ne serait-ce que pour retarder l'impitoyable horloge. Dans la pureté retrouvée des lignes et de l'architecture on regrette un peu le divorce avec la forêt. Aucun des grands concepteurs n'avait imaginé ce mariage avec les grands caoutchoucs tissant de vastes filets pour posséder la pierre. Ils ne pouvaient soupçonner la force de ces grandes artères de sève embrassant d'un amour cruel les croyances fragiles des hommes. Ce qui frappe à Angkor est l'absence de couleur, ce gris permanent qu'il fallait habiller de soieries, de litières brodées, de palanquins orange et bleu, de rubans infinis qui ondulaient jusqu'au ciel. Il fallait le safran et le miel des princes, les robes turquoise et la danse des pierres précieuses sur le cou des femmes. Il manque l'éblouissement lumineux, l'or et l'argent, l'éclat du soleil sur les casques et les bracelets. La terrasse des éléphants attend les pachydermes, le faste des rois, la cavalerie étincelante, les milliers de soldats, le rouge des bannières et les ombrelles blanches comme les ailes des tourterelles. Alors la forêt s'est imposée comme une pieuvre géante en déployant la subtilité des saisons, des écorces, des fleurs et des fruits.

Angkor est sublime de religiosité conquérante, d'abus de pouvoir, c'est une orgie mégalomaniaque, le site est fou parce que la nature a su attendre la décadence pour redessiner les arches et les tours, pour enlacer les portiques, pousser dans les grandes salles et jaillir par les ouvertures, maîtresse des lieux, vainqueur, vivante. C'est elle qui crée le mystère et l'envoûtement d'Angkor. Que viennent voir ces gens qui n'osent pas aller au-delà des lignes démarquées ? Au-delà, mesdames et messieurs, est le théâtre de la vie et de la mort, avec les mines et les bombes amorcées, les cadavres enfouis, le peuple cambodgien qui survit. J'ai vu des orchestres qui mendiaient quelques sous, des musiciens avec une jambe en moins, un bras, un œil. Des orchestres à béquilles.

Retour, fatigue. Stéphane Tyrell m'attend pour filer un acte de Richard, troisième du nom.

Mercredi
Je ne tourne qu'à quinze heures. J'ai du temps : le jour est mon réveil. Il est six heures. Je marche dans ma jungle préférée. Je claudique sans peur des regards. Stupéfaction chez les singes. Un blanc, seul, bancal, crache sa haine et son avidité.

J'ai tramé des complots par de perfides intrigues
De fausses prophéties, des affabulations
Dans le but de faire naître une haine mortelle…

Une petite heure en rond autour de son domaine et Gloucester retourne vers Kep. C'est mon comté d'York et je m'en accommode, je trottine, j'essaie différentes claudications. La danse m'aide pour déformer mon corps, bloquer une hanche, donner l'illusion d'un pied bot et d'une forte scoliose dont souffrait le vrai Richard. Je joue avec cette ombre difforme comme je le ferai plus tard sur scène. C'est une prise de ventre par l'extérieur, qui me donne à sentir ce magma douloureux qui est l'énergie même du rôle. Je tords le rire et la jubilation assassine. Je vomis la vengeance d'une injustice physique, je siffle la haine contre les bienfaits, les bienheureux. La trahison est ma prière. Je souffle sur la beauté, je la déchire pour une laideur que je vénère. Je n'aime personne, je piétine les sentiments, ma conscience est un glaive. J'exécute l'amour, j'humilie l'innocence. J'ai une jouissance aiguë à profaner le sacré et la virginité. J'enfonce les doigts comme des échardes dans la glaise tendre. Je pose la couronne d'Angleterre sur le mensonge et tous se prosternent. Je vous méprise, cupides, lâches qui donnez vos filles pour un duché. Je crèverai les yeux de ma reine et je glisserai une pierre à la place de son cœur. Les cris des singes effrayés sont ma récompense. Je fais peur aux princes, à ma mère, plaisir suprême qui me caresse l'échine. Peut-être que l'on épie ma drôle de danse.

L'acteur demande pardon pour ces irrévérences. La jungle est tolérante. Elle s'amuse de la marionnette qui sautille. Elle a vu des misères autrement plus féroces et sanglantes que les pièces de Shakespeare. Le sanglier de Lancastre s'essouffle dans la poussière, les anges se moquent de lui. Les oiseaux dessinent de larges cercles au-dessus de ma bosse. Ils chantent justes, leurs accords sont parfaits. Je finis par m'asseoir, épuisé, sur un tronc, le manuscrit dans le sac. Dans une normalité apparente je reviens vers le village entre les murs noircis d'anciennes maisons bourgeoises, villas balnéaires d'avant la guerre de 75 décapitées, aveugles. Quelques familles démunies ont trouvé refuge dans la cendre. Je passe allègrement devant une maison neuve, flamboyante, atroce, celle du gouverneur.

Mais doit-on porter tant de gloire pour un seul jour
Ou doit-elle durer que nous nous en réjouissions?

J'ai une visite à faire à l'orphelinat qu'un ami m'a fait découvrir. Ils sont quatre-vingt-sept répartis dans huit maisons tenues par une "maman", c'est son métier, maman des autres. Il y a tant d'orphelins ici et tant de parents disparus. C'est un endroit propre plutôt gai, assez vaste, simple, précaire mais parfois mieux que la case sur pilotis des rizières de Kep. Il ne leur manque que de pouvoir poser leur tête sur le ventre d'une vraie mère. Il a quatre ans, il est dans les bras d'un aîné, orphelin comme lui. C'est mieux qu'un frère puisqu'il est à la fois père, mère et sœur. Ils sont doux, attentifs. Il rit, le grand. La maman salariée doit donner un peu à chacun, partager son temps entre tous, faire la cuisine, soigner, écouter, servir, être patiente, compréhensive. Ils vont en classe à quelques kilomètres d'ici. Il leur faudrait des vélos, des bassines, des couteaux pour le repas, des petites choses. Les filles ont besoin de machines à coudre, à pédale bien sûr. Nous avons acheté tout ça avec cahiers et crayons. Ils nous l'ont rendu mille fois en dansant pour nous un soir. Les donateurs donnent, font un petit tour et puis s'en vont. Nous ne sommes qu'une troupe de saltimbanques de passage. Il y a ici un homme qui parle français et qui enseigne pour vingt dollars par mois. Toute sa famille a été massacrée. Il est d'une gentillesse désarmante.

Je redescends vers le marché aux crabes. Une voix insupportable "karahoquette". Impossible de rassembler mes vers. Richard se craquelle. Les femmes jouent aux cartes. Ça fume, ça cuit, "ça bouille" pour la tambouille. Les crabes sont dans la nasse. Ça sent un peu l'égout, la merde, le fruit trop mûr et l'urine chargée. Il est douze heures. Je vais manger une soupe et du *squid* grillé. Bord de mer. Sérénité. J'ai l'air du large, c'est mieux. Un vague parfum de coriandre s'échappe de mon bol. Je regarde tous ces gens qui me sourient. Ici on a tué toute culture, les hommes à lunettes, les professeurs, les médecins, les scientifiques. "An zéro", avait dit Pol Pot. Difficile de rattraper vingt et un siècles. La convalescence va être longue.

Nous avons beaucoup de retard et je fais une seconde équipe pour tourner des scènes à cheval, des scènes d'extérieur pour avancer le travail. Je retrouve le plaisir de la mise en scène, celui de dire moteur, action, de préparer le décor, de chercher le plan, la focale, le rythme, le cadre.

Jeudi

Me voilà à Phnom Penh. C'est le miracle du cinéma. Ici, il y a des musées, un palais royal, des fabricants d'argent, des rues gaies, futiles, les rues de l'oubli. Il y a des éclats de lumière sur les dorures des temples, des gens bien intentionnés, des escrocs, des mafieux, des corrompus, des voyous. Le gâteau offert par l'aide internationale se partage au plus haut niveau.

Il y a des sampans qui pourrissent sur le Mékong, des villages flottants. Les Chinois vont construire des barrages, côté Chine bien sûr. Que restera-t-il en aval? Il faut savoir que le fleuve Tonle Sap est une fuite du grand lac du même nom. Il se marie avec le Mékong à Phnom Penh et c'est un mariage heureux. Aux grandes pluies, le Mékong remonte le Tonle Sap sur cent cinquante kilomètres pour remplir le grand lac. C'est un phénomène unique, incroyable, un équilibre naturel, fragile. Douze mètres de crue. Mais les Chinois n'aiment pas les beaux mariages cambodgiens et ils vont couper les eaux du grand Mékong.

Aujourd'hui, nous tournons dans une maison "barbe-lifiée" d'un des nombreux quartiers résidentiels de Phnom Penh. Derrière les hauts murs ocre où mousse le barbelé, des nostalgiques mènent d'autres vies. Ce sont des maisons heureuses, puisque hors du monde. Mais il y a pour notre bonheur des fleurs sur les marchés, des pétales sur l'eau bénite.

Au marché russe, j'ai acheté de fausses antiquités, puisque tout a été pillé. Il y a de vraies putes, des amoureux, des sourires à vélo, des gens bien intentionnés, d'autres moins. Des centaines d'ONG fleurissent à Phnom Penh. C'est la spécialité ici, peu sont utiles.

Je tente quelques foulées arrogantes dans un bidonville au bord du fleuve. Il y a des dortoirs où s'alignent les hamacs comme sur les ponts des navires du XVIIe siècle. Des alvéoles soufflées dans des bâtiments vétustes abritent des familles dépouillées. Sur mon passage, des quolibets, quelques gestes, des ivrognes affichent une violence contenue. Jeux de cartes au bord d'un lavoir poubelle. Dix-huit billards sont alignés sous des palmes séchées entre des sacs-poubelles plastique éventrés.

Au plus profond de la forêt cambodgienne, entre les pilotis, sous les maisons, vous trouverez un billard massif, à la peau craquelée, les pattes dans la boue comme un crapaud éléphant. Deux amoureux nettoient un carré vert pour s'embrasser. Il faut fouiller, regarder. Filet de pêcheur sur un terrain vague pour un volley-ball sans règles. Un ballon de chiffon s'envole puis roule dans la poussière. La robe rouge de cette femme me rassure, comme le rire du bébé dans son dos. Une vieille prie devant un minuscule autel au bord du trottoir, deux cierges brûlent, les flammes vacillent au passage des voitures. Elle prie pour l'autre vie, la prochaine, la meilleure. Elle tient une fleur blanche entre ses mains jointes. Elle y appuie son front et s'absente de ce monde.

Mais Phnom Penh a des trésors que je m'autorise à déposer à vos pieds, les cinq mille dalles de la Pagode d'argent et le Bouddha d'émeraude en cristal de baccarat. Qu'allez-vous faire des neuf mille cinq cent quatre-vingt-quatre diamants du Bouddha d'or ? Or et bouddhisme, je pense profondément que c'est inconfortable, voire incompatible. Cet or ne m'impressionne que s'il est don de foi, non achetable, non négociable, même si je pense que l'orgueil est à son affaire dans tout cela, celui des princes naturellement. Je tiens fermement à vous emmener devant la fresque du récit épique de Ramayana, l'histoire d'amour de Rama et Sita. C'est encore la preuve, s'il en fut, que les femmes aiment comme les hommes et les dieux en sont incapables. Le sacrifice de Sita m'éblouit. Quant à Rama il est l'incarnation du dieu Vishnou, qui, comme vous le savez, possède quatre bras et n'est pas dyslexique. Dans une main il tient une conque, sur le doigt d'une autre est posée la spirale de l'éveil avec laquelle il décapite joyeusement les forces du mal, dans la troisième il serre une massue d'or, symbole de son pouvoir, et dans la quatrième il tient parfois une fleur de lotus. Sa mission, fort lourde, est de préserver l'ordre du monde lorsque celui-ci est perturbé. Il s'incarne en poisson, en tortue, sanglier, lion et parfois en homme. C'est un acteur accompli et son plus grand rôle sera celui de Rama, héros de ce Ramayana.

Je vais tenter, le plus simplement possible, de vous rapporter cette légende très populaire et très aimée en Inde. Pour être bref et éviter les nombreuses digressions, sachez que dans le royaume du vieux Dasaratha il y avait beaucoup de démons, dont le chef Ravana, assisté de nombreuses démones qui foutaient gaiement la merde pendant les rites sacrés. De plus le roi cacochyme geignait tout le temps de ne pas avoir d'enfants malgré ses quatre femmes. Vishnou, là-haut, en avait un peu assez de tous ces gémissements et se dit que l'occasion lui était offerte d'une belle incarnation pour mettre le holà. Il envoya donc à cette majesté terrestre un messager avec une potion pour que celle-ci ait des enfants et que lui-même, Vishnou, puisse s'incarner en l'un d'eux. Le souverain, considérant qu'il ne pouvait être stérile, donna le breuvage à ses femmes sans en boire une goutte. Celles-ci furent immédiatement enceintes comme la Vierge Marie qui conçut sans consommer. Quatre enfants naquirent, dont Rama en lequel se glissa Vishnou qui, ne s'étant jamais incarné en humain, ne savait pas trop ce qui l'attendait. Il fallait qu'un dieu fût un homme pour comprendre ce qu'était la condition terrestre. Sur terre donc, Ravana et ses démones s'en donnaient à cœur joie. Parmi ces emmerdeuses, il y en avait une particulièrement agaçante qui ne cessait ses facéties. Le chef des brahmanes, sachant que Rama, le fils du roi, était Vishnou et que Vishnou, incarné en Rama, était là pour mettre de l'ordre, demanda au souverain Dasaratha d'emmener son fils avec lui pour mettre une raclée à cette empêcheuse de prier en rond. Vous me suivez? J'espère que vous êtes un peu perdue, je le fus.

Rama-Vishnou s'en alla donc provoquer la démone avec beaucoup de ruse et d'adresse, la tua, et la paix fut provisoirement rétablie. Pendant ce temps, pour faire simple, le roi d'un autre royaume, Janaka, désirait marier sa fille avec un homme qui pourrait soulever et bander l'arc de Shiva. Il souhaitait un musclé puisque l'arc devait être porté par cinq cents hommes. Qui viendrait en cette cour pour tenter l'impossible exploit? Rama vint, souleva l'arc, le banda et le brisa. Bon sang, quel homme, se dit le roi, c'est lui le futur mari! Sita, sa fille, dont les yeux papillonnaient à la vue du héros, fut très impressionnée par cette prouesse et trouva Rama tout à fait à son goût. Quant à Rama, il fut ébloui. Ils se marièrent et incarnèrent tous les deux des époux parfaits.

Le vieux roi Dasaratha, bien que père non géniteur de son fils préféré, ému devant ce bonheur, lui laissa son royaume, mais sa plus jeune épouse, une intrigante férocement jalouse et assoiffée de pouvoir, le somma de tenir une vieille promesse faite après lui avoir sauvé la vie, celle de mettre son fils sur le trône si jamais elle en avait un. La garce exigea aussi un exil de quatorze années pour Rama. L'antique souverain, désespéré mais honnête, fut contraint de tenir sa promesse et d'obéir à sa jeune femme. Pour les époux en exil à Panchavati, point de repos, Ravana le chef des démons, furieux d'avoir perdu une démone, les harcèle. Les sœurs de la défunte, vengeresses, tentent de séduire Rama mais c'est un échec, Vishnou n'est pas né de la dernière pluie. En revanche, Ravana, plus rusé puisqu'il est le chef, se déguise en un cerf magnifique et attire Rama dans la forêt loin de Sita. Pendant ce temps-là un mendiant s'approche de l'épouse qui, bonne fille, lui offre un fruit. Aussitôt le mendiant se transforme en horrible démon, Ravana lui-même, et enlève la pauvre Sita. Il est difficile de résister à un monstre qui possède plusieurs têtes et un grand nombre de bras. Ravana, aux anges, si je puis dire, emmène la prisonnière pour devenir sa reine... Je trouve tout de même Vishnou-Rama un peu léger d'être parti à la chasse au cerf en laissant la pauvre Sita sans protection. Les dieux ont des raisons que l'humain ignore. Ils n'ont pas inventé la logique et le bon sens, ça se saurait. Ainsi en est-il. Dépité, Rama se met en route pour retrouver la belle Sita. Il arrive un jour au royaume des singes et leur chef Surgiva, qui n'aime pas les démons, décide de l'aider. Il envoie ses troupes à la recherche de l'aimée, mais après plusieurs lunes, les divisions reviennent bredouilles, sauf celle de Hanuman qui, guidé par un oiseau, découvre que la belle est à Lanka, l'île de Ceylan. Fort ennuyé par ce grand bras de mer et ne sachant pas nager, il prie Rama-Vishnou de lui trouver une solution. Il prie si fort qu'il peut en une belle enjambée mettre pied sur l'île. C'est tout de même plus pratique quand on a la foi.

Il trouve Sita, seule, lui montre l'anneau de Rama qu'elle reconnaît et lui remet un bijou pour son époux. De retour au royaume des singes, il montre le bijou à Rama, et le roi Surgiva fou de rage décide d'attaquer Ceylan avec son armée. Tous n'ont pas la foi comme Hanuman et la seule solution pour faire passer tout ce monde est de construire un gigantesque pont magique. Tous se ruent sur Ceylan à l'assaut du royaume de Ravana. Beaucoup de démons et de singes sont tués, les guerres ne sont jamais tendres. J'abrège, Rama tue finalement le chef des démons Ravana, et la victoire est totale. Ouf! La paix enfin! Rama récupère sa femme et après toutes ces années d'exil revient au royaume. Or les jalousies ne sont point éteintes, on soupçonne Sita d'infidélité. Évidemment les faits ne plaident pas en sa faveur, enlevée, prisonnière, bafouée, traînée jusqu'à Ceylan pour être reine, on peut se demander comment Sita a pu vivre ce calvaire et ne pas obéir à la volonté de Ravana. Les rumeurs vont bon train. Rama-Vishnou est un dieu qui n'en est pas moins homme, il se désole. Vous remarquerez que l'on ne soupçonna pas Rama d'infidélité. Un homme qui fait la guerre, poursuit les démons et veut récupérer sa reine ne peut être infidèle.

Sita, blessée, humiliée, accepte le jugement des dieux qui consiste à monter sur le bûcher pour prouver son innocence. Si le feu l'épargne, c'est qu'elle a été fidèle, si elle se consume dans la flamme c'est que le pauvre Rama porte des cornes. Lâche, Rama ne s'y oppose pas. Quel amour lui porte-t-il? Fort heureusement pour l'histoire, les dieux épargnent l'infortunée. Mais peu sûrs de ce jugement, certains prétextent qu'une reine ayant partagé la couche d'un démon est impure, elle ne peut accéder au trône. On se demande alors quel est le pouvoir des dieux. Contraint de suivre la loi, Rama exile Sita pour douze années, ce que je trouve peu charitable. Deuxième lâcheté de Vishnou-Rama.

Bannie, la pauvre Sita se réfugie dans la forêt chez un ermite qui compose un poème, le Ramayana, pour les deux enfants de Sita qui un jour viennent à la cour et récitent le Ramayana devant Rama. Celui-ci, bouleversé, reconnaît ses fils et, pris de remords, rappelle Sita auprès de lui. Enfin! Sita à qui on ne demande rien veut tout de même prouver sa fidélité et son amour afin d'être réhabilitée. Elle fait une chose d'une grandeur inouïe en demandant aux dieux, si elle a été fidèle, d'ouvrir la terre. Il y a une grande stupéfaction, aussi forte que la nôtre, suivie d'un long silence, les dieux aiment beaucoup ménager le suspense. Puis, soudain, dans un énorme vacarme, la terre s'ouvre et Sita est engloutie sous les yeux de ses enfants et de son mari totalement ahuris. Je suppose que c'est punir vertement Rama de sa lâcheté divine. Il régna mille ans et finit par se lasser des hommes, on le comprend. Il redevint Vishnou.

La foi ma chère, où que nous nous tournions, il s'agit de foi. La foi en l'amour et en l'autre. J'ai foi en vous.

Je reconnais être un peu court sur ce mythe du Ramayana, surtout en ce qui concerne le sens, mais il ne vous échappera pas. Comme l'enfant sans préjugés, je ne retiens que la beauté du sacrifice, la victoire du bien et de l'amour. Je me suis amusé à vous raconter l'histoire de Rama et de Sita de cette façon pour vous plaire. Une autre histoire pourrait se raconter plus brièvement encore, bien qu'elle ait généré une littérature abondante.

Un jour un enfant est né d'une femme juive sans que celle-ci ait conçu. Le père, non géniteur, est heureux de cette naissance divine, il a la foi. En grandissant cet enfant qui se dit le fils de Dieu se fait baptiser, choisit des disciples parmi les pêcheurs, ce n'est pas innocent, et s'éloigne de sa famille. Il accomplit quelques miracles et pour prouver sa bonne foi marche sur les eaux, rend la vue à l'aveugle, dit lève-toi et marche à un paralytique, etc. Il répète à ceux qui veulent l'entendre – et ils sont de plus en plus nombreux – que Dieu est amour, qu'il faut déborder de compassion. Il prêche en tout lieu la tolérance. Tu ne jugeras point. Le peuple opprimé, miséreux, est tout ouïe. Il va vers les pécheurs, pas ceux du lac mais ceux qui se perdent dans le vice et l'avidité, il empêche qu'on lapide la femme adultère puis affirme que la guérison est en soi, qu'il n'y a que la foi et que le doute n'est pas permis. Il proclame aide-toi, le ciel t'aidera, le royaume de Dieu est en toi et depuis ce temps-là tout le monde cherche.

Il est tard, mais je ne regrette pas d'être resté pour écrire à une femme qui me manque en oubliant Richard et cet *Empire du tigre*. – Je vous aime et vous désire. – C'est facile d'aimer ce que vous n'avez pas encore. C'est le propre de l'enfant de désirer un jouet et de n'en plus vouloir quand il le possède. – Le croyez-vous vraiment, cruelle?

Vendredi
Je ne vous ai rien dit ou peu de cet *Empire du tigre*. Ce fut un tournage heureux dans un pays en souffrance. J'ai préféré, hors le plateau et la fiction, vous écrire ce qu'est la réalité de ce "royaume". Sur le *Cambodge Soir*, on parle encore du génocide. Je relis l'inoubliable. Je suis allé visiter le musée Tuol Sleng, un ancien lycée transformé en prison par les forces de sécurité de Pol Pot, S21. Ce fut le plus grand centre de détention et de torture du pays. Chaque prisonnier qui entrait était photographié avant et après les séances de torture. Les murs des salles sont couverts de photos d'hommes, de femmes et d'enfants, tous exécutés par la suite. Plusieurs étrangers, australiens, français et américains, furent détenus à S21 avant d'être assassinés. La barbarie des Khmers rouges était à son comble et se bouffait elle-même. Des générations de bourreaux furent tuées par leurs successeurs. On exécutait une centaine de victimes par jour. L'armée vietnamienne qui libéra Phnom Penh en 1979 ne retrouva que sept prisonniers en vie. On découvrit les corps en décomposition de ceux qui venaient d'être torturés juste avant l'arrivée des libérateurs. Ils sont maintenant enterrés dans le jardin de cette école sur la pelouse de laquelle les enfants jouaient au ballon. Mais à l'intérieur, dans les salles de classe où l'on chantait avant d'apprendre l'histoire sans soupçonner le futur, sont les lits de fer, les instruments de torture et l'empreinte d'une folie meurtrière ineffaçable.

LE ROI
Il faut que les peuples aient peur, à la minute où ils cessent d'avoir peur ils n'ont de cesse que de faire peur à leur tour.

Après le tournage, Sarète, l'assistant, me propose d'aller chez lui le lendemain, là où il est né. Il faudra partir très tôt pour espérer voir les enfants.

J'avais passé trois jours sur les décharges de Manille, dans une puanteur qu'il faut intégrer sous peine de vomissements. Ici l'odeur est la même, c'est la même merde pour tout le monde. Elle est universelle. Il y a des brûlis, des fumées acres. Des flammes comme sur un mémorial, celles du miséreux inconnu. La décharge de Phnom Penh est finalement décevante pour le cinéaste. Activité réduite aujourd'hui, pas de quoi filmer, dommage, j'ai vu mieux. Il n'y a pas de quoi rire. C'est un joli mot, village, celui de Sarète est un amas de matériaux divers sur pilotis au-dessus d'une eau noire, presque du pétrole, un lac de détritus. J'imagine la saison des pluies. L'orage d'hier donne déjà une idée de l'impossible à croire. Déchets mouvants, pourriture, vomissures. C'est la fin du cycle des vivants, le bout de l'intestin, la négation du monde, de la vie. C'est de l'engrais pour les monstres. Il faut un arrêt pulmonaire pour survivre.

Sarète était cet enfant dans les bras de sa sœur, des pustules sur le corps, la tête, les mains. Il était cet enfant au bout d'une enfance mortelle, sans espoir, sans regard pour le possible. C'est un possible impossible pour eux, un avenir effacé. Sarète est assistant. Il parle français, un peu anglais. Il est sorti de l'enfer. Il y a donc un possible. Un jour un couple a débarqué ici. Touché par l'insupportable, ils ont pensé que leur vie n'aurait pas de sens à ne rien faire. Ils ont commencé, dans la méfiance, à apporter de la nourriture dans une camionnette. Mais la frayeur de perdre leur place, précieuse, sur la décharge dissuadait les enfants de venir chercher leur part. Il y avait la peur de la punition, de manquer un trésor, de ne pas faire les kilos d'ordures triées, liège, plastique, fer, cuivre, merde, nourriture à manger sur place, ficelle, graisse, merde encore.

Le couple insista, amena de l'eau, des bassines, des douches, des toilettes, des médicaments sous une tente de fortune. Alors la ronde commença. Six heures trente chaque matin, ils étaient là avec la bouffe, les bidons de soupe et de flotte. Le couple impose une règle. Mains propres, visage propre et à suivre bol de riz, poisson, légumes. Ils sont de plus en plus nombreux. Des volontaires se présentent qui aident ou lavent les vêtements, on met des tables, des bancs. On construit un coin propre pour tous les enfants de la décharge. Après une année d'efforts, tous mangent un repas par jour. Le cérémonial est invariable. Douche cambodgienne, savonnage, lessive, puis la queue pour avoir un repas. Ils sont assis sagement comme dans n'importe quelle cantine de plein air. Plein air, les mots sont douloureux parfois. L'odeur est toujours là.

Maintenant il y a une école, un lycée professionnel, des portes ouvertes sur la vie, une petite antenne médicale. On surveille beaucoup les petites filles souvent vulnérables, vendues, prostituées. Sarète est venu respirer l'odeur de son enfance, la première, celle de la décharge si effrayante d'abord et à laquelle on s'habitue malgré tout et qui devient connue, reconnue. Celui qui s'en sort revient toujours chercher cette odeur familière des premières années. Ce couple a vaincu l'impuissance, la corruption, les tabous. Ils sont inlassables et admirables.

C'est dimanche, Sarète va rester un peu avec sa famille là où il a souffert, joué, aimé. Qui oublierait?

Ce fut une terrible et magnifique balade, cher amour. Demain je vais retrouver ma loge et mes bouteilles minérales, mon petit café, des attentions, ce soir mon hôtel cinq étoiles, ma suite, la piscine, les massages, TV5-CNN et une liaison amoureuse en rêve, avec la femme de ma vie qui me rejoint chaque nuit de solitude.

Comment garder dans ma main ces nœuds de couleur qui se dénouent infiniment, ces caresses inventées par l'autre et que je ne sais reproduire, ces mots que je ne sais pas dire?

Vous ai-je parlé de Rithy Panh, de son théâtre brûlé, éventré, où les acteurs réfugiés se nourrissaient des poissons du bassin dans le grand hall sous les balcons effondrés, de chauves-souris qu'ils piégeaient dans les charpentes brisées.

Ils faisaient pousser du maïs sur la scène et des aubergines dans le trou du souffleur. Il reste aujourd'hui un gardien haltérophile qui dort sur une banquette éclatée et qui veille les fantômes assis sur un fauteuil de Mercedes lacéré.

Le théâtre meurtri gémit encore de la fureur des Khmers, de leur ignorance haineuse, de leur bêtise. J'aurais aimé vous parler de cet acteur dont quarante membres de la famille ont été exécutés, de Tchi et de ses parents assassinés quand il avait huit ans, de tous ceux, poètes, acteurs, qui étaient là dans ce restaurant du dimanche, sous une arche de verdure, pour un déjeuner, qui ne pouvaient s'abstraire du passé. Il n'y aura pas de mémoire, de deuil, de devoir de mémoire, de vie à suivre sans pédagogie, m'a dit Rithy. Je ne savais que répondre, je n'étais qu'une oreille attentive, compatissante et inutile. C'est leur histoire et pourtant la nôtre. L'important, c'est de revenir modifier, différent.

Richard III s'était absenté ces quelques jours.

Oh, lâche conscience, pourquoi m'affliger de la sorte? De quoi ai-je peur? De moi-même? Il n'y a personne d'autre.

Voilà, cher fantôme, des jours de travail au Cambodge où j'aurais aimé vous avoir près de moi. Je voudrais déjà être là-bas avec vous. Je suis malheureux parce que je devrais comme Omar Khayam ne désirer que ce que j'ai, *le parfum de la rosée et rien d'autre, la brise et un verre de vin, la parole d'un ami.* Vivre et aimer ce que l'on vit. Vivre, ce n'est pas espérer demain, c'est être maintenant. Je vous désire et je fuis, je me précipite vers le futur mais le futur n'est qu'une anticipation. Mon amour, rassurez-vous, je reviens toujours. J'ai l'impression d'être attaché au bout d'un énorme élastique et dès que je me perds, il me ramène à la maison.

Je reviens donc, pour la millième fois. Sous mes ailes, Phnom Penh semble enguirlandé. L'avion survole un fleuve de lumière dans lequel se noient l'abondance des uns et la misère des autres. C'est une banalité, si banale qu'elle crée l'impuissance et une certaine lâcheté qui m'aident prodigieusement à accepter la douceur des sièges et à ne pas refuser le repas qui m'est offert. Après le dernier verre de vin, vous m'auriez donné votre main et je me serais endormi. Restez là, tout près de moi. J'ai beaucoup écrit le mot amour sans l'avoir jamais prononcé que sur la scène et il me semble que je pourrais vous le dire à l'infini, mais je sais déjà que ce serait une fatale erreur. Vous l'écrire, oui, vous le dire, non. Il est étrange de constater qu'à force de le prononcer, on finisse par lui donner une sonorité glaçante. L'amour ainsi nommé sans fin n'est plus qu'un vide avec seulement une enveloppe autour, le mot lui-même.

Amouramouramouramouramour. C'est râpeux à la longue, on ne peut le dire qu'une fois. Je ne voudrais pas être comme ce peintre qui a fait des portraits à l'infini d'une femme inconnue, Amina. Il l'a peinte jusqu'à la ressemblance absolue, celle de son rêve parce que la perfection était sa faiblesse. De toute sa vie, il ne peignit que cette femme, sans jamais s'en approcher, une multitude d'esquisses, de dessins, d'huiles rousses et bleues. Il avait rêvé ce visage, ce corps élégant, ce cou qui n'en finissait pas d'être gracieux. Il la retrouva un peu dans les portraits du Fayoum, celui sculpté dans l'ébène de Néfertiti. Il crut la deviner dans les feuilles d'or des palais vénitiens. Il redessina jusqu'à l'épuisement ses lèvres soufflant le pollen safran des pastels qui se déposait sur ses cheveux. Il crut voir un jour ce visage à Florence, puis au musée du Caire. Il trouva un jour une page d'amour, une lettre blessure qui n'était pas signée. Il retrouva le bleu des yeux dans le cobalt de Fez, sur les mosaïques de Meknès. Il la peignit assise sur les pierres de Volubilis dans la Maison du cavalier. Elle attendait le voyageur guettant son ombre allongée au coucher du soleil. Mais il n'était jamais satisfait et continua de peindre jusqu'au bout du bout de la raison.

C'est seulement à la fin de sa vie, au seuil de la mort, lorsque son amie fidèle qui l'accompagnait depuis toujours se pencha sur lui et qu'il regarda ce visage qu'il croyait connaître pour la première fois, qu'il reconnut enfin ce rêve, celui qu'il chercha toute sa vie, ailleurs, au-delà du présent des êtres. Il était là ce visage, si près, dans l'évidence de ces jours qui ne sont plus. Elle le regarda longuement et quand elle sourit, il vit que c'était une morsure.

Paris mon port d'attache, que tu sois d'humeur grise ou solaire, je ne sais que revenir vers toi. Tu es assommante, tumultueuse, beaucoup trop agitée pour moi, tu es brouillon. On se précipite pour vivre, survivre, avec une effervescence inutile et je n'ai qu'un refuge, le silence sombre, envoûtant, des sous-sols grandioses du Théâtre de Paris, un immense trou sans fenêtres. Pour accéder en ce lieu secret enfoui dans le ventre du grand sanctuaire, il faut franchir les larges portes de l'entrée, le hall, et s'évanouir derrière "interdit au public". Dans la pénombre s'étire alors un long couloir, un labyrinthe qui s'enfonce dans le mystère. Plus loin, au milieu d'une galerie souterraine, une porte en bois s'ouvre sur la salle de répétition de laquelle monte une odeur de grotte. Tout est figé. Ce n'est pas monter sur les planches mais descendre dans l'arène, un cirque clos où les gladiateurs s'entraînent sans public et sans cri. Trois torches au plafond suffisent. Sur une table repose un manuscrit. Sur les murs heurtés, des affiches de spectacle en lettres rouges sur fond blanc. C'est là notre plaisir et nos doutes.

Ce chien de Richard me mord les entrailles, me déchire. Il aboie sa haine et ses peurs, danse sur son pied bot, frotte sa bosse contre les murailles du palais. Il faudra bien que je finisse par le dompter. Je lui ai fait une cicatrice au visage, un coup de lame, un poignard qui n'a pu atteindre le cœur. Il ne boite pas, il oscille, cahote, ses cheveux sont une crinière. Il regarde droit dans l'œil de l'autre avec une acuité dévastatrice. Il protège, bannit, élève et assassine. Il se nourrit de fureur, d'envie, de jalousie, jouit de posséder et de détruire. Il est tout pouvoir, sans conscience. Il est la souffrance incarnée, la chair sans amour et le cœur façonné dans l'airain. Il écume le sang et s'abreuve de poison jusqu'à la trahison de lui-même. Il finit par geindre enfin devant une conscience retrouvée et implorer l'impossible grâce.

Ma conscience a mille langues différentes qui s'agitent
Et chacune des langues fait un récit différent.
Et chaque récit me condamne comme un mécréant.

La création sera rochelaise. La maison de la culture coproduit et nous accueille pour les premières.

C'est dans cette ville que j'ai débuté et je n'ai jamais oublié, la première fois, cette drôle d'impression d'entrer dans un théâtre comme dans un sanctuaire. Étrange cathédrale où l'on a transporté le parvis à l'intérieur. Voir ce plateau sous une lumière blafarde, des gens sur scène, officiant, quelques autres dans les fauteuils et le reste de la salle totalement vide, me donna l'impression d'assister furtivement à une messe sacrée. Non, je n'ai pas eu de révélation mais je fus très impressionné et surtout très inquiet de ne pas être tout à fait à ma place. Je venais auditionner en quelque sorte. On me demanda de monter sur le plateau. Je ne marchais pas à l'époque, je chaloupais, on ne m'entendait pas à deux mètres, je marmonnais. Les dons du jeune homme qui revenait de ses deux tours de bourlingue autour de la terre n'étaient pas flagrants, qu'allait-on faire de lui, il devait réapprendre à parler et à marcher. La tâche semblait insurmontable, ce qui ne pouvait qu'aviver ma curiosité. On me demanda d'assister à deux cours de danse par semaine, un cours de chant, faire un peu d'articulation. Mais j'étais déjà le perfectionniste de l'impossible. Les deux cours de danse par semaine se transformèrent en quatre heures de travail ardu par jour. Suivit un travail acharné auprès d'un piano pour une voix qui ne demandait qu'à éclore, à exprimer les mots des autres, des heures à articuler obstinément des alexandrins jusqu'au bout du souffle.

Plus tard, dans de tout petits rôles, j'ai eu le privilège de pouvoir éprouver mon corps maladroit et mes balbutiements sur les scènes alentour, de la salle des fêtes des bourgades à celles de mairies arrangées pour la circonstance, jusqu'au merveilleux petit théâtre de Rochefort. Nous passions d'un violon où murmurer était entendu jusqu'au poulailler à la pire grosse caisse qui vous rendait inaudible. Il n'y a pas de meilleur enseignement que de passer d'un théâtre à l'autre, d'un public à l'autre. Pour m'accorder, il est un plaisir dont je ne me suis jamais privé, celui de venir sur la scène avant les représentations, entendre résonner la voix, même si nous savons que pendant la représentation l'acoustique sera différente et qu'il faudra se réajuster. Peu importe, je suis là pour être clair et entendu, murmurer sans me perdre avant le dernier rang. C'est inespéré de posséder ce que tant d'autres voudraient avoir, ne serait-ce qu'une heure, une scène pour travailler, répéter, articuler, se mouvoir. C'est un fabuleux outil à disposition, un espace qu'il faut occuper même dans le noir de plein jour d'un théâtre, quand la lumière de service est éteinte et que seule une faible lueur parvient des coulisses. Il faut alors savourer le silence. Les mouvements ne peuvent, dans l'obscurité, être générés que par le sens, et la voix, soudain presque étrangère, ne peut plus tricher.

J'aime le rideau ouvert sur le vide d'une salle pour être soudain le meilleur acteur du monde. Je suis souvent très bon seul devant ma glace, mais seul sur une scène devant un théâtre vide, je suis le roi des planches. Je peux frotter l'archet sur toutes les cordes vocales, prendre la mesure de l'espace, être en parfaite harmonie et me préparer à un nouvel accord dès que la salle sera pleine. Une salle vide est un théâtre à marée basse. En pleine lumière ce sera autre chose et tu auras moins d'assurance, petit bonhomme. Je vole ces moments, ces émotions, et je m'approprie ces instants que nul autre ne vit avec moi. Je garde fertile ce long fragment de jouissance pour la représentation du soir, afin de donner cette dimension lors de la mise en vie du spectacle. Je veux sacraliser tout cela quand les trompettes de lumière éclatent sur la scène.

Je crois que j'aime le théâtre. Je l'ai cru longtemps illusoire, mais il est acte poétique, acte de vie en pleine conscience. La vie est absolument, indéniablement sacrée. Il y a beaucoup de déceptions et la grâce n'est pas toujours au rendez-vous. Le bonheur dans la continuité n'est pas le but à atteindre mais je l'aurais aimé plus fréquent.

La Rochelle, ma belle, je marche sur le sable, les pavés, sous les porches, dans l'ombre, je rôde la nuit dans les rues à ressasser, répéter, rejouer les actes de cette énorme pièce. Je traîne mon ombre brisée sur les remparts.

Parjure, parjure au sommet du plus haut degré,
Meurtres, meurtres abominables au plus cruel degré.

Que d'heures à essayer les costumes, parfaire le détail, inventer, chacun pour soi et pour les autres, une coiffure, un accessoire symbolique, tenter un épurement. Les couturières coupent, recoupent, défont et recousent à la demande de chacun. Que de travail sur l'ouvrage, sur le décor, que de patience à manipuler le pont-levis, tisser la lumière des scènes, enregistrer les effets sur le jeu d'orgue, battre les chaînes pour faire peur à la plèbe. Nous allons nous enivrer de sang, de rouerie, d'amour piétiné, de chairs écorchées, de têtes coupées. Je suis dans la coulisse, aveugle de la salle, j'attends le signal.

Il n'y a pas de rideau, j'entre par le fond de la scène entre les bois d'une charpente à l'envers, seule une lune reste sur mon épaule, je descends jusqu'au premier plan avec elle. Peut-être est-ce la première fois que j'ai autant de plaisir en traversant une scène. Elle est largement ouverte sur le public que je devine. Le silence est immense, enveloppant, sublime. Je suis dans l'immédiat partagé.

Donc, voici que l'hiver de notre déplaisir
Se change en été de gloire sous ce soleil d'York.
Voici l'orage qui menaçait notre maison
Évanoui dans le sein profond de l'océan.
Voici nos têtes parées des lauriers de la victoire
Nos armes ébréchées accrochées en trophée.

Je boite avec jubilation, je danse en embrassant la lumière des cintres. Que de joie, de comédie pour une tragédie. C'est le bonheur... Madame, un vrai bonheur d'acteur et vous n'êtes pas là.

Je me désespère. Aucune créature ne m'aime.
Si je meurs aucune âme n'aura pitié de moi.
Et pourquoi donc en aurait-elle? Puisque moi-même
Je ne trouve en moi pas de pitié pour moi-même.

Les paroles parfois masquent le sens, le silence qui suit nous le révèle. J'aime la vigilance silencieuse comme la cavalcade des mots. Dans la dernière scène, des fantômes me harcèlent et déchirent mes nuits. La conscience surgit, féroce, impitoyable. Je suis un sanglier acculé et meurtri qui se bat contre des pieux.

Quelques jours plus tard, Angers, le festival en extérieur, dans un vrai château que nous occupons comme notre palais d'York. La guerre des Roses n'est pas terminée, il y a toujours un trône à conquérir, les Tudor menacent. Il fait un temps magnifique. Nous jouons sur le parvis.

Esclave, je joue ma vie sur un seul coup de dés
Et je veux toujours croire au hasard de la chance.

Bonheur, douleur, Richard meurt d'une flèche en pleine poitrine, je crache du sang. Rideau. Je n'imite en rien Molière, je vous prie de me croire. Salut la scène. Je vous parlais du funambule, sur un fil tendu entre fiction et réalité. Eh bien le funambule est tombé du côté de la réalité. Le soldat déjà blessé est fauché une seconde fois. Pendant qu'il projette, dévore, galope, hurle, il est cloué, soudain, et l'armure de verre se brise, le lit de la vie le reçoit nu.

Quelqu'un disait : la souffrance est le dernier nœud vivant. Je suis vivant.

Où êtes-vous, mon amour, en ces instants difficiles…

ARRÊT DE JEU

Je vais apprendre à avoir froid.

J'ai lu la comédie et j'ai vécu le drame
Ce qui reste de moi, je ne le sais plus bien,
Vous seul pourrez, seigneur, reconnaître mon âme
Dans tous ces corps d'emprunt qui se sont faits le mien.

Les rôles que nous jouons sont de papier. Nous chiffonnons l'un pour défroisser l'autre. Nous sommes des don Quichotte émerveillés, livrant bataille à l'ennui. Nous guerroyons sur toutes les scènes, archers fidèles, mots tirés aux cœurs des spectateurs, mots fléchés que l'on aime. Nos personnages sont immortels mais nous sommes plus fragiles que la soie de leur costume.

Il y a quelque temps j'ai lu *Papa* de Huidobro et voulais vous l'offrir. *Il n'a jamais cherché les applaudissements ni les approbations pour ses actes et ses œuvres. Au contraire, on aurait dit que chaque fois qu'on l'applaudissait trop, il commençait à douter de lui-même...*

Il m'a semblé que j'étais finalement un chercheur, sans me trouver naturellement, et que le corps, fatigué de cette recherche impossible, un jour est tombé pour que je m'approfondisse. J'avais une vocation, celle de m'élever au-dessus de l'ordinaire, d'une vie conventionnelle, une vie d'horloge. Et maintenant que le corps s'affaissait, il fallait envisager la vie autrement, regarder autrement, vivre, simplement vivre.

Je me pose parfois la question de savoir si le théâtre a un sens. C'est imbécile. S'il en a un, c'est bien le partage de cette mise en harmonie. Quel est le sens d'un sport extrême, une ascension sur la face nord de l'Eiger? Les réponses les plus absurdes fusent et par les protagonistes eux-mêmes : aller au bout de soi-même. C'est quoi le bout de soi-même, il est où ? Et une fois au bout, vous allez où, vous avez vu quoi ? En revenant, la question est : que reste-t-il à partager, quelle reconnaissance de soi, quels voyages souterrains, essentiels, avez-vous accomplis sur les pentes mortelles de glace et de neige ? Il faut que ça en vaille la peine. Au théâtre aussi, il faut que ça en vaille la peine, et la réponse est que cela en vaut la peine.

Je ne vous raconte rien de ces jours à l'hôpital, rien de cette longue convalescence. Je ne vous raconte rien de cette nouvelle vie qui n'aura de sens que le jour où je vous apercevrai. C'est un long travail que de renaître, d'échapper peu à peu à la cécité et à la surdité, de poser un autre regard qui me permettra de vous reconnaître. Il y a tout ce temps où je me remets en ordre, où je recentre ce qui m'a semblé s'être dispersé. De nouvelles pages s'écrivent. Le destin avait d'autres projets, il s'est amusé à me berner avec les apparences et, maintenant parfaitement insaisissable, il demande l'acceptation sans résignation.

C'est bon d'être vivant, d'aimer nos corps que l'on négligeait et qui soudain vous sont si précieux, nos corps que l'on regarde enfin. Ces corps qui défèquent, vomissent et pourrissent comme il se doit, qui rejettent, se tordent, se convulsent dans la douleur comme en amour. C'est un drôle de voyage, le plus immobile de tous et le plus turbulent. Il faut s'explorer et desserrer les nœuds l'un après l'autre.

J'ai pleuré toutes les larmes du monde, la grande lessive en somme, larmes d'apaisement, d'abandon.

Vous aimerai-je telle que vous êtes, la petite fille multiple en vous ? Je vous aime deux fois, celle que j'ai inventée et celle qui sera, puisque j'attends ce rendez-vous que vous ne soupçonnez guère. Dépêchez-vous, madame, il est temps, je crois. Oserais-je vous dire que la maladie sans l'amour, c'est déjà la mort.

Je suis en arrêt de jeu, sur le dos, paupières closes. Il ne se passe rien sous les draps, rien. Est-ce bien à vous que je dois dire ça ? La chair anéantie s'est tue, la vie du vît est morte. Il me souvient que j'aime une absente. C'est facile d'aimer une absente. Tout est possible, même la paresse, l'oubli. On s'en sert quand ça nous arrange de cet amour-là. Mais il manque de chair, de seins, de fesses, d'entrecuisse à dévorer. Je voudrais des frôlements agaçants, des pulsions. La vie pour un homme, c'est aimer, pleurer, rire, c'est vouloir foutre, c'est être en vigueur du corps. Aimer ce n'est pas réfléchir, c'est agir, rythmer le souffle et se noyer, s'imprimer l'un l'autre en murmurant je t'aime. Alors l'amour triomphe et plus rien n'a d'importance. J'exprimais la vie en d'autres corps, je m'échauffais jusqu'à l'éboulement, l'onde de choc. Je prenais furieusement, avec rage et impuissance. Vidé, égaré, l'homme abasourdi revenait déjà de la mort et se tournait vers vous. Quand la tourmente sera passée, dites-moi qu'elle va passer, nous serons l'un contre l'autre. Je vous caresserai pour exalter les sens, tous les sens. Je sais que la vie reviendra, impatiente. Je banderai, le cœur éperdu, l'âme folle.

Il ne faudra pas oublier les gestes, même esquissés, qui disent la tendresse, les gestes si souvent négligés, oubliés comme un repli du cœur. Je serai encore un peu maladroit mais vous allez m'aider, mon amour.

Je sais que vos mains, fines, élégantes, déliées, sont une harmonie, une musique. Elles dessinent dans l'espace l'orbe insaisissable, c'est une chorégraphie du geste. Elles se posent avec la délicatesse d'un souffle sur vos genoux, s'envolent avec grâce pour saisir ma lettre, l'ouvrir et la tenir comme la plus précieuse découverte de notre vie. Cette main qui repousse une mèche de cheveux, reste suspendue pendant que vous lisez, attentive, les mots sacrés d'un parfait inconnu. Votre regard dit que vous le reconnaissez, ce voyageur infatigable qui a fini par s'arrêter dans votre jardin. Ce léger pli n'est pas encore un sourire, mais un étonnement, et ce sont vos mains qui trahissent votre plaisir. Elles jouent l'une et l'autre une mélodie très romanesque que vous seule entendez. Elles sont une projection fébrile de votre cœur. Celle qui tient la feuille ne cesse de caresser de l'index les mots pressés qui vous sont adressés. L'autre finit par se poser comme un oiseau sur votre ventre pour bien mesurer que vous êtes consentante. Et si je plaidais pour affirmer que tenir une main est plus chaleureux, plus bouleversant que de feuilleter un ouvrage sur l'irrémédiable solitude de l'homme ? J'ai une mâchoire accrochée au ventre, une douleur puissante, froide. Je suis seul devant le gâchis et l'orgueil responsable, la vie arrêtée nette au bord de l'abîme, la chair au-dedans déchirée. Mais le cœur cogne. Il me semble, mon amour, que la vie se révolte.

Je commence juste à apprendre, laissez-moi un peu de temps.

Quand nous nous verrons, je serai ce que je dois être, ce que je suis et que je connais mal. Peut-on trop aimer une femme ou un homme jusqu'à ne voir d'elle ou de lui que ce que l'aveuglement nous laisse, ce que l'on veut aimer en l'autre absolument, quitte à le repeindre ? Trop aimer étouffe l'instinct, pourtant je vous aime. Je vous aime parce que j'ai besoin de vous. C'est un aveu d'égoïste bien entendu. Je vous aime parce que vous existez, j'en suis certain, parce que c'est vous, parce que c'est moi. Je n'envisage pas de continuer cette vie tumultueuse sans aimer. Je ne peux pas éternellement écrire à une ombre, sans lui dire, lui parler, et ne jamais avoir de réponse. Saurai-je vous rendre heureuse ? J'ai tenté d'être heureux sans grand succès, ou de façon fragmentaire, alors comment faire pour l'autre. Je suis certain de vous reconnaître, même aveugle.

Parfois, quand le rappel de la torture chirurgicale frappe pour m'immobiliser, c'est la douleur qui ne veut plus que l'on martyrise le corps et qui demande un peu d'attention pour se faire oublier. Durant ces longues heures à l'hôpital, sur mon lit, quand il n'y a rien à faire d'autre que de tenter de calmer la tempête derrière mon front, essayer de ne pas se laisser envahir par la souffrance, alors je ferme les yeux et je vous visualise. C'est un beau voyage et un moyen très efficace pour mettre la douleur au repos. J'ai imaginé jouer un aveugle égaré au bord de la vie, en danger de mort naturellement. Chaque fois je rêve qu'une main prend la mienne pour me faire traverser la rue. C'est la vôtre. Je reconnais votre voix, votre parfum. J'ai le regard étrange des malvoyants, un regard qui écoute, fixant un point imaginaire et voyant tout de vous, un ensemble de vous. Nous franchissons ensemble la rivière d'asphalte et de l'autre côté je garde votre main un peu plus longtemps que nécessaire. Vous me demandez si tout va bien maintenant et si je peux me débrouiller sans vous. Non, bien sûr! Ça vous fait rire. Puis, avec une ombre de tristesse sur mon visage – c'est très facile pour un acteur de jouer la tristesse –, je vous dis doucement: oui, bien sûr. Je laisse tout de même quelques points de suspension, peut-être même des points d'interrogation comme si bien évidemment j'avais besoin de quelque chose. Bien sûr que j'ai besoin de quelque chose, j'ai besoin de vous. Mais vous n'êtes pas quelque chose, vous êtes toute une histoire que je dois vivre pour le meilleur. Peut-être le devinez-vous puisque vous hésitez à me laisser. Vous êtes pressée? dis-je comme si vous étiez déjà à quelques pas de moi. Je lève mon bras, un peu perdu, en recherchant la direction dans laquelle vous êtes partie. Je finis par toucher votre épaule puisque vous êtes encore là. Oh! Pardon. Je vous sens un peu troublée et vous répondez je suis là. Ça me ravit cette petite voix étonnée d'elle-même qui dit je suis là.

Nous bavardons un temps. J'ai le regard immobile, pas question de tourner les pupilles à droite ou à gauche, ce serait dévoiler la supercherie. Je suis très concentré sur le nouveau personnage que j'interprète. J'ai le visage légèrement tourné vers vous, mais je regarde à côté de vous tout là-bas, et je vous observe. Si vous venez dans mon regard, je vous traverse, je suis au-delà. Je vous offre un verre pour vous remercier? Euh, je ne sais pas. Moi je sais que vous savez. Vous me regardez comme on regarde un homme, pas un aveugle, un homme différent car je suis différent bien entendu. Cinq minutes alors. Je vais m'arranger pour que ce soient cinq minutes exceptionnelles. Vous riez, je vous vois. Je reste le regard fixe, c'est très fort, mais les yeux un peu moins ouverts pour ne garder que le bleu. Je souris, il paraît que j'ai un beau sourire. Je voudrais être un aveugle séduisant. Je ne sais pas jusqu'où je pourrais jouer avec vous. Vous me guidez? Bien sûr! Je vous tiens l'épaule et je vous suis aveuglément. Je le dis sans rire et vous ne savez que dire. Je me pose là où vous me placez, je suis très adroit, je tâtonne le dossier de la chaise, je caresse doucement le rebord de la table et je m'assieds droit, prudemment, comme n'importe quel malvoyant. Je suis aveugle depuis longtemps et j'ai le geste sûr. Je ne suis pas perdu puisque vous êtes là.

Pour la première fois je suis un aveugle qui voit, qui découvre, s'attendrit. Je suis l'homme nouveau, extralucide. Je vois ce qui n'était pas visible pour moi. J'apprends à regarder, à tout saisir de vous et ce qui vous entoure. Je suis l'aveugle d'avant qui voit. Je crois que c'est mon plus beau rôle. Vous y croyez terriblement à cet aveugle qui fait la cour à une femme qu'il ne voit pas. Nous avons un don, les aveugles, savez-vous? Lequel? me demandez-vous. Celui de faire le portrait de celle que l'on ne voit pas. C'est un sixième sens. J'ai entendu votre rire et je peux dessiner votre bouche, dire que vous avez des dents parfaites ou presque, que vos yeux sont gais, que vous avez l'air d'une petite fille qui ne sait comment achever ces cinq minutes que vous m'avez accordées. Bien sûr il y a un silence, le silence qui suit certains mots révèle le sens profond, caché, des mots qui précèdent.

Pendant ce temps je tourne la tête avec mon regard d'aveugle pour mieux vous voir dans la glace, cette part de vous occultée. Que faites-vous ? Nous parlons beaucoup et je ne sais toujours pas vraiment quelle est votre activité en dehors d'aider les aveugles à traverser la rue. Et vous ? Pardon ! Pourquoi ? Je ne vois pas mais j'écris, je dicte. Avant, il y a longtemps, peut-être dans une autre vie, j'étais cinéaste, acteur, je ne sais plus. Vous essayez de me reconnaître, mais vous n'habitez la France que depuis peu, heureusement pour moi. Je suis inconnu de vous, tout le travail reste à faire. Je suis très excité à l'idée que vous m'ayez trouvé. Vous êtes là, devant un thé noir, très noir comme vous l'avez demandé, et moi un café très très serré, noir aussi bien sûr, et sans sucre. Nous dévoilons nos prénoms, le mien est si dur à côté du vôtre qui est un prénom d'ailleurs, un prénom de miel et d'épices. Je ne veux pas être trop curieux la première fois. Je laisse l'exotisme de ce mystère faire son travail. Vous êtes châtain foncé, cheveux longs, bien faite, beaucoup de charme. C'est vous. Vous tentez de clore ce tête-à-tête à plusieurs reprises, mais sans conviction, je le vois bien, ne trichez pas. Vous regardez mes mains, mon visage, vous m'explorez.

Le plus difficile pour moi est ce moment où vous vous attardez au bord de mes yeux. J'ai furieusement envie de vous regarder, de m'approcher de votre bouche. Mais c'est impossible, je suis aveugle. Pourtant il serait parfaitement justifié que je vous embrasse puisque je vous connais depuis si longtemps. Mon amour n'est pas récent, soudain, ce n'est pas un coup de foudre, je vous aime et nous avons passé tant de nuits ensemble bien que vous ne le sachiez pas encore. Je résiste, c'est un rôle difficile, jubilatoire pour l'esprit mais physiquement très difficile, vous ne pouvez pas vous en rendre compte, je le conçois. Je ne peux plus reculer, je suis aveugle passionnément. C'est un joli piège très séduisant dans lequel je suis tombé et vous aussi. Une peur naît de voir la scène s'achever. Le temps s'étire comme dans un conte. Et voilà que vous dites une banalité: bon, il faut que je m'en aille – ce qui prouve bien votre désarroi –, et je réponds: comme vous le souhaitez, j'ai déjà beaucoup abusé de vous. Vous vous préparez à payer, à partir. Je ne remarque rien évidemment et j'attends qu'il y ait un bruit de monnaie. Non, je vous en prie, non, je vous offre ce thé noir que vous avez oublié de boire. Comment le savez-vous? Je n'ai pas entendu votre tasse. Vous ne l'avez jamais reposée puisque vous ne l'avez jamais prise. Puis-je vous reparler un jour?

Je n'ai pas la force de briser le charme de ce qui nous rend complice, déjà. Peut-être que mon aveuglement sur vous est à son comble. Comment accepter de retrouver une vue du quotidien, un regard ordinaire happé par mille choses inutiles? Je tiens bon. Pourquoi pas, si ça vous amuse, me dites-vous un peu surprise par votre réponse. Oui, cela m'amuse énormément, j'aime votre main, celle qui m'a guidé en traversant la rue. Je suppose que l'autre doit lui ressembler? Puis-je m'en assurer? Vous hésitez un instant puis vous posez votre autre main sur la mienne, celle que j'ai laissée consciencieusement sur la table, tout à fait à votre portée. J'espère que le petit frisson que je viens d'avoir, un frisson de plaisir, ne s'est pas remarqué. Je vous demande comment puis-je faire pour avoir le bonheur de partager un autre fragment de votre temps. Je ne suis pas joignable, je vous appellerai. Je n'ose pas, pour la première fois m'étonner que vous n'ayez pas de téléphone, enfin, que vous ne souhaitiez pas me le communiquer. Cela ajoute beaucoup au mystère de notre rencontre, celui de votre vie dont vous ne m'avez rien dit, puisque chaque fois vous avez adroitement esquivé les réponses. C'est drôle, vous n'inventez pas. Dans quel institut êtes-vous? Je vis chez moi, j'y travaille, je reçois des amis, des femmes parfois. J'ai bien vu dans votre regard que ce que je venais de dire était inutile. Pardon! Je vous donne mon numéro, je suis, moi, très facilement joignable. C'est très remarquable que vous ne l'écriviez pas sur un vulgaire morceau de papier, mais dans votre carnet, d'où cette très vive palpitation de mon cœur. Je vous accompagne quelque part ? Non, je vais rester un peu avec un autre café très très serré pour fouetter ma grande émotion et je contemplerai votre absence jusqu'à ce que vous soyez de retour dans ma vie. Vous riez avec une tendresse que j'aime et qui m'émeut. Je vous laisse filer, mon regard d'aveugle restant dans la glace où je peux facilement vous suivre jusque dans la rue. J'espère bien évidemment que vous allez vous retourner et avant que vous ne traversiez la rue votre visage vient me chercher. Je n'ai plus qu'à prier que vous n'attendiez pas trop pour m'appeler. Il faut simplement préparer la prochaine rencontre. Aurai-je miraculeusement retrouvé la vue ou bien, heureux dans le rôle de l'aveugle, est-ce que je continuerai la performance ?

C'est un exercice délicieux que je renouvelle chaque fois que la douleur s'impatiente. Il m'arrive de modifier le scénario et même de le prolonger puisque c'est la suite qui sera notre histoire.

J'aimerais aller au musée. Vous laissez un temps en point d'interrogation. Oui, pourquoi n'aurais-je pas le droit d'admirer mes toiles préférées ? Mais... Mais vous me raconterez. C'est à travers vous que je pourrai m'émerveiller. Il y a si longtemps que je n'ai vu de la couleur. A l'autre bout du fil vous restez silencieuse. Alors ? C'est d'accord ? Bon... Rendez-vous devant Orsay à onze heures. J'y cours mais dès le pont Royal je redeviens aveugle pour mieux voir. Je ne tiens pas à arriver trop en avance. Voilà, j'y suis. Je fais semblant de ne pas vous voir, forcément. Je fais celui qui attend avec une canne blanche et le regard qui écoute. Vous m'apercevez, vous venez vers moi, je me place de profil, presque de dos ostensiblement. Vous m'appelez par mon prénom, je me retourne vers d'autres voix. Je souris. Je vous donne le bras ? C'est vous qui le prenez, je suis contre votre corps, je sens les mouvements de vos hanches. Escaliers roulants, couloir, beaucoup de monde. Je vais prendre les tickets. De ma poche j'en sors deux. J'ai un ami qui travaille pour les musées. Oh! Que j'aime votre main, votre bras, que j'aime vous frôler mon amour. Cela fait si longtemps que je vous attends, si long-temps. Que voulez-vous voir, enfin, que je vous décrive?

Peu importe, c'est vous le guide, j'irai là où vous aimerez être. Les impressionnistes vous conviennent? Commençons par là. Parfois je heurte volontairement des épaules, je travaille le rôle. Si mon guide est attentif, ce n'est pas toujours facile de tout prévoir et si je peux ne pas éviter un banc ou un bout de mur, je n'hésite pas. C'est elle qui se confond en excuses. Je suis aux anges. Elle redouble d'attention, par ici, à gauche, tout droit, il y a une petite marche, nous y voici. Je ne sais pas si je pourrai réussir cet exercice, me dites-vous en souriant à vous-même puisque je ne vous vois pas. Oh! Oui, bien entendu, je vais repeindre mon brouillard grâce à vous. Je ne peux pas tout vous raconter, il y en a pour des heures. Ça ne me déplaît pas mais je suis charitable et nous allons faire un jeu. Je fais le tour de la salle avec vous, je m'arrête au hasard et vous me décrivez le tableau qui est en face de nous. Il y a Gauguin bien sûr, Van Gogh, Sérusier, mais aussi Eva Gonzalès et sa "loge de théâtre". Vous aimez tellement le théâtre.

C'est merveilleux de voir ce que vous voyez comme moi et que vous me décrivez comme je ne l'aurais pas fait. C'est merveilleux de vous apprendre, de partager. Votre regard et le mien ne perçoivent pas la même chose. C'est amusant. Cela prépare un terrain très fertile pour le jour où je ne serai plus aveugle. Plus tard, quand un peu fatigués nous traversons une salle, je m'arrête. Asseyons-nous un peu. Y a-t-il une banquette? Oui, puisque je l'ai vu. Quel est le tableau devant nous? Nous ne sommes plus chez les impres-sionnistes, c'est un peu avant. Laissez-moi deviner, l'école de Barbizon, Rousseau, Corot, euh, Delacroix? Non! Millet?

Non! Décrivez-le-moi je vous prie, si vous n'êtes pas trop lasse, c'est la dernière fois. Je peux avoir votre main ? Vous profitez de votre avantage de malvoyant. Oui, un peu, c'est mon privilège. Alors, ce tableau ? Vous ne me donnez ni l'auteur ni le titre, seulement ce que vous voyez. C'est très pervers de ma part, je reconnais, mais quel beau moment que ce choix des mots, ces hésitations, ce trouble, cette rougeur que je vois et qui ne vous dérange pas puisque je ne la vois pas. Je suis extrêmement concentré. Mon écoute à travers la fixité de mon regard est intense. J'ai vraiment droit à un prix d'interprétation. Je vous embrasse la main, je la garde. Vous êtes mon origine du monde.

Bien évidemment, l'hôpital n'est pas le lieu idéal pour une méditation. Il arrive que mes séances d'auto-hypnose soient bousculées par des entrées intempestives qui ont la faculté implacable de vous chasser. Comme on est très compréhensif dans ce service, j'ai l'autorisation de mettre une petite feuille blanche sur la porte avec "Ne pas déranger avant seize heures". J'ai la malice d'y ajouter "Je suis au musée, où, pendant l'heure du repas je déjeune avec mon amour dans un petit restaurant iranien de la rue des Entrepreneurs".

Ayant enfin retrouvé mon appartement, je peux, après avoir coupé le téléphone, reprendre mon rôle d'aveugle. L'avantage de cette thérapie, vous l'aurez compris, est double. D'une part c'est un merveilleux moyen d'atténuer la douleur, et d'autre part celui de vous rejoindre où bon me semble et dans les situations les plus invraisemblables mais qui conviennent à ma douleur.

M'ayant avoué que vous adoriez le théâtre, j'ai, sans réfléchir, sauté sur cette belle occasion de vous demander de m'y conduire pour y entendre la pièce de votre choix. Ce n'était pas une bonne idée, impossible de me déguiser et d'y apparaître incognito. J'ai bien tenté d'éviter l'administrateur, qui est pourtant rarement dans le hall d'entrée, mais le regard qu'il jeta sur moi me fit saisir qu'il m'avait reconnu. Qu'allais-je faire? Rien bien évidemment que serrer plus fortement votre bras et jouer au mieux. Je sais qu'il me suivait du regard jusqu'à venir dans l'allée centrale pour vérifier qu'il n'avait pas la berlue.

A l'entracte il est venu me voir pour me saluer courtoisement. J'ai même imaginé un dialogue parfaitement stupide mais que je vous livre tout de même, vous devez tout savoir de moi. Je suis Hervé, l'administrateur, je suis vraiment désolé de ce qui vous arrive. Oh! Bonsoir. Je continuais à fixer le rideau fermé avec une écoute attentive. Je ne savais pas que vous aviez eu... Vous semblez... très en forme malgré ce handicap. Oui, je suis très heureux comme ça, c'est vraiment formidable vous savez, je vois les choses tout autrement. Dans ces moments-là il est important d'être soutenu. Oui, je vous présente ma compagne qui est absolument merveilleuse. Il repartit en reculant, totalement abasourdi. Bien évidemment c'était une confirmation de ma cécité et vous n'en étiez que plus troublée puisque vous découvriez que finalement je devais être un acteur de théâtre un peu connu. Je ne savais pas comment éviter le regard des spectateurs qui, pour être des habitués du théâtre, me reconnaissaient. J'ai écouté avec beaucoup d'intérêt la pièce tout en voyant parfaitement ce que faisaient les acteurs. J'ai soigneusement évité de porter quelque jugement que ce soit pour éviter les impairs. Je me suis efforcé de ne pas rire sur un comique de gestes mais de manifester ma joie sur une bonne réplique.

Le plus délicieux de cette séance fut que vous vous êtes penchée vers moi à plusieurs reprises pour me chuchoter ce que je voyais très bien. J'acquiesçais avec bonheur, puisque votre souffle, votre haleine chaude me caressait l'oreille et le visage. Je sentais votre parfum, j'en profitais, le plus souvent que je pouvais. Sans déranger les spectateurs derrière moi, je me penchais vers vous pour savoir ce qui se passait sur la scène. Je le faisais lentement, avec beaucoup de délicatesse, et pendant que je regardais l'action que vous me décriviez, je prenais votre main. Ce fut le meilleur moment de cette séance d'hypnothérapie qui cessa dès la fin des applaudissements, nombre de gens venant m'apporter leur généreux soutien. Je n'ai pas su comment me dépatouiller de cette situation et j'ai abrégé notre sortie, surtout quand l'administrateur me proposa de nous raccompagner à la maison. C'était trop, une certaine angoisse ne facilitait pas le but recherché par ces visualisations, qui était de retrouver un peu de sérénité.

Je vous livre notre dernier rendez-vous. J'ai tout arrangé, tout est prêt. Quel boulot pour ne laisser aucun détail révélateur. Rien ne doit me trahir maintenant que je suis aveugle du monde et tous regards pour vous. J'ai tout viré. Quand on renaît, il ne faut rien garder de l'autre vie. Vous sonnez, je vais ouvrir. Bonjour. Entrez, asseyez-vous. Je me déplace facilement, je connais mon appartement par cœur. Du thé noir? Oui. Je vais le préparer, me dit-elle en étudiant soigneusement la pièce dans laquelle nous sommes. Non, c'est prêt. Vous êtes très tolérante avec cette nudité et ce qui est peut-être pour vous d'un goût discutable. Je reviens avec le plateau, je m'assieds en vérifiant l'espace. Nous en avons des choses à nous dire. Je peux toucher votre visage? Vous savez que les aveugles voient avec le bout des doigts. Je vous frôle le front, le nez, la joue, les lèvres, doucement, c'est une étude approfondie. Vous ne bougez pas. Vous êtes oppressée, je le vois. Je suis si attentif avec mes doigts, je prends tout le temps de cette délicieuse exploration. Je laisse mes mains courtoises descendre sur vos épaules et de vos épaules jusqu'aux mains qui tremblent un peu. Vous avez froid? Non! Je vous sers un peu de thé? Oui. Je touche la tasse, la théière, comme je l'ai vu faire. Je suis très bon dans ce rôle. Vous m'arrêterez? Nous buvons en silence. Je vous décris précisément. Vous êtes troublée. Moi aussi. C'est la première fois que vous rencontrez un aveugle? Oui, c'est étonnant, un autre regard pour moi, une attention inhabituelle. Je vais mettre un CD de Norah Jones.

– Vous dansez?

– Ici? Maintenant? C'est un peu étrange, non?

– Un homme et une femme qui dansent à l'heure du thé, rien de plus normal.

Vous êtes contre moi, nous sommes ivres, je le sens, de thé bien sûr et de nos parfums. C'est vous qui venez vers mes lèvres. Je le vois comme ça. Quelle victoire, n'est-ce pas?

Mais ce n'est qu'un rôle et je ne me reconnais plus. Ce n'est pas un personnage de théâtre qui souhaite avidement vous tenir dans ses bras, c'est un homme nu, sans costume aucun, sans texte appris par cœur, sans mise en scène longuement élaborée qui veut briser tous les miroirs pour découvrir derrière les éclats de sa vie la femme et l'amour qui s'échappent depuis si longtemps, la fiction dans laquelle je vis encore.

Il m'a semblé vous entendre murmurer que j'aime les femmes comme un misogyne qui ne reconnaît en elles que ce qu'il décide de leur attribuer, et non ce qu'elles sont vraiment. Mais c'est odieux, vous ne savez rien de moi. Vous êtes ma réalité et c'est dans l'aujourd'hui accepté que je vous verrai enfin. Je vous aimerai telle que vous êtes, non telle que je vous ai imaginée. Ce sera ma force et ma guérison. Je sais bien que mon avenir est un fil de soie fragile mais nous serons des funambules assez légers pour ne pas le briser.

Il faudra être vigilant, comme au théâtre, inventer chaque jour, ne pas laisser l'adversité prendre le pouvoir.

Saurai-je te révéler comme tu me révèles? Tu ne ressembles à personne et si j'ai cru te reconnaître ce n'était qu'en imagination.

Et puis, un jour, à la sortie d'une projection, j'ai vu un gros nuage noir qui venait de s'empaler sur la tour Eiffel. Il attendait un vent salvateur pour le délivrer.

Je suis entré dans le petit café d'en face et il y eut la grâce, aucun mot n'existe pour la décrire que celui-là, la grâce, c'est-à-dire la secrète harmonie.

Je vous ai reconnue, vous la parfaite, je veux dire parfaite inconnue.

Je me suis approché et je vous ai dit : j'ai beaucoup écrit, je n'avais pas votre adresse. Je vous donnerai tout cela si vous le souhaitez. Vous êtes dans ma vie depuis si longtemps. Je vous ai si longuement cherchée. Où étiez-vous, mon amour ? Je vous ai cherchée dans le monde entier, dans la jungle amazonienne et philippine, les déserts chiliens, les mers rouges et bleues, les montagnes malgaches, les ports de ma jeunesse, les bars, les bordels, les soirées mortelles, les nuits de brèves jouissances, de dégoût, de colère. Je vous ai cherchée dans les aubes sans nuage, les aubes prometteuses, les aubes menteuses, les aubes merdeuses, les aubes de cafard noir, les couchers de soleil définitifs. Je donne tout cela pour un regard de vous.

Vous ne lirez que l'homme d'avant, pas celui que vous venez de rencontrer et qui ne sait pas lui-même encore qui il est. Aurez-vous la patience ?

Ainsi commence ce jour le vrai voyage de ma vie puisque ce qui fut vécu n'était qu'un rêve effleuré.

GÉNÉRIQUE

En espérant n'oublier personne...

Œuvres évoquées

L'AIDE-MÉMOIRE de Jean-Claude Carrière; mise en scène de Bernard Murat.
Avec : Fanny Ardant et Bernard Giraudeau.
A la Comédie des Champs-Élysées.
LE LIBERTIN de Eric-Emmanuel Schmitt; mise en scène de Bernard Murat.
Avec : Christiane Cohendy, Claire Keim, Danièle Arditi, Elisabeth Commelin, Vincent de Bouard.
Au Théâtre Montparnasse, Myriam de Colombi.

BECKET de Jean Anouilh; mise en scène de Didier Long.
Avec : Didier Sandre, Jacques Zabor, Marion Loran, Jean-Luc Benedicto, Fernand Berset, Sandy Boizard, Niels Dubost, Albane Dutercq, Mathieu Guez, Jacques Herlin, Anne-Lise Hesme, Daniel Jean Collardo, Bernard Lanneau Xavier Rogé, Patrick Rombi, Thomas Suire.
Au Théâtre de Paris, Stéphane Hillel.

RICHARD III de William Shakespeare; mise en scène de Didier Long.
Avec : Nathalie Cerda, Dominique Labourier, Isabelle Gélinas, Lucienne Hamon, Marc Citti, Pierre Doulens, Didier Agostini, Daniel Berlioux, Stéphane Boucher, Eric Boucher, Olivier Achard, Frédéric Addou, Alexandre Aubry, Jean-Paul Bordes, David Descarmes, Jean-François Guillet.
A la Coursive de la Rochelle, Jackie Marchand.

PETITS CRIMES CONJUGAUX de Eric-Emmanuel Schmitt;
mise en scène de Bernard Murat.
Avec : Charlotte Rampling et Bernard Giraudeau.
Au Théâtre Édouard VII, Bernard Murat.

CE JOUR-LÀ de Raoul Ruiz.

LES MARINS PERDUS de Claire Devers.

LECLERC de Marco Pico.

L'EMPIRE DU TIGRE de Gérard Marx.

REMERCIEMENTS

Merci à Osvaldo Torres, Fernando Torres,
à Pierre-Jean Rey, Patrice Aubertel,
à Annick Bali, Michèle Hollander,
au commandant Marc de Briançon et à l'équipage
de la *Jeanne d'Arc*,
à Philippe Gauthier,
et à ceux qui ont toujours été là.

Table

Chère madame T. 9
Un trou dans *L'Aide-mémoire* 13
La Transamertume (Brésil) 19
Le Libertin 53
El amigo (Chili) 56
Lever de rideau 110
Esquisses philippines 118
L'Honneur de Dieu 154
Capitaine de frégate (Djibouti) 168
Le sanguinaire (Cambodge) 211
Le sanglier 245
Arrêt de jeu 251

Cet ouvrage a été composé par
Atlant'Communication
aux Sables-d'Olonne (Vendée)

Impression réalisée sur CAMERON par
CPI Firmin Didot
à Mesnil-sur-l'Estrée

.

en avril 2009

N° d'édition : 0527001 – N° d'impression : 94985
Dépôt légal : mai 2009

Imprimé en France

Informez-vous sur nos programmes
et nos parutions sur notre site :
www.editions-metailie.com